BEI GRIN MACHT SICH IHR WISSEN BEZAHLT

- Wir veröffentlichen Ihre Hausarbeit, Bachelor- und Masterarbeit

- Ihr eigenes eBook und Buch - weltweit in allen wichtigen Shops

- Verdienen Sie an jedem Verkauf

Jetzt bei www.GRIN.com hochladen und kostenlos publizieren

Bibliografische Information der Deutschen Nationalbibliothek:

Die Deutsche Bibliothek verzeichnet diese Publikation in der Deutschen Nationalbibliografie; detaillierte bibliografische Daten sind im Internet über http://dnb.d-nb.de/ abrufbar.

Dieses Werk sowie alle darin enthaltenen einzelnen Beiträge und Abbildungen sind urheberrechtlich geschützt. Jede Verwertung, die nicht ausdrücklich vom Urheberrechtsschutz zugelassen ist, bedarf der vorherigen Zustimmung des Verlages. Das gilt insbesondere für Vervielfältigungen, Bearbeitungen, Übersetzungen, Mikroverfilmungen, Auswertungen durch Datenbanken und für die Einspeicherung und Verarbeitung in elektronische Systeme. Alle Rechte, auch die des auszugsweisen Nachdrucks, der fotomechanischen Wiedergabe (einschließlich Mikrokopie) sowie der Auswertung durch Datenbanken oder ähnliche Einrichtungen, vorbehalten.

Impressum:

Copyright © 2008 GRIN Verlag, Open Publishing GmbH
Druck und Bindung: Books on Demand GmbH, Norderstedt Germany
ISBN: 9783640640065

Dieses Buch bei GRIN:

http://www.grin.com/de/e-book/152301/wissen-und-wissen-lassen-wissenstypen-und-wissensverteilung-im-pen-and-paper-rollenspiel

Marcel Mertz, Jan Schürmann

Wissen und Wissen-lassen - Wissenstypen und Wissensverteilung im Pen-and-Paper-Rollenspiel

Eine wissenssoziologisch informierte empirische und konzeptuelle Studie mit wissenstypologischem Schwerpunkt

GRIN Verlag

GRIN - Your knowledge has value

Der GRIN Verlag publiziert seit 1998 wissenschaftliche Arbeiten von Studenten, Hochschullehrern und anderen Akademikern als eBook und gedrucktes Buch. Die Verlagswebsite www.grin.com ist die ideale Plattform zur Veröffentlichung von Hausarbeiten, Abschlussarbeiten, wissenschaftlichen Aufsätzen, Dissertationen und Fachbüchern.

Besuchen Sie uns im Internet:

http://www.grin.com/

http://www.facebook.com/grincom

http://www.twitter.com/grin_com

Über die Autoren:

Marcel Mertz, M A, geb. 1979, studierte im Bachelor- und Masterstudium Philosophie (Major) und Soziologie (Minor) an der Universität Basel. In der Philosophie hat er sich v.a. mit Wissenschaftstheorie, Fragen der Multi-, Inter- und Transdisziplinarität, Argumentationstheorie/Logik und (Meta-)Ethik beschäftigt. Seinen Schwerpunkt in der Soziologie bildet die Wissenschaftssoziologie. Gegenwärtig ist er im Fachbereich Medizin- und Gesundheitsethik der medizinischen Fakultät der Universität Basel als wissenschaftlicher Mitarbeiter tätig.

In Berührung mit Pen-and-Paper-Rollenspiel kam er 1993 (Rollenspielsystem *Mers*) und ist seit 1994 regelmässig Spielleiter. Auch 2008 ist er nach wie vor ein aktiver Rollenspieler.

Jan Schürmann, geb. 1980, studiert Philosophie und Kunstgeschichte an der Universität Basel. Seine Schwerpunkte in der Philosophie sind Philosophie des Geistes und der Sprache, Erkenntnis- und Wahrheitstheorie und Metaethik. In der Kunstgeschichte beschäftigt er sich hauptsächlich mit der Kunst und der Kunsttheorie des 20. Jahrhunderts.

Das Pen-and-Paper-Rollenspiel lernte er 1994 kennen und ist seither als Spieler und Spielleiter aktiv.

INHALT

1. EINLEITUNG 5

   1.1 Wissenssoziologie und Pen-and-Paper-Rollenspiele 6
      Wissenssoziologie 6
      Pen-and-Paper-Rollenspiel 8

   1.2 Erkenntnisinteressen, Zielsetzung und Relevanz 12
      Erkenntnisinteressen 12
      Zielsetzung 12
      Relevanz 13

   1.3 Wissenschaftliche Ausgangslage 14
      Wissenschaftliche Arbeiten 14
      Semi-wissenschaftliche Arbeiten 15
      Fazit wissenschaftliche Ausgangslage 15

   1.4 Theoretische Ausgangslage 15
      Wissenstypologie 15

   1.5 Fragestellungen 18

2. METHODIK 19

   2.1 Allgemeine Methodik 20
      Wissenschaftstheoretische Ausrichtung 20
      Involviertheit in den Untersuchungsgegenstand 20
      Forschungsablauf (methodologische Rekonstruktion) 22
      Grenzen der (empirischen) Untersuchung 23
      Terminologische Entscheidungen 23

   2.2 Empirische Studie 25
      Qualitative Forschung 26
      Fragebogen, Interview und Mitschnitt 27
      Datensammlung (Sampling) 28
      Datengewinnung und -Verarbeitung 30
      Datenanalyse 33

   2.3 Konzeptuelle Studie 36
      Recherche der Forschungsliteratur 36
      Sichtung der Forschungsliteratur 37
      Entwicklung des deduktiv-theoretischen Kategoriensystems 38

   2.4 Vorstellung des Samples 38
      Fragebogen-Sample 38
      Interview-Sample 38

3. DAS ROLLENSPIEL – ABLAUF UND WESENTLICHE ELEMENTE 41

   3.1 Was ist das Rollenspiel? 42

   3.2 Der Spielablauf 44

   3.3 Ausstattung eines Rollenspiels 46
      Die Würfel 46
      Das Regelwerk und die Spielregeln 48
      Der Charakterbogen 53

   3.4 Der Spielleiter 56

   3.5 Der Spieler 58
      Der Charakter 59
      Spielgründe 61

4. ERGEBNISSE 63

   4.1 Ergebnisse empirische Studie: Fragebogen 64
      Soziodemografischer und sozialer Kontext 64
      Beginn des Rollenspielens (Spieler/Spielleiter) 65
      Gespielte und bekannte Rollenspielsysteme 65

   4.2 Ergebnisse empirische Studie: Interviews (IPK) 66
      „Rekrutierung" 66
      Erste Erfahrungen 67

Soziale und psychische Rahmenbedingungen ... 67
Macht und Ohnmacht des Spielleiters ... 68

4.3 Ergebnisse konzeptuelle Studie ... 70

Was ist das Rollenspiel? – Narration und Diegese ... 70
Ablauf des Rollenspiels ... 72
Regeln ... 80
Kompetenzen ... 81

4.4 Ergebnisse empirische Studie: Interviews (DITK) ... 82

Rollenübernahme ... 82
Wirkmächtigkeit (*Agency*) ... 85
Kommunikatives Abgleichen und Expertisenzuschreibung ... 86
Wissensinhalte ... 87
Imaginative Kompetenzen ... 92
Interpretative Kompetenzen ... 93

5. INTERPRETATION ... 95

5.1 Makrosoziologischer Hintergrund ... 96

5.2 Geschlecht, Beruf und Freizeit ... 97

5.3 Theoretische Interpretation der Ergebnisse ... 100

Definition des Rollenspiels ... 100
Interaktionen ... 100
Wirkmächtigkeit und Autorität ... 108

5.4 Relevante Wissens-Metatypen: Proto-Theorie ... 110

6. ANWENDUNG DER PROTO-THEORIE ... 113

6.1 Mitschnitt ... 114

6.2 Fiktive Erlebnisse (Interview) ... 119

6.3 Kunstformen ... 120

6.4 Zusammenfassendes Ergebnis der Anwendung ... 122

7. SCHLUSSFOLGERUNGEN ... 125

7.1 Methodische Schlussfolgerungen ... 126

7.2 Inhaltliche Schlussfolgerungen ... 127

7.3 Hypothesen ... 127

7.4 Schlusswort ... 128

Danksagung ... 130

8. GLOSSAR ... 131

9. LITERATUR ... 139

10. ANHANG ... 145

10.1 Deskriptive Statistik (Fragebogen) ... 146

10.2 Kategoriensysteme ... 149

Induktiv-positives Kategoriensystem (IPK) ... 149
Induktiv-theoretisches Kategoriensystem (ITK) ... 150
Deduktiv-theoretisches Kategoriensystem (DTK) ... 152
Deduktiv- und induktiv-theoretisches Kategoriensystem (DITK) ... 153

10.3 Fragebogen ... 156

10.4 Kontaktbogen (mit Fragebogen versandt) ... 158

10.5 Interviewleitfaden ... 159

10.6 Einverständniserklärung (Muster) ... 160

10.7 Begleitbrief ... 161

Fotografien und Abbildungen stammen von den Autoren, sofern nicht anders ausgewiesen.
Wörter, die mit einem Sternchen (*) markiert sind, werden im Glossar (Kapitel 8) erläutert.

1
EINLEITUNG

"[...] [A]lso ich habe jetzt einen Magier Stufe 8, das ist nicht so hoch, aber trotzdem so als Beispiel, der weiss recht viel, der kann viel Sprache, [...] der hat eine Etikette natürlich, aber ich als Spieler weiss nie, wie zum Beispiel, wie ich jetzt unterscheiden muss, ob, wie ich jetzt einen Novizen anspreche, oder einen Geweihten, oder [...] einen [...] Hochgeweihten, je nachdem halt. [...]"
(Interview #5)[1]

1.1 WISSENSSOZIOLOGIE UND PEN-AND-PAPER-ROLLENSPIELE

Wissenssoziologie

Wissenssoziologie ist, von einem methodischen Blickwinkel aus betrachtet, eine dankbare Subdisziplin der Soziologie. Denn ihre Anwendungsmöglichkeiten sind zahlreich: Von *makrosoziologischen* Fragestellungen wie jene des Verhältnisses von Wissen und Gesellschaft bzw. Sozialität überhaupt über *mesosoziologische* Fragestellungen der Geltungskraft gesellschaftlicher Institutionalisierung von (exoterischen*) Wissensinhalten bis zu *mikrosoziologischen* Fragestellungen zur Produktion von esoterischem* Wissen in sich abgrenzenden Gruppierungen und den damit verbundenen Diskursen* ist nahezu „alles" als Untersuchungsgegenstand denkbar.

Dieser Umstand ergibt sich für die Wissenssoziologie mitunter dadurch, dass Wissen und Erkennen allgegenwärtig ist – nicht nur in wissenschaftlichen Praktiken oder deren Produkten, sondern nicht minder in alltäglichen Situationen. Letzteres ist nicht bloss eine aktuelle Konsequenz der These einer heute in westlichen Gesellschaften vorherrschenden *Wissensgesellschaft* oder gar *Wissenschaftsgesellschaft*, wo u.a. „Wissensarbeit" (die Produktion und das Management von Wissen) gegenüber den mehr körperlich ausgerichteten Produktionsweisen der *Industriegesellschaft* zunehmend an Stellenwert gewinnt [WEINGART 2001]. Vielmehr betrachtet die Wissenssoziologie „die erkennenden Menschen als Teil eines sozialen Zusammenhangs, der selbst in den Prozess des Erkennens und den Inhalt des Erkannten bzw. Gewussten eingeht" [KNOBLAUCH 2005, S. 14]. Wo immer eine Gemeinschaft (wie selbstverständlich) von Wissen spricht und solches für wahr hält – selbst über Alltägliches, so z.B. wohin eine Strassenbahn in der eigenen Stadt fährt –, sind soziale Konstitutionsleistungen zu verorten, welche überhaupt erst ermöglichen, dass einzelne Individuen dieser Gemeinschaft Wissensbestände aufweisen und innerhalb dieser Gemeinschaft rechtens beanspruchen können, etwas zu *wissen*.[2]

---

[1] Auszüge aus den durchgeführten qualitativen Interviews werden für Illustrationszwecke bereits in diesem Kapitel verwendet. (Zur Methodik und Hintergrund der Interviewstudie siehe Kap. 2).

[2] Im Gegensatz zu den meisten philosophischen Erkenntnistheorien* wird in der Wissenssoziologie Wissen i.d.R. nicht so aufgefasst, dass etwas nur dann Wissen sein kann, wenn es *wahr* ist (z.B. im Sinne der klassischen Wissensdefinition der Philosophie, in der x genau dann Anspruch auf die Bezeichnung „Wissen" erhält, wenn x die drei Bedingungen erfüllt, eine *Meinung*, *wahr* und *gerechtfertigt* zu sein). Die Frage nach der epistemologisch* betrachteten Wahrheit eines Wissensstücks muss sich für die Wissenssoziologie nicht stellen; es reicht aus, dass Wissen von Gemeinschaften *als wahr betrachtet wird* – die von der Wissenssoziologie verfolgte Frage ist nicht jene, ob das Wissen „tatsächlich wahr" ist, sondern vielmehr *wer welches Wissen (warum) für wahr hält* [KNOBLAUCH 2005, S. 17]. – Eine solche Haltung scheint naheliegend, betrach-

Einleitung

Eine zentrale These der Wissenssoziologie ist daher naheliegenderweise jene, dass Wissen stets sozial produziert und verwertet wird, d.h. u.a. massgeblich durch soziale Prozesse in Produktion, Modifikation, Billigung, Evaluation, Verteilung und Verwertung gekennzeichnet und *nur* auf diese Weise zu verstehen ist – eine eigentliche wissenssoziologische Zugangsweise betrachtet den jeweiligen Gegenstand stets „*sub specie*" der Wissenssoziologie.

Während die vorliegende Studie einer solchen ausschliessenden Betrachtung nicht vollends folgen möchte (siehe Kap. 1.2), kann sie aber von der damit verbundenen Blickrichtung durchaus nachhaltig profitieren. So muss bspw. berücksichtigt werden, dass spezifischen Wissensformen unterschiedliche Ursprünge, Funktionen, soziale Rollen der Wissensträger und Institutionen der Wissensvermittlung zukommen (in der heutigen Zeit z.b. am deutlichsten beim Wissenschaftssystem zu beobachten) – nicht jedes Wissen dient funktional dem blossen „Verstehen der Welt", sondern kann auf Machterhalt (z.b. sozialer Klassen), Erlangung des Seelenheils (Religion), Aufrechterhaltung kultureller Praktiken oder Kontrolle und Beherrschung der Natur usw. gerichtet sein.

Besonders das für selbstverständlich gehaltene Wissen, welches kaum explizit als solches bezeichnet und eher selten als solches reflektiert wird (z.B. sog. *implizites* oder *tacites Wissen* [POLANYI 1983]), ist für wissenssoziologische Betrachtungen von grossem Interesse, insofern solche Wissensbestände oft bedeutend unmittelbarer als bspw. explizit verhandeltes wissenschaftliches Wissen („Die Lichtgeschwindigkeit beträgt knapp 300'000 km/s") die soziale und alltägliche Realität ausmachen, also eine „gesellschaftliche Konstruktion der Alltagswirklichkeit" beinhalten [BERGER/LUCKMANN 2004; der Titel ihres Werkes hier absichtlich leicht modifiziert]. Die Berücksichtigung oder gar „Aufdeckung" solchen impliziten Wissens spielt gerade in mikrosoziologischen Untersuchungen eine gewisse Rolle, wie z.b. in jenen des symbolischen Interaktionismus, der Ethnomethodologie oder auch dem gemeinsamen Vorreiter dieser Richtungen, den „Lebenswelt"-Untersuchungen der phänomenologischen* Soziologie von ALFRED SCHÜTZ [z.B. SCHÜTZ 2004]. Deutlich wird dabei, dass Wissen – wissenssoziologisch betrachtet – sich nicht gewissermassen wissenschaftstheoretisch* auf propositionale* Entitäten* (Aussagen, deskriptive* Sätze über die Wirklichkeit etc.) reduzieren lässt, sondern in unterschiedlichen Formen und Typen auftritt, sich v.a. auch in Regeln, Konventionen und Handlungsweisen niederschlagen kann, oder als Teil von Relevanzsystemen auftreten.

Relevanzsysteme („was ist wichtig, was ist nicht wichtig?") und Sinnprovinzen* [cf. SCHÜTZ 2004] sind eng mit der *Lebenswelt*, die sich durch ein spezifisch miteinander *geteiltes Wissen* auszeichnet, verbunden. Damit wird ein Votum für eine *integrative* Wissenssoziologie vertreten, bei der Wissen nicht von der Sozialstruktur getrennt betrachtet wird (wie bei einer *korrelationalistischen* Wissenssoziologie, die versucht, das Verhältnis von Wissensformen und bestehenden Gesellschaftsstrukturen zu untersuchen). Wissen ist vielmehr konstitutiv für die soziale Ordnung und die Wirklichkeitskonstruktion [KNOBLAUCH

---

tet die Wissenssoziologie Wissen letztlich als *empirischen* Gegenstand und nicht wie die Philosophie als konzeptuellen Gegenstand.

2005; S. 17] und kann sich daher in Institutionalisierungen und diskursiven Praktiken wie auch im Habitus niederschlagen. Kaum etwas innerhalb dessen, was „Kultur" genannt werden mag, dürfte daher ausserhalb der Anwendungsmöglichkeit einer wissenssoziologischen bzw. wissenssoziologisch informierten Betrachtung liegen.

Ein vorwiegend mikrosoziologisch aufzufassender Kulturbereich, wo z.B. auch explizit gemachte formalisierte Regeln eine wichtige Bedeutung haben, sind *Spiele*, d.h. genauer: Spiele als *Freizeitgestaltung*. In diesen finden sich zweifellos sozial konstituierte und vermittelte Wissenstypen wieder (propositionale Inhalte, Kommunikationen, Praktiken, Habitus* und intern wie extern konstruierte Stereotypen wie der „typische Fussballspieler"[3] oder der „typische Schachspieler" ...). Spiele werden sich hinsichtlich der Komplexität ihrer verwendeten Wissensinhalte und Wissenstypen unterscheiden. Zwar wird selbst das einfachste Spiel bezüglich des involvierten Wissens und z.b. der Regeln des Wissenserwerbs bei näherer Betrachtung komplexer strukturiert sein als auf den ersten Blick hin vermutet. Doch dürfte es Spiele geben, die sich durch eine besonders komplexe und mehrschichtige Strukturierung auszeichnen, in welcher verschiedene Wissenstypen und -Inhalte nach bestimmten Regeln – die natürlich selber Teil des Wissens des Spiels sind! – gebilligt und missbilligt, verwendet oder ausgeschlossen werden.

Die in dieser Studie vertretene **Ausgangsthese** ist, dass das sog. *Pen-and-Paper-Rollenspiel*[4] (im deutschsprachigen Raum zuweilen auch *Fantasy-Rollenspiel* genannt, im englischsprachigen Raum mit *RPG*, *role-playing game* abgekürzt) ein solches Spiel mit komplexer Wissensstrukturierung darstellt. In diesem Zusammenhang wird davon ausgegangen, dass in Rollenspielen verschiedene Typen von Wissen zum Einsatz kommen oder erst produziert werden. Hierfür spielt die spezifische Gemeinschaft der sog. Rollenspieler allgemein und der Rollenspielerrunde konkret eine massgebliche Rolle. Freilich operiert auch diese Wissensproduktion und -Interaktion nicht unabhängig von übergeordneten Diskursen auf der gesamtgesellschaftlichen (so z.B. die gemeinsam geteilte Alltagswirklichkeit) und auf der teilgesellschaftlichen Ebene (so z.B. dem wissenschaftlichen Subsystem der Gesellschaft). Interdiskursive Anleihen sind zwar die Regel, ermöglichen aber dennoch die Entwicklung von spezifischem Wissen *innerhalb* des Rollenspiels.

Pen-and-Paper-Rollenspiel

Das Pen-and-Paper-Rollenspiel wurde in den 1970er Jahren in Anlehnung an taktische „Kriegsspiele" entwickelt [cf. COPIER 2007, S. 47ff.]. Im Allgemeinen gilt das 1974 u.a. von EDWARD GARY GYGAX mit seiner Firma *Tactical Studies Rules* (TSR) entwickelte *Dungeons & Dragons (D&D)* als erstes Pen-and-Paper-Rollenspiel [DARLINGTON 1986/1999] und da-

---

[3] Der sprachlichen Einfachheit halber werden nur die männlichen Bezeichnungen verwendet.

[4] Das Präfix „Pen-and-Paper" dient der „spezifischen Differenz" des gemeinten Rollenspielbegriffs, insofern unter dem Wort „Rollenspiel" Verschiedenes gemeint sein kann (z.B. Computer-Rollenspiele, pädagogische Lernmechanismen, psychologische Therapieformen, eine schauspielerische Inszenierung oder gar eine sexuelle Praktik). Nach dieser Ausweisung wird im Folgenden zunehmend auf den Präfix verzichtet und nur noch von „Rollenspiel" gesprochen.

Einleitung

mit als konzeptioneller „Vater" mehr oder weniger aller heutigen Rollenspielsysteme.[5] Angeregt wurde diese Entwicklung – nicht nur vom Spielprinzip her, sondern auch der thematische Wechsel weg von historischen Schlachten und hin zu Fantasiewelten – wahrscheinlich insbesondere durch die zu der Zeit aufgekommene Fantasy-Literatur, ausgelöst v.a. durch J.R.R. TOLKIENS *Herr der Ringe*.

Während *D&D* in den ersten Jahren mehr ein Hobby-Projekt von interessierten Spielern gewesen ist, ist unterdessen durch zunehmend professionelle Vermarktung und Entwicklung sowohl von *D&D* wie seinem Nachfolger *Advanced Dungeons & Dragons (AD&D)* und vieler anderer Rollenspielsysteme der entsprechende Spielemarkt recht gesättigt.[6] Im Sinne von Merchandising ist es seit wenigstens einer Dekade auch nicht unüblich, eine „Verrollenspielung" bekannter und erfolgreicher Bücher, Filme, TV-Serien oder Genres durchzuführen (paradigmatische Beispiele könnten die relativ neuen Rollenspiele zu der TV-Serie *Buffy the Vampire Slayer* und besonders der gerade erst 2004 ausgestrahlten SF-Serie

Abb. 1: *„BattleTech" (Tabletop-Spiel)*

BattleStar Galactica darstellen). War das Fantasy-Rollenspiel Ende der 1980er-Jahre noch ein soziales Randphänomen, so ist es dies heute kaum mehr [SCHMID 1995b], sondern stellt u.a. einen etablierten Bereich der Spielindustrie dar, mit aktiven Fan-Gemeinschaften und -Aktionen (Clubs, Kongresse, Versammlungen, Ausstellungen etc.).

Zu unterscheiden sind Rollenspiele von sog. *Tabletop*-Spielen (i.d.R. rundenbasierte, taktische Kriegs-„Brett"-Spiele wie z.B. *BattleTech* oder *Warhammer 40.000 AD*) und *Collectible Card Games* wie z.B. *Magic – The Gathering* (wenngleich gewisse „Verwandtschaften" je nachdem bestehen können, unterscheiden sich doch die Spielprinzipien erheblich – ein Tabletop-Spiel erinnert mehr an eine Art hochkomplexes und i.d.R. aufgrund des Einsatzes von Würfeln „probabilisiertes"* Schach, und Collectible Card Games nahe-

---

[5] Etwas anders sieht COPIER [2007] die Entwicklung des Rollenspiels. COPIER zufolge war es hauptsächlich DAVE ARNESONS Idee, taktische Kriegsspiele mit Elementen des pädagogischen Rollenspiels zu verbinden. GYGAX hat das *D&D*-Regelwerk wesentlich an den Regeln taktischer Kriegsspiele orientiert und genuine Rollenspiel-Elemente bewusst unterbunden. Erst nach dem Abgang von GYGAX von TSR 1985 fanden die Rollenspiel-Elemente, wie sie von den Rollenspielern in der Praxis entwickelt wurden, Eingang in das Regelwerk [cf. COPIER 2007, S. 47ff; ähnlich MASON 2004]). Nach MASON sei es deshalb plausibler, das Spiel *Ars Magica* von 1988 als erstes genuines Rollenspiel zu bezeichnen.

[6] Rollenspielsysteme gibt es derzeit zu den verschiedensten Themen bzw. Spielwelten, sei es Fantasy (z.B. in der bereits genannten Welt von TOLKIENS *Herr der Ringe*), das Horror-Genre (z.B. H.P. LOVECRAFTS *Cthulhu*-Epos), Mystery (z.B. die US-amerikanische TV-Serie *Akte X*), Science Fiction (z.B. *Star Trek, Star Wars*) oder sog. Cyberpunk (z.B. *ShadowRun*, beeinflusst von WILLIAM GIBSONS *Neuromancer*-Roman). JOHN KIMS *Enzyklopädie der Rollenspiele* illustriert mit über 1000 Einträgen die stattliche Zahl an gegenwärtig verfügbaren Rollenspielsystemen: http://www.darkshire.net/~jhkim/rpg/encyclopedia/fulllist.html (30.10.2008)

Einleitung

liegenderweise an Kartenspiele).[7]

Es scheint ein unter Rollenspielern „geteiltes Grundwissen" zu sein, dass eine Beschreibung dessen zu geben, was Rollenspiel *ist* oder wie es *abläuft* (generell betrachtet, unabhängig des konkreten Rollenspielsystems) eine gewisse Herausforderung darstellt (siehe Kap. 3). Gemeinhin wird aber versucht, das Rollenspiel dadurch zu umschreiben, dass man es sich als eine Art Buch- oder Filmhandlung vorstellen sollte, mit einem wesentlichen Unterschied: Während in Buch und Film der Autor der Geschichte die Handlung bestimmt, wird dieser Teil in einem Rollenspiel vom sog. *Spielleiter* (manchmal auch *Spielmeister* genannt, aus dem englischen Original *game master* oder *dungeon master*) und allen am Spiel beteiligten *Spielern* übernommen, welche bestimmte fiktive Rollen spielen und diese durch *verbale Äusserungen* darstellen (nicht auch körperlichen wie bei sog. Live-Action-Rollenspielen, *LARP*). Die Handlung ist interaktiv, was geschieht nicht vorbestimmt und auch nicht direkt wahrnehmbar (wie z.B. eher in den Computer-Rollenspielen, die letztendlich den Pen-and-Paper-Rollenspielen nachempfunden sind, und nicht umgekehrt). Hier der Versuch des deutschen WIKIPEDIA-Eintrags, das Rollenspiel zu beschreiben:

> „Stark vereinfacht kann Pen-&-Paper-Rollenspiel als Mischung aus herkömmlichem Gesellschaftsspiel, Erzählung und Schauspiel beschrieben werden. Der Spielleiter moderiert das Spiel, setzt den Handlungsrahmen und trifft wesentliche Entscheidungen bezüglich der auftretenden Ereignisse, Nebendarsteller und Schauplätze. Die übrigen Spieler stellen in diesem Rahmen ihre fiktiven Figuren [...] dar und treffen für sie die Entscheidungen im Rahmen vorgegebener Regelsysteme. Letztere sollen dabei helfen zu bestimmen, inwieweit die fiktiven, nur verbalisierten Handlungen der Figuren erfolgreich sind, z.␣B. der Sprung von einer hohen Mauer. Der Erfolg oder Misserfolg dieser fiktiven Handlungen wird mithilfe von Spielwürfeln, seltener auch Karten, simuliert. [...] Pen & Paper wird üblicherweise dann vorangestellt, wenn der Gegensatz zu anderen Spielformen [...] betont werden soll, da der Einsatz von Papier und Stiften oft die einzigen Hilfsmittel des verbal ablaufenden Spiels sind. [...]"
> (http://de.wikipedia.org/wiki/Pen-%26-Paper-Rollenspiel) (30.10.2008)

Im Gegensatz zu dieser eher statischen Beschreibung hebt etwa DANIEL MACKAY die Performativität des Rollenspiels hervor:

> „I define the role-playing game as an episodic and participatory story-creation system that includes a set of quantified rules that assist a group of players and a game-master in determining how their fictional characters' spontaneous interactions are resolved. These performed interactions between the players' and game-master's characters take place during the individual sessions that, together, form episodes or adventures in the lives of the fictional characters. [...] The complexity of the episode or adventure also fluctuates depending on the game, intricacy of the adventure concept, and the temperament or dynamics of the role-playing group. [...]" [MACKAY 2001, S. 4f.]

Bezeichnenderweise werden solche und ähnliche Beschreibungen oft als eher ungenügend beurteilt, sowohl von Nicht-Rollenspielern – die sich je nachdem „etwas und doch

---

[7] Dies scheint in mancher Literatur nicht immer ausreichend getrennt zu werden; RIEDEL [2004] zählt unter das, was er als „Fantasy-Rollenspiel" bezeichnet, sowohl *BattleTech* als auch *Magic – The Gathering*. Zwar ist es richtig, dass für *BattleTech* nach seinem Erfolg als Tabletop-Spiel zusätzlich ein Rollenspiel (*MechKrieger*) entwickelt worden ist, dennoch ist *BattleTech* für sich genommen kein Rollenspiel.

nichts" darunter vorstellen können – wie aber auch von Rollenspielern selber. Letztere neigen dazu, es als nahezu einzige sinnvolle Option zum Verständnis des Rollenspiels anzusehen, einem beizuwohnen; d.h., den Nicht-Rollenspieler mit Wissen auszustatten, welches, so die Annahme, selbst in einer Wissensgesellschaft und im Zeitalter von Internet nur durch *Teilnahme* (oder sozusagen „beobachtende Teilnahme") erworben werden kann, nicht aber alleine durch Konsultieren von *Wikipedia* oder Ähnlichem. Dies kann bereits als Indiz dafür aufgefasst werden, dass dieses Spiel besonders stark von esoterischen Wissensbeständen abhängig ist, die in exoterischen Kontexten nur schwer verständlich zu machen sind. (Andererseits dürften, wie SCHMID [1995b] bemerkt, auf jemanden, der noch nie etwas von „Fussball" gehört hat, die oft lebhaften Diskussionen unter Fussballfans einen nicht weniger „kryptischen" Eindruck machen).

Ein solcher Umstand wäre von einer ersten wissenssoziologisch informierten Annäherung aus betrachtet nahe liegend, wenn das damit verbundene Wissen nicht bloss propositionaler und damit sprachlicher Natur ist, sondern, wie zu vermuten v.a. aus oft impliziten Regeln zur *Konstruktion* der Spielwelt und des Ablaufs des Spiels besteht, die „naturgemäss" zwar durch Mitgliedschaft in der entsprechenden Spielgemeinschaft *erworben* (internalisiert), nicht aber *erzählt* und/oder wie „lexikalisches Wissen" (auswendig) gelernt werden können. Auch wäre nahe liegend, dass sich soziale Gruppen geradezu durch ihr Wissen, ihren Umgang mit Wissen und der damit unweigerlich verknüpften Konstruktion von Wirklichkeit voneinander *unterscheiden* lassen. Ohne „Insider-Wissen" (geteiltes Wissen) Anschluss an bestimmte Gruppen und ihrer Lebenswelt zu erhalten, ist daher schwierig: Wer weder Jargon noch Regelwissen „des Rollenspielers" teilt, wird als „Fremdling" („Outsider") erkannt und ist nicht Teil dieser sozialen Gruppe (die sich als „abgeschlossene" Gruppe mit „Insider-Wissen" über das Spiel und dessen Regeln wahrnimmt und sich auch entsprechend von „Outsidern" durch eigene Sprache, internalisierte Konventionen, impliziten Regeln und gemeinsamer „Narrative" abtrennt, z.T. auch bewusst [SCHMID 1995b]). Zugleich aber kann das Gemeinsame distinkt erscheinender sozialer Gruppen über das ihr zur Verfügung stehende Wissen und ihren Umgang damit herausgefiltert werden. Die Grenzen der einen Gruppe zu einer anderen sind durch die Wissensinhalte, -typen und -strukturen gekennzeichnet; ihre Gemeinsamkeit über eine intersubjektiv* geteilte bzw. im Prinzip teilbare (Alltags-)Realität und über die grundlegenden Weisen, wie Wissen erworben, bewertet und angewendet wird (*soziale Gesetze*[8]).

Trotz der Erklärungsschwierigkeiten bezüglich der Frage, was ein Rollenspiel eigentlich „ist", soll versucht werden, dem Leser dieses Spiel und wesentliche Elemente des Spielablaufs beschreibend vorzustellen (Kap. 3). Zuvor soll aber die wissenschaftliche Ausgangslage, die Fragestellungen und die Methode der Untersuchung vorgestellt werden.

---

[8] Solche „Naturgesetze der Gesellschaft" beschreiben Regelmässigkeiten, die nicht unmittelbar durch menschliche Handlungen entstanden sind (sondern z.B. durch „anthropologische Konstanten", psychosoziale Strukturen und evolutionäre Anpassungen gegeben sind oder Folge von physiologischen Notwendigkeiten menschlichen Daseins darstellen). Solche sozialen Gesetze müssen von *normativen Gesetzen* bzw. *Normen* unterschieden werden; in einer Gesellschaft – und bei der Untersuchung derselben – spielen beide Arten von Gesetzen eine Rolle [POPPER 1957, Bd. 2, S. 91f].

1.2 Erkenntnisinteressen, Zielsetzung und Relevanz

Erkenntnisinteressen

Das *primäre Erkenntnisinteresse* ist wissenstypologisch ausgerichtet: Identifizierung der verschiedenen im Rollenspiel vorkommenden Wissenstypen und damit die Weisen, wie Wissen im Rollenspiel erzeugt, verwendet, verteilt und bewertet wird, damit zusammenhängend die Funktion, die Wissenstypen oder (spezifisches) Wissen für die Konstruktion von Wirklichkeit und Fiktion in diesem Spiel übernehmen. Soziologisch kommen dadurch v.a. mikrosoziologische Interessen zur Geltung; der Gegenstandsbereich wird dementsprechend relativ isoliert auf das Rollenspiel und die Rollenspieler eingegrenzt werden. Fragen wie z.B. solche, wie Rollenspiel in der Gesellschaft wahrgenommen wird und welche „Bilder" und Stereotypisierungen damit einhergehen, bilden kein Erkenntnisinteresse der vorliegenden Untersuchung und werden daher über einzelne Hinweise hinaus nicht weiter verfolgt werden.

Das *sekundäre Erkenntnisinteresse* ist wissenssoziologisch ausgerichtet: Das Pen-and-Paper-Rollenspiel kann als ein paradigmatischer Fall dafür aufgefasst werden, wie Wissensmanagement bzw. das Management von Wirklichkeit und Fiktion sowie die Wissenskonstitution im Allgemeinen funktioniert. Damit rücken die gegenwärtige Gesellschaftsstruktur und die Ideologien innerhalb einer Wissensgesellschaft in den Untersuchungsbereich – dadurch wird ein eigentliches wissenssoziologisches Erkenntnisinteresse bedient. Jedoch wird dieses sekundäre Erkenntnisinteresse u.a. aus Gründen mangelnder (Zeit-)Ressourcen nur marginal in der Studie aktiv verfolgt; es dient v.a. dazu, auf Basis der wissenstypologischen Erkenntnisse die wissenssoziologische Relevanz weiterführender Forschungen auf diesem Gebiet verständlich zu machen.

Zielsetzung

Angestrebt wird ein *explorativer* respektive *systematisierender* Ansatz („Was für Phänomene gibt es?", „Was sind sinnvolle Unterscheidungen?"). Das Untersuchungsgebiet soll geordnet, ein Phänomen herausgegriffen und genauer betrachtet werden; der Ansatz ist insgesamt hypothesengenerierend ausgelegt. Dies bedeutet für den konkreten Gegenstand, dass wissenstypologisch relevanten Kategorien des Rollenspiels identifiziert werden müssen. Die identifizierten Kategorien ermöglichen eine Systematisierung der Daten in den durchgeführten Interviews der Studie (siehe Kap. 2.3) u.a. nach wissenssoziologischen Gesichtspunkten – eine erste Ordnung des Phänomenbereichs. Die wechselseitigen Beziehungen der Begriffe innerhalb dieser Ordnung erlauben es, eine erste Hypothesenbildung über die wissenstypologischen Zusammenhänge innerhalb des Rollenspiels vorzunehmen. Zielsetzung dieser Studie ist nicht die eigentliche sozialwissenschaftlich-empirische oder geisteswissenschaftlich-konzeptuelle Theoriebildung[9], sondern vielmehr

---

[9] Aufgrund der wissenschaftstheoretischen Unentschiedenheit darüber, was eine *wissenschaftliche Theorie* ausmacht [THIEL 2004b], und der Abhängigkeit dieser Frage von Einzelwissenschaft und Wissenschaftskultur [SEIFFERT 1996, S. 166] wird „Theorie" wie folgt verstanden: (i.) Vorliegen eines Satzsystems, (ii.) definito-

die explorative und systematisierende Hypothesenbildung – am Ende dieser Arbeit soll ein Set an gehaltvollen Hypothesen zu den zentralen Wissenstypen des Rollenspiels stehen.

Relevanz

Eine wissenstypologische Betrachtung von Rollenspielen, die wissenssoziologisch informiert ist, kann in mehrerlei Hinsicht Relevanz aufweisen:

Erstens eignet sich der Gegenstand durch seine Komplexität und Verwobenheit verschiedener Wissenstypen und -bestände für eine solche Betrachtung (*methodische Relevanz*). **Zweitens** kann damit wahrscheinlich ein allgemeiner Beitrag zur mikrosoziologischen Frage hergestellt werden, wie Wissen in kleineren Gemeinschaften produziert, verteilt, gebilligt/missbilligt, in spezifischen, abgrenzbaren Diskursen eingesetzt wird usw. (*theoretische* und *sozialwissenschaftliche Relevanz*). **Drittens** wird voraussichtlich „Neuland" betreten, da eine solche Untersuchung von bestehender Literatur nur schwach abgedeckt ist, d.h. die Arbeit kann eine gewisse Innovativität aufweisen und sich an objektiv bestehenden Wissenslücken orientieren (*epistemische* Relevanz*). **Viertens** könnten die Ergebnisse der Arbeit bei der Rollenspielgemeinschaft auf Interesse stossen und dort in (re-)kontextualisierter Weise verwertbare Resultate liefern (*praktische Relevanz*).

Relevanz der Wissenssoziologie für diese Studie

Selbst wenn die Studie selber keine wissenssoziologische Untersuchung *per se* darstellt, ist sie doch in erheblichem Masse wissenssoziologisch informiert; die Erkenntnisinteressen und Fragestellungen, denen in dieser Studie nachgegangen wird, ergeben sich vermutlich erst vor dem Hintergrund einer spezifisch wissenssoziologischen Sichtweise der Wissenskonstitution. Zudem stellt die Wissenssoziologie inhaltlich wichtige theoretische und analytische Ressourcen zur Verfügung, um Wissenstypen, ihre Verteilung und ihr Einsatz im Pen-and-Paper-Rollenspiel zu untersuchen.

Relevanz dieser Studie für die Wissenssoziologie

Umgekehrt ist auch eine wissenstypologische Untersuchung des Rollenspiels von Relevanz für wissenssoziologische Interessen, insofern es als paradigmatischer Fall für den Konstitution und Umgang mit Wissen dienen kann (siehe oben). Durch eine Untersuchung des Rollenspiels können allgemeine Fragen bezüglich der Struktur und Funktionsweise einer modernen Wissensgesellschaft verfolgt werden, besonders in Hinsicht des Verhältnisses makrosoziologischer Strukturen und mikrosoziologischer Lebenswelt.

---

risch festgelegte Terminologie des Satzsystems, (iii.) Bezug des Satzsystems auf einen abgegrenzten Gegenstandsbereich, (iv.) logische Konsistenz und Ableitbarkeit des Satzsystems, (v.) das Satzsystem versucht, durch Systematisierung und Vereinheitlichung ein möglichst grosses Gebiet bekannter Phänomene in einen Verständniszusammenhang zu bringen. – Bei einer *sozialwissenschaftlich-empirischen Theorie* wird zusätzlich verlangt, dass sich das Satzsystem auf empirisch prüfbare Sachverhalte bezieht, Mess- und Interpretationsregeln vorliegen und es die Deduktion von empirisch gehaltvollen Hypothesen aus den Grundannahmen zulässt [u.a. nach DIEKMANN 2002, S. 122f; FRIEDRICHS 1990, S. 63].

1.3 WISSENSCHAFTLICHE AUSGANGSLAGE

Pen-and-Paper-Rollenspiele sind wissenschaftlich wenig erforscht; es ist kaum ein gemeinsamer Forschungsstrang („Tradition") auszumachen, erst recht kein international verbindlicher.[10]

Wissenschaftliche Arbeiten

In der ersten einschlägigen wissenschaftlichen Monografie* zum Thema – *Shared Fantasy: Role-playing Games as Social Worlds* von 1983 – untersuchte der Soziologe GARY ALLAN FINE [FINE 1983] sowohl die Subkultur der Rollenspieler wie auch den sozialen Prozess der Konstruktion einer „geteilten Fantasie-Welt". Innerhalb der Soziologie wurden diese Untersuchungen allerdings zunächst nur spärlich rezipiert und kaum fortgeführt. Im weiteren Verlauf der 1980er und den frühen 90er-Jahren wurden fast ausschliesslich empirische* und theoretische Forschung aus der Sozialpsychologie, Pädagogik und verwandten Disziplinen durchgeführt, die v.a. durch Fragen bezüglich (angeblicher) psychischer Gefahren solcher Spiele für Jugendliche motiviert worden ist.[11] Entsprechend beschäftigten sich diese Studien hauptsächlich mit den Auswirkungen von Rollenspielen auf die psychische Verfassung und die Persönlichkeit von jugendlichen Rollenspielern [vgl. z.B. SIMÓN 1987; HUGHES 1988; SCHMID 1995a]. Neuere Studien aus diesem Bereich untersuchen oft auch explizit das positive Potential von Fantasy-Rollenspielen für die Persönlichkeitsentwicklung [z.B. RIEDEL 2004] oder das Lernverhalten [PARKER/LEPPER 1992].

In den letzten Jahren rückte das Thema Rollenspiel wieder vermehrt in den Fokus kulturtheoretischer Untersuchungen. Ausgehend von dem noch jungen Forschungsbereich der „Game Studies", einem multidisziplinären, hauptsächlich im angelsächsischen und skandinavischen Raum anzusiedelnden Feld, in welchem kulturelle, kommunikative und technische Aspekte von Spielen, insbesondere Computerspielen, untersucht werden, ist eine überschaubare Reihe von Publikationen auszumachen, welche sich dezidiert dem „ludologischen" und narrativen Charakter von Rollenspielen widmen [z.B. MACKAY 2001; MONTOLA/STENROS 2004; WILLIAMS 2006]. Die Anzahl sozialempirischer Studien zum Thema Pen-and-Paper-Rollenspiel ist auch unter diesem spieltheoretischen Fokus noch ziemlich über-

---

[10] So sieht das auch Spiel-Theoretiker FRANS MÄYRÄ: „The media-independent research into tabletop RPG and LARP in its multiple important forms is still lagging behind in the academic world." [MÄYRÄ 2004; S. ix]

[11] Besonders in den USA wurde zeitweise nahezu eine „moral panic" bezüglich Rollenspiele u.a. in den Massenmedien ausgelöst, als u.a. ein jugendlicher Rollenspieler Suizid beging und seine Mutter (PAT PULLING) und ihre danach gegründete Organisation B.A.D.D. (*Bothered about Dungeons and Dragons*) das Rollenspiel dafür verantwortlich machte [PULLING 1990, deutsche Ausgabe; sehr schön illustriert wird diese „moral panic" mitsamt christlicher Heilsversprechung durch den Comic-Strip von JACK T. CHICK aus dem Jahr 1984, zu sehen unter http://www.chick.com/reading/tracts/0046/0046_01.asp (30.10.2008)]. Diese und ähnliche nicht-akademische Erzeugnisse haben ihrerseits eine Reihe von Publikationen mit entgegengesetzter Ausrichtung hervorgerufen [z.B. STACKPOLE 1990; CARDWELL 1994]. Jedoch gibt es auch Gegendarstellungen und „Aufklärungskampagnen" von *christlichen* Rollenspielern, z.B. http://www.christian-gamers-guild.org/ (30.10.2008) – Die zuweilen wahrgenommenen Gefahren des Rollenspiels als Einstieg in Sekten oder gar Satanistenkulte hält sich aber bis in die 2000er-Jahre hinein (persönliche Erfahrung der Autoren; allerdings wurde in zwei journalistisch geführten Interviews mit Rollenspielern durch einen befreundeten Spielleiter ebenfalls von solchen Reaktionen berichtet [TSCHUDIN 1998, S. 17f]).

schaubar, wenn auch im Zuge medienübergreifender Untersuchungen (Pen-and-Paper-Rollenspiele, LARPs, Computer-Rollenspiele) gegenwärtig eine Zunahme an empirischen Arbeiten zu verzeichnen ist [z.B. HAMMER 2007; TYCHSEN et al. 2008]. (Zum *State-of-the-Art* v.a. der kulturwissenschaftlichen Literatur siehe RIEDEL [2004, Kap. 2.1]).

Semi-wissenschaftliche Arbeiten

Die zweite Quelle gegenwärtiger theoretischer Reflexion auf das Thema Rollenspiel ist die Gruppe der Rollenspieler selbst: Einige ihrer Exponenten stellen unter dem Label „*RPG Theory*" Überlegungen zu den wesentlichen Aspekten ihrer Tätigkeit an [z.B. EDWARDS 2001; KIM 2003; MÄKELÄ 2005]. Es handelt sich hierbei grösstenteils um einen semi-wissenschaftlichen Diskurs über verschiedene Rollenspiel-Modelle und Spielstile, der heute v.a. über Blogs [z.B. der *RGP Theory Review*; SCHMIEDEKAMP/GEORGE 2008] und anderen Internet-Plattformen [z.B. JOHN KIMS Internetseite zur *RPG Theory*; KIM 2008] verbreitet wird, kaum aber über etablierte wissenschaftliche Publikationsorgane mit den üblichen Qualitätssicherungs-Mechanismen (z.B. *Peer Review**). (Für einen Überblick über die *RPG Theory* siehe MASON [2004]).

Vor dem Hintergrund der Annahme einer Wissensgesellschaft sind solche Entwicklungen von semi-wissenschaftlichen Diskursen (Wissensproduktion ausserhalb des Wissenschaftssystems bzw. ausserhalb etablierter Wissensproduktionsstätten und -verfahren) aber zum einen zu erwarten [WEINGART 2001; GIBBONS et al. 1994], zum anderen in Hinblick auf ein wenig erschlossenes Feld wie Pen-and-Paper-Rollenspiele auch nicht ausschliesslich negativ zu beurteilen.

Fazit wissenschaftliche Ausgangslage

Alles in allem weist der gegenwärtige Forschungsstand kein Set gut bestätigter Thesen zu den soziologischen Kategorien des Rollenspiels aus, das als Grundlage zu einer weitergehenden Untersuchung wissenssoziologischer Zusammenhänge dienen könnte. Es gibt bloss schwach systematisch vernetzte Ansätze mit verschiedenem disziplinärem Hintergrund, die zumeist einzelne Aspekte des Rollenspiels theoretisch oder – seltener – empirisch untersuchen.

1.4 THEORETISCHE AUSGANGSLAGE

Im Folgenden wird ein begriffliches Instrument ausgewiesen, welches als Teil der theoretischen Ausgangslage (Voraussetzungen, Vorannahmen) der Studie zu verstehen ist.

Wissenstypologie

„Wissen" ist sowohl in der Philosophie, der Soziologie wie auch der Psychologie oftmals in unterschiedlichster Weise typologisiert worden, i.d.R. vor dem Hintergrund des generellen Erkenntnisinteresses, des Selbstverständnisses der jeweiligen Disziplin und dem spezifischen wissenschaftlichen Projekts des jeweiligen Autors. Angefangen bei bspw. ARISTOTELES' Unterscheidung des Wissens in *epistéme* (theoretisches, „eigentliches" Wissen), *téchne* (Fähigkeit, Kunstfertigkeit) und *phronesis* (Klugheit, pragmatisches Wissen) und IMMANUEL KANTS Unterscheidung *apriorischen* und *aposteriorischen Wissens* über BERTRAND RUSSELLS *Wissen durch Beschreibung* (engl. *knowledge by description*) und *Wissen durch Bekanntschaft* (engl. *knowledge by acquaintance*) und GILBERT RYLES Unterscheidung zwischen *Wissen-dass* (engl. *knowing that*) und *Wissen-wie* (engl. *knowing how*) bzw. psychologisch gewendet zwischen *deklarativem Wissen* und *prozeduralem Wissen* bis hin zu DONALD DAVIDSONS Unterscheidung in *Selbsterkenntnis, Fremderkenntnis* und *Welterkenntnis* hat alleine die Philosophie verschiedenste Typologisierungen des meistens als *propositionales Wissen* verstandenen Wissens vorgenommen.

Betrachtet man zudem beispielhaft Typologisierungen der (Wissens-)Soziologie wie MAX SCHELERS Unterscheidung von *Bildungswissen, Erlösungswissen* und *Herrschaftswissen,* KARL MANNHEIMS verschiedene *Ideologien* mit den damit korrespondierenden Interessen sozialer Gruppen, AUGUSTE COMTES' Formen des Wissens *Religion, Metaphysik* und *positive Wissenschaft* oder ALFRED SCHÜTZ' Unterscheidung des Wissens in *Routine-/Gewohnheitswissen, Gebrauchswissen, Rezeptwissen* und *Erfahrungswissen* sowie BERGER/LUCKMANNS Unterscheidung in *explizites (spezifisches) Wissen* und *Alltagswissen* wird die Mannigfachigkeit noch deutlicher. Berücksichtigt man schliesslich Unterscheidungen wie jene von MICHAEL POLANYI zwischen *impliziten Wissen* (engl. *tacit knowing*) und *bewusstem Wissen* bzw. Wissensprozessen, sowie die ursprünglich von ARISTOTELES ausgehende Unterscheidung *exoterischen* und *esoterischen Wissens*, ist die Unübersichtlichkeit dessen, wie man verschiedene Typen und Formen von „Wissen" auseinanderhalten soll oder kann, perfekt.

Insofern es keine für die vorliegende Arbeit brauchbare Systematik von Wissenstypen gibt, soll im Folgenden ein *Versuch* einer sowohl (wissens-)soziologisch wie auch philosophisch informierten *allgemeinen cross-typisierenden Wissenstypologie* unternommen werden.[12] Diese wird später als begriffliches Instrumentarium in der Interpretation und Diskussion der Ergebnisse verwendet, um u.a. zu identifizieren, welche Typen von Wissen im Rollenspiel vorkommen. (Die verschiedenen Wissenstypen werden jedoch im Rahmen dieser Arbeit nur grob vorgestellt).

Eine zentral eingeführte Unterscheidung dabei ist jene zwischen **Wissenstyp** (Art, Form des Wissens) und (konkreten) **Wissensinhalt**. In der Typologie werden nur Wissen*typen* wiedergegeben; Wissens*inhalte* werden separat diskutiert (siehe Kap. 4 und 5). Die Wissenstypen unterscheiden sich wie folgt (z.T. orientiert an KNOBLAUCH [2005]):

Nach sozialer Selbstverständlichkeit [graduell]	
relativ-natürliches Wissen	Wissen, welches in einer sozialen Gruppe als selbstverständlich gilt und keine weitere Legitimation benötigt, fraglos gegeben ist
künstliches Wissen	durch originäre Denkprozesse geschaffenes Wissen, welches oft auch spezifischer Legitimation und Rechtfertigung bedarf

---

[12] Tatsächlich dürfte die Typologie stärker philosophisch denn wissenssoziologisch ausgerichtet sein. Dies mag daran liegen, dass Wissenssoziologen dazu tendieren, Wissenstypen für genau ihr jeweiliges Erkenntnisinteresse zu definieren und deshalb keinen Bedarf an einer allgemeinen Typologisierung formulieren.

Nach sozialer Herkunft [nominal]	
Volkswissen	Selbstverständlichkeiten des Alltagslebens, die man durch Mitgliedschaft in der jeweiligen Gesellschaft und Zeitepoche erwirbt – z.B. heute in unserer Gesellschaft, wie man einen Fernseher einschaltet
mystisches Wissen	transzendente Erfahrungen, Wissen über „höchste Wirklichkeiten" usw.
religiöses Wissen	Kenntnis von heiligen Texten, religiöse Dogmen usw.
philosophisch-metaphysisches Wissen	philosophische Denksysteme, Weltanschauungen, Wissen über die Gründe des Seins, den Sinn des Lebens usw.
wissenschaftliches Wissen	meist empirisches Wissen über abgegrenzte Bereiche der Natur oder Kultur, das durch ein spezifisch ausdifferenziertes und legitimiertes Subsystem der Gesellschaft produziert wird
technologisches Wissen	angewandtes Wissen zur Kontrolle der Natur (oder auch Kultur), zur künstlichen Erweiterung von Handlungsmöglichkeiten usw.
Nach sozialer Zugänglichkeit [graduell]	
esoterisches Wissen / Sonderwissen	nur einer bestimmten sozialen Gruppe zugänglich, evtl. eigenständige Institutionen für dieses Wissen ausgebildet
exoterisches Wissen / Allgemeinwissen	einer Gesellschaft im Prinzip allgemein zugänglich und geteilt
Nach subjektivem Bewusstheitsgrad und Sedimentierung [graduell]	
Subjektives Wissen	prinzipielle Situationsgebundenheit der sozialen Erfahrung und ihre Subjektivität
Routine-/Gewohnheitswissen	inkorporierte Fertigkeiten und Körperfähigkeiten, z.B. Schwimmen
Gebrauchswissen	eingeschliffene Handlungsvollzüge, die „automatisch" durchgeführt werden, wenngleich sie einmal ausdrücklich erlernt wurden, z.B. Lesen und Schreiben in der Muttersprache
Rezeptwissen	automatisierte Wissenselemente, die nur von anderen übernommen und nicht selber konstituiert wurden
Alltagswissen	Kenntnisse im Rahmen der Handels- und Sachzusammenhänge der alltäglichen Lebenswelt, Ausschaltung des Zweifels an der Existenz der äusseren Dingwelt (natürliche Einstellung), Wissen, das gemeinsam mit anderen Subjekten geteilt wird (geteilte Wirklichkeit)
Nach Explizierbarkeit [graduell]	
implizites Wissen	nicht oder nur schwer versprachlichbare und auf diese Weise vermittelbare und erwerbbare Inhalte; Vermittlung läuft z.B. über Nachahmung, Gesten, Internalisierung von Normen ab
explizites Wissen	versprachlichbare und entsprechend vermittelbare Inhalte
Nach Ursprung [nominal]	
aposteriorisches (empirisches) Wissen / Erfahrungswissen	durch Sinneserfahrung oder kontrollierte wissenschaftliche Erfahrung wie Beobachtung, Experiment etc. entstandenes Wissen
Bekanntschaftswissen	Vertrautheit mit Individuen jeglicher Art, oft durch direkte Sinneserfahrung, z.B. „Ich kenne Peter", „Ich weiss, wie eine Ananas schmeckt", „Ich habe Schmerzen" usw.
Beschreibungswissen	Wissen nur durch Beschreibung bzw. indirekte Sinneserfahrung, nicht aber durch eigene, direkte Sinneserfahrung
apriorisches (logisches) Wissen	durch logische Ableitung / begriffliche Analyse entstandenes Wissen

Nach Inhaltsbereich und Verwendungszweck („Inhaltstypen") [graduell] *(Stark orientiert an einem Vorschlag von PAUL BURGER [BURGER 2004, S. 8f])*	
Sach-/Tatsachenwissen; „knowing that"	Wissen, dass etwas der Fall ist
Ursachenwissen / erklärendes Wissen	Wissen über Ursachen und Gründe, welche Tatsachen erklären
Verfügungswissen / Herstellungswissen; „knowing how"	Wissen, wie z.B. ein Gegenstand hergestellt werden muss, oder wie man die Kaffeemaschine bedient usw.
Methodenwissen	Wissen, wie z.B. ein bestimmtes Resultat erreicht werden kann
Transformationswissen	Wissen, wie gesellschaftliche Prozesse beeinflusst werden können
Organisationswissen	Wissen über das Funktionieren von Organisationen, z.B. Parlamente
Normenwissen / Orientierungswissen / Zielwissen	Wissen über Ziele, Werte und Massstäbe, auf welche hin bzw. nach welchen gehandelt werden soll
Reflexives Wissen	selbstbezügliches Wissen wie „Ich weiss, dass ich mir mit Rauchen schade"
Nach Geltung (Wahrheit, Richtigkeit usw.) [dichotom]	
kontextuelles Wissen	Geltungsanspruch nur innerhalb eines spezifischen Kontextes gegeben
universales Wissen	Geltungsanspruch unabhängig eines spezifischen Kontextes gegeben
Nach Gewissheit und/oder Legitimation [graduell]	
Meinung / doxa	Wissen mit geringer Gewissheit bzw. Legitimation
probabilistisches / fallibles / konjekturales Wissen	Wissen, das sich als falsch herausstellen kann bzw. nur mit einer gewissen Wahrscheinlichkeit wahr ist
apodiktisches (notwendiges) Wissen	notwendigerweise wahr, daher Wissen mit Gewissheit
Nach Semantik [dichotom]	
propositionales Wissen	Wissen, das in deklarative Aussagen formuliert werden kann
non-propositionales Wissen	Wissen, das nicht in deklarative Aussagen formuliert werden kann

1.5 FRAGESTELLUNGEN

Die Untersuchung folgte einer übergeordneten Fragestellung mit damit zusammenhängenden spezifischeren Fragestellungen:

Was für Wissenstypen und -bestände treten in einem Rollenspiel auf?
- *Mit welchen Wissenstypen wird Wirklichkeit im Spiel konstruiert?*
- *Wie sind diese Wissenstypen in der Rollenspielgruppe verteilt und wie werden diese im Rollenspielablauf verwendet?*
- *In welchem funktionalen Verhältnis stehen diese Wissenstypen zueinander?*

Gemäss des explorativen Settings werden die Fragen in der vorliegenden Arbeit nicht systematisch beantwortet werden; vielmehr geben sie der Untersuchung Orientierung vor.

Im folgenden Kapitel wird dargelegt, auf welche Weise diese Fragestellungen methodisch angegangen und wie die produzierten Ergebnisse verwertet wurden.

2
METHODIK

Methodik

In diesem Kapitel wird die Methodik der Studie vorgestellt. Es werden zuerst die *allgemeine Methodik* und der Forschungsablauf beschrieben. Danach folgen die separaten Ausführungen über die Methode der *empirischen Studie* und der *konzeptuellen Studie*. Abgeschlossen wird das Kapitel mit einer Übersicht über das *Sample* der empirischen Studie.

2.1 ALLGEMEINE METHODIK

Die Arbeit besteht im Wesentlichen aus zwei aufeinander abgestimmten Einzelarbeiten: *Empirische Studie* (Interviews, Fragebogen, Mitschnitt einer Spielsitzung; Hauptautor MARCEL MERTZ) und *konzeptuelle Studie* (Hauptautor JAN SCHÜRMANN) sowie einer gemeinsamen Einleitung und einer gemeinsamen methodischen (Kap. 2 *Methodik*) und inhaltlichen Synthese (Kap. 5 *Interpretation* und Kap. 7 *Schlussfolgerungen*).

Wissenschaftstheoretische Ausrichtung

Als philosophische Grundposition wurde ein starker *Sozialkonstruktivismus*, wie er in der Wissenssoziologie und der qualitativen Forschung zuweilen nicht unüblich ist, abgelehnt. Dagegen wurde ein *methodologischer Sozialkonstruktivismus* vertreten, d.h. die Auffassung, dass es bei manchen Untersuchungen methodisch und heuristisch* sinnvoll ist, „so zu tun als ob" die Thesen des (starken) Sozialkonstruktivismus wahr wären (vgl. die ontologische* Behauptung des oft vertretenen Sozialkonstruktivismus, dass es *so ist*). Die gewählte Grundausrichtung könnte als *gemässigter wissenschaftstheoretischer Realismus* bezeichnet werden. Erkenntnis-positiv geht dieser davon aus, dass zuverlässiges Wissen auch über die soziale Welt prinzipiell möglich ist (u.a. zwecks Vermeidung des Selbstwiderspruchs, in welchem sich der starke Sozialkonstruktivismus verstrickt; dieser ist ferner nur axiomatisch* behauptbar, nicht empirisch belegbar). Die Position anerkennt erkenntnis-kritisch die Fallibilität*, Historizität und Sozialität wissenschaftlichen Arbeitens.

Wie BERGMAN [2008] hinweist, sollte die gewählte wissenschaftstheoretische Position keine Vorentscheidung bezüglich der *konkreten sozial- oder geisteswissenschaftlichen Methoden* beinhalten (Neopositivisten können durchaus gehaltvoll qualitative Interviews durchführen, während Sozialkonstruktivisten sinnvoll quantitative Methoden verwenden können). Die wissenschaftstheoretische Positionierung soll nicht bei der Methodenwahl, sondern bei der *Interpretation* der Aussagekraft und Gültigkeit von Ergebnissen u.a. in Bezug auf das Sprache–Welt-Verhältnis (sagt ein Ergebnis etwas über die natürliche oder soziale Welt aus, wie sie ist?) eine Rolle spielen, sowie über generelle Fragen wissenschaftlich-epistemologischer Natur (Objektivität, Wahrheit, Exaktheit usw.), die dann auf den epistemischen Status der ganzen Forschung bezogen sind.

Involviertheit in den Untersuchungsgegenstand

Die Autoren sind selber Teil der erwähnten Rollenspiel-Gemeinschaft. Beide sind Spielleiter mit über zehnjähriger Erfahrung. Sie haben ferner zusammen mit anderen Rollenspielern ein eigenständiges Rollenspielsystem entwickelt.

Methodik

Eine Involviertheit in das, was untersucht werden soll, muss sozialwissenschaftlich reflektiert werden, insofern eine solche Involviertheit methodologisch* sowohl Vor- wie auch Nachteile mit sich bringen kann. Soziologisch ist es aber keineswegs ungewöhnlich – und oft genug auch nicht vermeidbar –, selber Teil jener sozialen Realität zu sein, die untersucht werden soll.[13] Da in der vorliegenden Arbeit nicht eine Hypothesenprüfung das Ziel darstellt, bei welcher mögliche systematische Verzerrungen* (*bias*) aufgrund dieser Zugehörigkeit methodisch besonders zu berücksichtigen wären [DIEKMANN 2002; FRIEDRICHS 1990], sondern eine explorative Untersuchung, wird die Zugehörigkeit zu der untersuchten Gruppe *positiv* beurteilt: Sie erlaubt es, gezieltere Fragen zu stellen und besser bewerten zu können, was sich überhaupt *zu fragen lohnt*. In einer explorativ-phänomenologischen Phase der Forschung kann und darf darüber hinaus die eigene lebensweltliche Erfahrung mit dem Untersuchungsgegenstand – eine Form der nicht-wissenschaftlichen Expertise* – durchaus miteinfliessen, muss aber, wo notwendig, transparent gemacht werden.

Epistemischer Status lebensweltlicher Erfahrung (Positionierung)

Die lebensweltliche Erfahrung in einem spezifischen Handlungsfeld (zuweilen auch in Form von ansonsten eher problematischer *anekdotischer Evidenz**) ist nicht *grundsätzlich* epistemologisch unbrauchbar oder *grundsätzlich* der wissenschaftlichen Erkenntnis unterlegen. Von einem „szientizistischen* Vorurteil", welches jede lebensweltliche Erfahrung *a priori** als epistemisch minderwertig behandelt (da „nicht auf Evidenzen gestützt", „verzerrt", „nicht kontrolliert" usw.), sollte Abstand genommen werden – schon deswegen, weil der Wissenschafter als Person selber unhintergehbar auf lebensweltliche (damit i.d.R. sozial vermittelte und konstituierte) Erfahrung und damit auch geteiltem Wissen selbst im wissenschaftlichen Forschungsalltag angewiesen ist.

Auf das Thema der Studie bezogen, kann daher festgehalten werden, dass Rollenspieler z.B. sehr genau wissen, wie ein Rollenspiel hinsichtlich des konkreten Ablaufs funktioniert, was die Rolle des Spielleiters ist, wozu die Würfel gebraucht werden usw. Sie können dieses Wissen berechtigterweise auf andere Rollenspielsysteme, die sie nicht kennen, „generalisieren", sofern diese im Spielprinzip nicht wesentlich anders gestaltet sind (dann entsprechen sie demselben „Typ", und die Aussagen können durch starke Analogieschlüsse begründet werden). In diesem Fall bspw. mehrere statistische Untersuchungen von Rollenspielsystemen mit einer Fallzahl von wenigstens n=300 durchzuführen (um gehaltvolle induktive* Generalisierungen zu ermöglichen), damit solche („nur") lebensweltlich gestützten Aussagen „wissenschaftlich gerechtfertigt" sind, scheint nicht nur praktisch, sondern insbesondere auch epistemologisch unvernünftig zu sein.

Der epistemische Status lebensweltlicher Erfahrung hängt jedoch massgeblich vom *Phänomen* oder *Sachverhalt* ab, nach dem *gefragt* wird. Solange nach besonders *manifesten* oder „materialen" Gegebenheiten (Phänomenen) gefragt wird („Für was braucht

---

[13] „Fragestellungen erwachsen nicht aus dem Nichts. Sie haben häufig ihren Ursprung in der persönlichen Biographie des Forschers und in seinem sozialen Kontext. Die Entscheidung für eine bestimmte Fragestellung hängt zumeist von lebenspraktischen Interessen des Forschers und seiner Einbindung in bestimmte soziale oder historische Kontexte ab." [FLICK 2005, S. 78]

man das Regelwerk?", „Mit welchen Würfeln muss ich nun würfeln?", „Was steht auf dem Charakterbogen?" etc.), dürfte die lebensweltliche Erfahrung nahezu „unhintergehbar" und durch wissenschaftliche Erfahrung auch kaum gehaltvoll *ersetzbar* sein. Wissenschaftliche Erkenntnis derselben Phänomene oder Sachverhalte reproduziert im Grunde genommen nur mittels systematischen Methoden genau diese lebensweltliche Erfahrung, indem sie bspw. Personen befragt, die über diese Erfahrung verfügen; ein Erkenntnis*gewinn* ist selten ersichtlich, höchstens eine Steigerung der Erkenntnis*sicherheit*, die aber in dem Fall meistens bereits hoch genug veranschlagt werden darf (die Behauptung, dass ein Rollenspieler mit über 15 Jahren Spielerfahrung angeblich nicht weiss, wie man dieses Spiel spielt, bzw. sein Wissen darüber höchst zweifelhaft oder nicht begründet sei, dürfte epistemologisch schwierig aufrecht zu erhalten sein, solange nicht ein universaler Skeptizismus* vertreten wird).

Je mehr aber nach *latenten* Sachverhalten gefragt wird, welche „hinter" dem der lebensweltlichen Erfahrung „direkt" Gegebenen liegen („hinter" den Phänomenen), oder welche die subjektiv-individuelle Perspektive zwangsläufig transzendieren*, desto spekulativer und je nachdem unbegründeter werden Aussagen lebensweltlicher Erfahrung, und desto angebrachter ist die wissenschaftliche Untersuchung und Begründung dieser Aussagen (so z.B. über Gründe und Ursachen, warum soziale Gegebenheiten so sind, wie sie sind – oder auch nur erscheinen –, über implizite Regeln und Normen sozialer Interaktion, oder über komplexere kausale* Zusammenhänge, die sich meist gerade erst unter bewusster Absehung der individuellen Erfahrung mithilfe kontrollierter Bedingungen einem erschliessen können).

In diesem Sinne wird die lebensweltliche Erfahrung der Autoren in dieser Arbeit berücksichtigt, besonders in Kapitel 3 (phänomenologische Darstellung dessen, was ein Rollenspiel „ist").

Forschungsablauf (methodologische Rekonstruktion)

Die Arbeit ist gemäss der methodologischen Rekonstruktion des Forschungsablaufs (siehe Abb. 2) – welche nicht zwangsläufig identisch mit dem forschungspragmatischen*, „tatsächlichen" Ablauf ist – wie folgt aufgebaut:

Nach der Ausweisung des theoretischen Hintergrunds, der Fragestellung (Kap. 1) und der allgemeinen Methodik wird die spezifische Methodik und der Hintergrund der *empirischen Studie* und der *konzeptuellen Studie* vorgestellt (Kap. 2). Anschliessend wird versucht, beschreibend das Pen-and-Paper-Rollenspiel vorzustellen, u.a. durch Rückgriff auf Ausschnitte der qualitativen Interviews (Kap. 3). Darauf folgen die Ergebnisse der empirischen und konzeptuellen Studie (Kap. 4). Die Ergebnisse werden danach insbesondere in Hinsicht auf die vorhandenen Wissenstypen interpretiert und diskutiert. Um die Angemessenheit und Ergiebigkeit dieser Wissenstypen zu überprüfen, werden diese in einer aus Interviewdaten, Forschungsliteratur und lebensweltlicher Erfahrung genährten Proto-Theorie synthetisiert (Kap. 5). Anschliessend wird diese Proto-Theorie auf ausgewählte empirische Beispiele angewendet werden (Kap. 6). Dadurch können sowohl die begriffliche wie auch die empirische Adäquatheit der Proto-Theorie kritisch betrachtet werden, wenngleich dieses Vorgehen keinen *Theorientest* darstellen kann noch soll (da u.a. bewusst anschauliche Beispiele vorgestellt werden). Schlussfolgerungen und Hypothesen beenden den inhaltlichen Teil der Arbeit (Kap. 7).

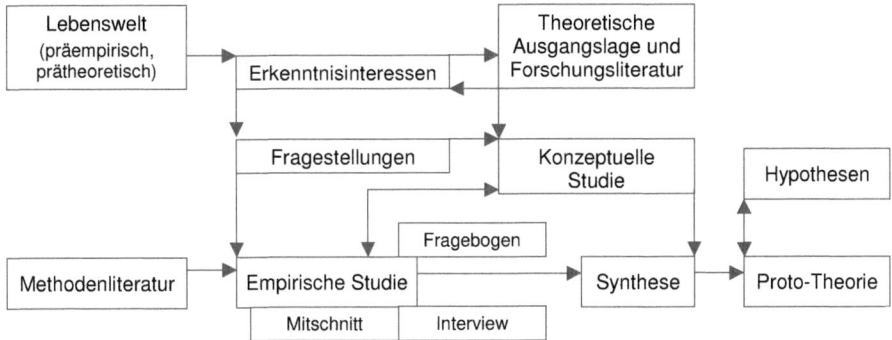

Abb. 2: *Forschungsablauf*

Grenzen der (empirischen) Untersuchung

Aufgrund Zeit- und Ressourcenknappheit selbst im Rahmen einer kombinierten Studie liessen sich methodische Defizite nicht vermeiden, besonders bei der empirischen Studie. Es wurde aber angestrebt, Mängel zu identifizieren und transparent darzulegen.

Durch das explorative Setting bedingt, kann und will die Untersuchung nicht beanspruchen, repräsentative Aussagen zu treffen, wohl aber, bestimmte (erste) systematische Einblicke in den Untersuchungsgegenstand von einer wissenstypologischen Perspektive aus geben zu können.

Festzuhalten ist, dass die Spezifitäten von *Jugendlichen* und *jugendlichen Gruppierungen* nicht berücksichtigt werden konnten. Die Untersuchung ging von *erwachsenen* Rollenspielern aus, inklusive der damit verbundenen Sozialisierungen. Auch wurden in der empirischen Studie nur schweizerische Rollenspieler befragt.

Terminologische Entscheidungen

Folgende terminologischen Entscheidungen im Sinne von Nominaldefinitionen* wurden zwecks Sprachökonomie, Eindeutigkeit und Exaktheit getroffen:

Rollenspiel – Abkürzung für *Pen-and-Paper-Rollenspiel*, sofern nicht explizit anders ausgewiesen. (Zur Beschreibung eines *Pen-and-Paper-Rollenspiels* siehe Kap. 1.1 und insbesondere Kap. 3).

Rollenspieler – Jedes Subjekt, welches in einem regelmässigen Rahmen *Rollenspiele* spielt und sich i.d.R. auch mit dieser Freizeitbeschäftigung aktiv identifiziert.

Spieler – Jeder *Rollenspieler*, der innerhalb einer *Spielrunde* nicht die Funktion des *Spielleiters* einnimmt.

Spielleiter – Der *Rollenspieler*, der innerhalb einer *Spielrunde* die Funktion des *Spielleiters* einnimmt. (Diese Funktion wird in manchen Rollenspielsystemen „Spielmeister" genannt).

Methodik

Spielrunde – Ein konkreter, deutlich beschränkter Zeitabschnitt, in welchem Rollenspiel gespielt wird (z.B. an einem Samstagnachmittag).

Rollenspielsystem – Alle Rollenspielsysteme sind Exemplifikationen des *Rollenspiels*, d.h. beruhen auf mehr oder weniger demselben Spielprinzip, unterscheiden sich aber je nachdem stark in a) der jeweiligen Fantasiewelt (*Spielwelt*) und/oder b) dem *Regelwerk* sowie c) der Gruppe von Spielern (Rollenspieler spielen bestimmte Systeme, nicht aber alle, die existieren).

Regelwerk – I.d.R. gedrucktes und entsprechend betiteltes Manual, in welchem die für das Spiel geltenden *Spielregeln* und Informationen (z.B. über die *Spielwelt*) enthalten sind. Je nach Rollenspielsystem kann das *gesamte* Regelwerk (inklusive Zusatzregeln und Hintergrundbücher usw.) mehrere hundert Seiten umfassen.[14] Dabei lässt sich meistens *ein* Basisregelwerk identifizieren, das *notwendig* für das Spiel ist (die anderen Regelwerks-Teile wirken als Ergänzungs- und Hintergrundwerke).

Spielregeln – Explizit in einem gedruckten Manual (*Regelwerk*) formalisierte bzw. kodifizierte und damit intersubjektiv zugängliche und meistens auch als (präskriptiv*) verbindlich betrachtete Regeln, welche das konkrete Rollenspielsystem massgeblich mit ausmachen und festlegen, wie in bestimmten Situationen zu verfahren ist (siehe auch Kap. 3).

Spielwelt – Die konkrete Fantasiewelt, d.h. der fiktive Rahmen (z.B. TOLKIENS Welt der *Herr der Ringe* oder das *Star Trek*-Universum) innerhalb dessen das Spiel sich bewegt und auch bewegen *darf* (insofern die jeweilige Welt Möglichkeiten und Grenzen von Handlungen und Geschehnissen festlegt).

Soziale Regeln – Konventionen, Soll-/Kann-/Muss-Normen („normative Gesetze") und Erwartungen (inklusive Erwartungs-Erwartungen) mit normativer* Kraft, welche den (sozialen) Umgang von Mitgliedern einer Gemeinschaft oder Gesellschaft regeln und steuern (z.B. Anstand, Verhalten bei Begrüssung, erlaubte und normativ erwartete Reaktionen in bestimmten Krisensituationen usw.). Sie sind oft nur implizit in der Lebenswelt vorhanden, können aber dennoch von den Mitgliedern einer Gemeinschaft bzw. Gesellschaft intersubjektiv geteilt

Soziale Gesetze – Von menschlichen Handlungen nicht unmittelbar abhängige (kausale, funktionale) Gesetze der gemeinschaftlichen und gesellschaftlichen Existenz (siehe auch Fussnote 8), die in wissenschaftlichen (Quasi-)Gesetzesaussagen formuliert werden können und für sich genommen keine normative Kraft besitzen (z.B. „Frühehen scheitern eher als Spätehen").

Konstitutionsregeln – Sozialtranszendentale Regeln („soziale Bedingungen der Möglichkeit lebensweltlicher Phänomene"), welche die Konstitution von Wissen ermöglichen und steuern. Sie sind dadurch unmittelbar auch für die Konstruktion von Wirklichkeiten von Bedeutung.

---

[14] Selbst das nicht-professionell und damit in Hobbyarbeit erstellte Rollenspielsystem der Autoren (*Réanaith*) umfasst – Zusatzdokumente und Hintergrundinformationen zur Spielwelt inklusive – rund 700 gedruckte A4-Seiten; dies ist aber kein Vergleich zu der weit grösseren Menge an Materialen, die z.B. für das professionell vertriebene deutsche Rollenspielsystem *Das Schwarze Auge* (*DSA*) zur Verfügung steht! (Wie dies ein Interviewpartner anschaulich illustriert: „[...] Das ist [...] ich formuliere es so, wenn man alle [...] Bücher, Regelwerke und alles aufeinander stapelt, was es gibt, im A4-Format, kommt man auf ja zwischen [...] 80 Zentimeter bis 1 Meter 20." Interview #1).

2.2 Empirische Studie

Sozialempirische Daten (quantitativ wie qualitativ gewonnene) zu und über Pen-and-Paper-Rollenspiele sind rar (siehe Kap. 1.3). Wenn doch welche vorhanden sind, sind sie nicht selten wissenschaftlich nicht oder nur schwach abgesichert (z.b. Amateur-Umfragen und Interviews durch Rollenspielende) und dadurch nur mit epistemischer Fragwürdigkeit verwendbar.[15] „Harte" Daten fehlen i.d.R. ganz oder sind oft nur zu eher oberflächlichen soziodemografischen Fragestellungen zur Verwendung deskriptiver Statistik* erstellt worden (z.B. Geschlechterverteilung, Alter, Schul- und Berufshintergrund, welches Spiel vornehmlich gespielt wird u.Ä. [z.B. KATHE 1986; SCHMID 1995a; KIM 2008; ROLLENSPIELSTATISTIKER 2008]). Allenfalls werden zwecks Datenreduktion und Entdeckung von Strukturen weitergehende multivariate Analysemethoden wie Cluster- oder explorative Faktorenanalysen eingesetzt, oder zur Prüfung allfälliger Korrelationen Kontingenztafeln erstellt [z.B. ROLLENSPIELSTATISTIKER 2008]. Wo im Anschluss an eine Datenerhebung sinnvolle und relevante induktive Statistik* mit der Möglichkeit statistischer Hypothesenbildung und Erklärung eingesetzt werden könnte, wurden wohl nicht selten die Items der Fragebogen ohne vorherige (qualitative) Exploration festgelegt, was die Validität der Daten je nachdem vermindern dürfte: „Der sinnvolle Einsatz statistischer Verfahren, der über die reine Deskription des Materials hinausgeht, ist nur nach gründlicher, theoretisch-inhaltlicher Vorarbeit möglich. Erst wenn, ausgehend von dem bereits vorhandenen Wissensbestand, weiterführende Hypothesen formuliert werden, kann die Statistik funktionsadäquat eingesetzt werden" [BORTZ 1999, S. 2]. Tatsächlich dürften die quantitativen Untersuchungen von TYCHSEN et al. [u.a. 2006a] als eine der wenigen positiven Ausnahmen gelten, was einen über „oberflächliche Daten" hinausgehenden Einsatz quantitativer Methoden bei der Erforschung von Pen-and-Paper-Rollenspielen betrifft.

Während diese vorliegende Studie nicht beanspruchen kann, die Mängel des aktuellen empirischen Forschungsstandes beheben zu können, möchte sie dennoch einen kleinen Beitrag leisten versuchen. Die Autoren gehen dabei davon aus, dass es zu diesem Zeitpunkt für die in der Arbeit verfolgten Fragestellungen über blosse soziodemografische und ähnliche „oberflächliche" Daten hinaus wenig Sinn macht, im grossen Stil quantitative Methoden einzusetzen. Erst nach einer qualitativ verfahrenden Exploration[16] könnten seriöse quantitative Befragungsinstrumente entwickelt werden, bei denen statistisch sinnhafte Rückschlüsse gezogen werden können. Dann könnte auch angestrebt werden, qualitative

---

[15] Insofern gerade hochwertige quantitative Befragungen einen Kostenpunkt darstellen, und es voraussichtlich nur wenige finanziell geförderte Projekte zu einem solchen „Exotenthema" gibt, ist es nicht verwunderlich, wenn solche Forschung in der Freizeit von (informierten) Laien, im „Alleingang" von Sozialwissenschaftlern oder in Form von Seminar- und Diplomarbeiten vonstatten geht.

[16] Während es durchaus möglich ist, auch mit quantitativen Methoden explorativ vorzugehen – z.B. mit strukturentdeckenden statt strukturprüfenden Verfahren [BORTZ 1999, S. 1-2] –, hat sich in der empirischen Methodenliteratur eingebürgert, besonders qualitative Ansätze als ein geeignetes Mittel der explorativen Phase eines Forschungsvorhabens zu betrachten [z.B. DIEKMANN 2002].

und quantitative Ansätze zwecks Konvergenz oder Komplementarität im Sinne eines *mixed method designs* zueinander in Beziehung zu setzen [BERGMAN 2008].

Qualitative Forschung

Quantitative und qualitative Forschungsansätze sollen gemäss der vorliegenden Arbeit nicht gegeneinander ausgespielt werden (wie leider oft in den etablierten Schlagabtäuschen zwischen „Qualis" und „Quantis" zu beobachten), sondern beide hinsichtlich ihrer Vor- und Nachteile gewürdigt werden. Daher soll nur schwach umrissen werden, welche Aspekte qualitativen Forschens bei dieser Studie im Vordergrund standen, und wie (methodologisch) mit ihnen umgegangen wurde.

Die Erkenntnisgegenstände, um die sich qualitative Forschung oft bemüht, können (wenigstens *a priori*) nicht *gemessen* werden, sondern müssen (erst) *verstanden* werden; es geht um die Rekonstruktion von Sinn, Erleben, Deutungsmuster und subjektiven Sichtweisen [HELFFERICH 2004; S. 19]. In der qualitativen Forschung wird diese Erfahrungswirklichkeit verbalisiert und interpretativ ausgewertet [BORTZ/DÖRING 2002, S. 295]. Das Ziel solcher Verfahren ist es normalerweise nicht, generalisierend oder auf Aggregatebene von verschiedenen Gruppen vergleichend zu wirken [BORTZ/DÖRING 2002, S. 296]. Dies auch deshalb, da Generalisierungen auch anhand „exemplarischer Verallgemeinerung", welche mittels „repräsentativen typischen Fällen" vollzogen wird, nur schwer rational haltbar sind [BORTZ/DÖRING 2002, S. 336]. Jedoch ist Generalisierung keineswegs das einzig anstrebbare Ziel von (qualitativer) Forschung [siehe u.a. FLICK/KARDOFF/STEINKE 2000]. Denn neben solchen nomothetischen* Interessen können idiografische* Interessen berücksichtigt werden, d.h. das entschiedene Interesse an einzelnen Fällen oder Fällen in besonderen Kontexten. So kann ein Ziel qualitativer Forschung sein, mögliche Handlungsweisen, Wahrnehmungen, Erlebnisse und Geschehnisse in einer spezifischen Lebenswelt festzustellen – seien es auch Extreme –, oder Vorannahmen und Vorurteile „von aussen" über diese Lebenswelt zu prüfen; denn bekanntlich genügt ein einziges Beispiel, um eine singuläre Existenzaussage („Es gibt wenigstens ein Fall von x") zu bestätigen, wie auch ein einziges Gegenbeispiel genügt, um eine Universalaussage („Für alle Fälle x gilt y") zu widerlegen. Beides liegt durchaus im Anwendungsbereich qualitativer Interviews.[17]

Für qualitative Vorgehensweisen können sowohl Aspekte des *Vorverständnisses* wie auch der *Introspektion* positiv gewendet werden: Da als Grundposition davon ausgegangen wird, dass humanwissenschaftliche Gegenstände stets gedeutet (interpretiert) werden müssen [MAYRING 2002; S. 29f; HELFFERICH 2004, S. 20], ist anzuerkennen, dass das eigene Vorverständnis diese Deutung beeinflusst; die erfolgte Deutung wird das iterierte* Vorverständnis beeinflussen, was auf jede weitere Deutung Einfluss ausübt, usw. („hermeneutischer* Zirkel" bzw. korrekter „hermeneutische Spirale"). MEINEFELD [2000, S. 273]

---

[17] Im Mindesten können Fälle und damit das objektive Vorliegen von vertretenen *Meinungen, Haltungen, Sichtweisen, subjektiven Begründungsmuster* usw. belegt werden. Die objektive Existenz von Sachverhalten in der Welt oder die Richtigkeit von behaupteten Kausalrelationen ist mit einem qualitativen Verfahren deutlich schwieriger zu belegen.

unterscheidet dabei drei Ausprägungen dieses Vorverständnisses bzw. Vorwissens, welche zur Konstitution des Forschungsgegenstandes mit beitragen: *alltagsweltliches (lebensweltliches) Vorwissen* (letzten Endes unhintergehbar), *allgemein-theoretische Konzepte* (bereits bestehende Forschungskenntnisse, Theorien; expliziter vorhanden als das Alltagswissen) und *gegenstandsbezogene Konzepte* (Fokussierung auf inhaltliche Aspekte des Feldes). Auf die vorliegende Studie angewendet ermöglicht das Vorverständnis der Autoren als Rollenspieler es ihnen, eine (hermeneutisch betrachtet) bereits informierte Ausgangsposition einzunehmen.

Die Ausweisung des eigenen Standpunktes kann (muss) dabei auch mittels introspektiver* Verfahren erfolgen. Solche introspektiv gewonnenen Daten bzw. kontrollierte subjektive Wahrnehmungen müssen aber als solche gekennzeichnet und überprüft werden [MAYRING 2002, S. 31]. Sie können im konkreten Fall als Elemente der Lebens- und Handlungserfahrung in Bezug auf den Untersuchungsgegenstand („Rollenspiel") verstanden werden. Dieser Ansatz der Forschung kann helfen, informelle Wissensstrukturen (die auch die Forscher, als Mitglieder der zu untersuchenden Gruppe, teilen) und Inhalte bzw. das geteilte Wissen der spezifischen Lebenswelt zu explizieren und damit sozialwissenschaftlicher Bemühungen überhaupt erst zugänglich zu machen.

Durch die Zugehörigkeit zur Gruppe, die untersucht werden soll, wird das Problem von *Fremdheit* des qualitativen Forschers verringert: Erstens kennt er sich im Handlungsfeld introspektiv aus (siehe oben), zweitens kann er durch die Vertrautheit mit dem Feld gezielter Fragen und Hypothesen formulieren, und drittens wird er von der untersuchten Gruppe als „Eingeweihter" behandelt, d.h. er wird in der Interviewsituation nicht als „Fremdling" wahrgenommen, der ohnehin nichts von dem, was er untersucht, „wirklich versteht"; das Ziel qualitativ verfahrender Forschung ist gerade nicht bloss die *Aussen*darstellung sozialer Gruppen, sondern ein nachvollzogener und nachvollziehbarer, rekonstruktiver Blick aus der *Innen*perspektive heraus (siehe zum Problem von *Fremdheit* und *Vertrautheit* FLICK [2005, S. 94ff]).

Fragebogen, Interview und Mitschnitt

Es wurden sowohl ein an quantitativem Vorgehen orientierter *Fragebogen* wie auch ein Interview-Leitfaden für qualitativ verfahrende *Interviews* erstellt. Der Fragebogen, der zeitlich vor dem Interview eingesetzt wurde, diente jedoch nur der Exploration und Vorstrukturierung des möglichen Samples – er wurde dadurch ein integraler Teil des *Sampling-Verfahrens* (siehe unten) – sowie der Erhebung einiger soziodemografischer und anderer Daten, bei denen (Halb-)Standardisierung möglich und/oder im Rahmen der Verwendung des Fragebogens unbedenklich gewesen ist (der Fragebogen wurde exakt für die genannten Zwecke entwickelt).[18] Die befragten Personen wurden davon in Kenntnis gesetzt, dass die Teilnahme an der Fragebogen-Studie die mögliche Einladung zu einem Interview mi-

---

[18] Diese Fragen hätten ohne Informationsverlust auch am Ende des qualitativen Interviews erhoben werden können, hätten aber die narrative Atmosphäre des Interviews letztlich gestört. Der Fragebogen eignete sich für diese Art von Fragen besser und erleichterte die Erfassung der damit erhobenen Daten erheblich.

teinschliesst.

Neben der Verwendung für eine simple deskriptive Statistik und für die pragmatische Operationalisierung von Selektionskriterien für das Interview-Sample dienten die Daten der Fragebogen als zusätzliche (Kontext-)Informationen über das Sample insgesamt sowie über den jeweiligen Gesprächspartner. Da keine tiefergehenden statistischen Verfahren angestrebt worden sind, war eine Validierung* des Fragebogens nicht notwendig. Objektivität* und Reliabilität* der Fragen dürfte jedoch ausreichend gegeben sein (mögliche Ausnahmen siehe Diskussion in Kap. 5). Dies dürfte aber auch an der Oberflächlichkeit der damit erhobenen Daten liegen.

Ein besonderer Blick aus der Innenperspektive des Rollenspiels heraus ist beim *ethnografischen* Element der Studie zu verorten, welches tentativ berücksichtigt worden ist: „teilnehmende Beobachtung" in Form eines über eine Stunde dauernden *Mitschnitts* einer Spielsitzung (Rollenspielergruppe der Autoren, aufgenommen am 01.06.2008). Dieser ethnografische Zugang wurde methodisch nicht spezifisch vorbereitet, sondern nach Beginn der Fragebogen- und Interviewuntersuchung forschungspragmatisch versuchsweise, aber mit positivem Resultat, ergänzt (ein solcher Zugang zur Untersuchung des Rollenspiels wird ebenfalls in der – kargen – empirischen Forschungsliteratur z.T. verfolgt, z.B. HENDRICKS 2004, 2006]). Dennoch ist zu bedenken, dass der Mitschnitt eines Spiels der eigenen Gruppe (unter Beteiligung der Forscher) deutlicher Gefahr läuft, von Verzerrungen wie unbewussten Einfluss (Steuerung des Verlaufs des Spiels im Sinne der Forschungsziele usw.) gekennzeichnet zu sein als eine teilnehmende Beobachtung in einer „fremden" Gruppe. Unter anderem aus diesem Grund nimmt der Mitschnitt als Datenmaterial einen anderen epistemischen Status ein – verglichen mit den Verbaldaten der Interviews oder den Daten aus den Fragebogen. Der Mitschnitt wird erst in der Interpretation herangezogen, um exemplarisch zu prüfen, ob auf Basis der Analyse der Interviews und der rezipierten Forschungsliteratur verstanden werden kann, welche Wissenstypen im Rollenspiel wo vorkommen, wer über diese verfügt und wie diese in der Konstruktion von (Spiel-)Wirklichkeit verwendet werden.

Datensammlung (Sampling)

Das Auswahlverfahren sowohl des Fragebogen- wie auch (sukzessive) des Interview-Samples war *non-probabilistisch*; das Auswahlverfahren des Interview-Samples war aber *kriteriengeleitet* bzw. entsprach einer (bedingten) *Quotenauswahl* [DIEKMANN 2002, S. 338f] bzw. einem *theoretischen Sampling* [u.a. FLICK 2005, S. 102f]. Das Verfahren bei den Fragebogen war auf *Verfügbarkeit* ausgerichtet (eigene soziale Beziehungen zur Untersuchungsgruppe nutzen) und wurde mit einem *Schneeball-Verfahren* kombiniert (befragte Personen benutzen, um weitere Personen zu Befragungszwecken zu akquirieren). Dies entspricht einem Vorgehen des „*convenience sampling*", ein Verfahren, dass gerade bei begrenzten zeitlichen und personellen Mitteln angezeigt sein kann [FLICK 2005, S. 110]. Diese Verfahren folgen keiner Methode der Wahrscheinlichkeitsauswahl, weshalb sie von Vorneherein für (induktiv-)statistische Zwecke höchst problematisch wären [DIEKMANN 2002, S. 346-347].

Es wurde vorgesehen, aus dem dadurch entstandenen Fragebogen-Sample anhand vordefinierter Selektionskriterien das Interview-Sample zu bestimmen, d.h. die entsprechenden Personen für ein Interview einzuladen. Die Kriterien wurden aus methodischen sowie auf Basis theoretischer Erwägungen und der lebensweltlichen Erfahrungen der Autoren festgelegt, um ein für die Untersuchung möglichst ideales Interview-Sample aus dem grösseren Fragebogen-Sample zu gewinnen:

- Geschlecht
- Spieler/Spielleiter[19]
- Rollenspiel-Erfahrung [empirisch operationalisiert*; siehe unten]
- Rollenspiel-Diversität [empirisch operationalisiert; siehe unten]

Durch dieses Verfahren kann das Sampling des Interview-Samples methodisch besser abgestützt werden; die Zusammenstellung des Interview-Samples ist nicht „blosses Schicksal", sondern lässt eine, wenn auch durch die Fallzahl stark eingeschränkte, rationale Auswahl zu.

Dennoch sind mit dem Verfahren folgende mögliche (Selektions-)Verzerrungen unvermeidbar:

- Geografische Verzerrung (Personen im Umfeld der Autoren befragt, d.h. vorwiegend aus der Region, wo die Autoren und die Interviewpartner beheimatet sind);
- Geschlechter-Verzerrung (mehr männliche Rollenspieler als weibliche angefragt, allgemein gibt es mehr männliche Rollenspieler als weibliche Rollenspieler; siehe Kap. 5);
- Alters-Verzerrung (es werden z.B. keine Jugendlichen befragt);
- inhaltlich ist eine Verzerrung hinsichtlich des am meisten gespielten Rollenspielsystems anzunehmen (die den Autoren persönlich bekannte Rollenspieler spielen eher von den Autoren selber gespielte Rollenspielsysteme, wie das selbstentwickelte System *Réanaith*).

Zwar kann eingewendet werden, dass es in explorativen Interviewstudien weniger um mögliche Verzerrungen eines Samples geht, sondern vielmehr darum, gerade durch bewusste Auswahl „Spezifika des Sichtbaren" (z.B. absichtlich Grenz- und Extremfälle) zu explorieren. Dennoch sollten kritische Methodenreflexionen auch in qualitativen Ansätzen nicht vollends unterschlagen werden: „Das Verschweigen dieser Probleme [z.B. selektive Wahrnehmung, Interviewer-Einflüsse etc.; Anm. MM] in der qualitativen Forschung – jedenfalls werden hier systematische Verzerrungen äusserst selten untersucht – heisst ja nun keineswegs, dass sich derartige Fehlerquellen in qualitativen Interviews nicht bemerkbar machten könnten." [DIEKMANN 2002, S. 452].

Probleme der Datensammlung

Das vorgesehene Sampling-Verfahren konnte nicht wie konzipiert umgesetzt werden, da keine ausreichende Fragebogen-Fallzahl erreicht werden konnte. Bis auf einen Fall musste das ganze Fragebogen-Sample zu den Interviews aufgeboten werden.

Das Versagen der Datenbeschaffung lässt sich wahrscheinlich auf drei Ursachen ~~zurückführen: (i.) Die V~~erpflichtung, sich mit der Abgabe des Fragebogens für ein

---

[19] Aus der theoretischen Erwägung und der lebensweltlichen Erfahrung heraus, dass *Spielleiter* oft eine reflektiertere, zumindest eine andere Sicht des Rollenspiels aufweisen können als reine *Spieler*.

29

rückführen: (i.) Die Verpflichtung, sich mit der Abgabe des Fragebogens für ein mögliches Interview zu „verpflichten", hat Adressaten des Fragebogens abgeschreckt; (ii.) Die „Schneeball"-Verteilung funktionierte weniger effizient als von den Autoren anfangs angenommen, ferner wurden manche vor dem Beginn der Studie erfolgten mündlichen Zusagen, an der Studie teilzunehmen, am Ende nicht eingehalten; (iii.) Die Datenbeschaffungs-Verfahren waren zu wenig „aggressiv" und zu wenig breit abgestützt (z.b. zu wenig „Werbung").

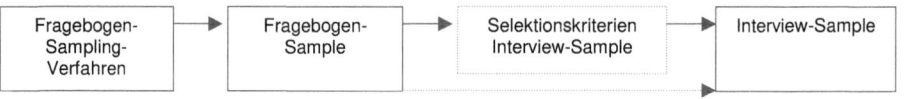

Abb. 3: *Sampling-Verfahren*

Datenschutz

Interviewdaten unterstehen forschungsethisch aufgrund der Menge und Tiefe an oft sensiblen Informationen über eine Person einer besonderen Pflicht zum Datenschutz [BORTZ/DÖRING 2002, S. 313; HELFFERICH 2004, S. 165]. Die Fragebogen wurden zusammen mit einem Kontaktbogen abgegeben, worauf befragte Personen ihre Kontaktadresse (Postadresse, E-Mail oder Telefon) festhalten konnten. Beides wurde sowohl in ausgedruckter als auch in elektronischer Form abgegeben, da Befragte auch elektronisch ihre ausgefüllten Bogen zurückschicken konnten (dies setzte jedoch entsprechende Software – *Adobe Acrobat* oder *Foxit Reader* – voraus). Nach Erhalt der beiden Bogen wurden diese mit Nummern versehen. Jede Kontaktbogen-Nummer korrespondierte mit einer Fragebogen-Nummer, um die Zuordnungsbarkeit zu ermöglichen. Kontakt- und Fragebogen wurden nach Erhalt separat aufbewahrt, und die Zuordnung von Kontakt- zu Fragebogen nur dann überprüft, wenn der Kontaktbogen benötigt wurde (die Interview-Sample-Auswahl festgelegt worden ist). In der Analysephase der Untersuchung wurden sämtliche nicht verwendeten Kontaktbogen vernichtet und alle verwendeten Daten anonymisiert.

Allen Interviewpartnern wurde vorgängig schriftlich die *informierte Zustimmung* [HELFFERICH 2004, S. 166f] für die wissenschaftliche Verwendung der Daten eingeholt (Muster siehe *Anhang*).

Datengewinnung und -Verarbeitung

Qualitatives Interview

In der qualitativen Interviewstudie wurden *halbstandardisierte Interviews mit Leitfaden* verwendet, die sich an der Praxis des *narrativen* Interviews* orientiert haben [BORTZ/DÖRING 2002, S. 315, S. 317f]. Eine solche Kombination ist durchaus nicht unüblich, jedoch werden im Gegensatz zum „echten" narrativen Interview Erzählungen normalerweise dem Leitfaden untergeordnet, wenn sie nicht ergiebig sind [FLICK 2005, S. 146, Fussnote 1]. Das Interview war daher relativ offen (*Freiheitsgrad des Befragten*: erlaubt es ihm, Erzählungen zu entwickeln, die von der Frage ausgelöst werden) und nur schwach strukturiert (*Freiheitsgrad des Interviewers*: erlaubt es ihm, auch eine Frage zusätzlich zu

Methodik

stellen, die nicht im Leitfaden enthalten ist, oder eine Frage auszulassen, wenn sie durch andere Erzählungen bereits mitbeantwortet wurde) [nach MAYRING 2002, S. 66]. Ein hoher Grad an Standardisierung und Strukturierung war weder notwendig noch praktikabel für das verfolgte Erkenntnisinteresse der Studie. Die Interviews wurden auf schweizerdeutsch (Dialekt) geführt und mit einem digitalen Aufzeichnungsgerät zur späteren Auswertung aufgezeichnet.

Mit einer an narrative Interviews orientierten Befragungstechnik sollen Erzählungen (Narrative) zu den gewünschten Themenfeldern generiert werden, welche Aufschluss über die (subjektiven) Wahrnehmungen, Einstellungen, aber auch Wissensbestände der Befragten geben können. Die Kernidee ist, die Befragten nicht mit standardisierten Fragen zu konfrontieren, sondern zum Erzählen anzuregen [MAYRING 2002, S. 72]; d.h., es geht nicht so sehr um die Beantwortung der im Interview gestellten Fragen als vielmehr darum, mit diesen Fragen den Interviewpartner zu verwertbaren Erzählungen zu animieren. Dies kann auch zu einer „Rekonstruktion subjektiver Theorien" führen: „Subjektive Theorie meint [...], dass der Interwiepartner über einen komplexen Wissensbestand zum Thema der Untersuchung verfügt. Dieser Wissensbestand enthält explizit-verfügbare Annahmen, die der Interviewpartner spontan auf offene Fragen äussern kann, und implizite Annahmen, für deren Artikulation er durch methodische Hilfen unterstützt werden sollte [...]" [FLICK 2005, S. 127]. Die dadurch erzeugte Datenbasis ermöglicht anschliessend eine sozialwissenschaftliche Auswertung.

Interviews sind *reaktive* Befragungsmethoden, bei welchen unvermeidbare methodische Probleme berücksichtigt werden müssen. So muss der Einfluss des Interviewers auf die interviewte Person, aber auch die Erwartungen der befragten Person an das Interview und die Interviewsituation mitbedacht werden (z.B. die Tendenz *Sozialer Erwünschtheit*, d.h., dass die interviewte Person versucht, so zu antworten, wie sie denkt, dass es der Interviewer gerne möchte, oder wie es soziale Normen vorgeben). Dies ist gerade in narrativ orientierten Interviewtypen zu berücksichtigen, in denen sich der Befragte in der „Erzählsituation" wieder findet [HELFFERICH 2004, u.a. S.43ff]. Unter anderem aufgrund dieser Reaktivität, aber auch aufgrund allgemeinen systematischen (Antwort-)Verzerrungen [u.a. DIEKMANN 2002] wurde auf die Offenlegung des Erkenntnisinteresses und der verfolgten Fragestellungen gegenüber den interviewten Personen bewusst verzichtet. Zudem verminderte das narrativ orientierte Interview durch die *Spontanität* der Aussagen bzw. der Bedeutungsinhalte, nach denen gemäss Fragestellung „eigentlich gefragt" worden ist (im Gegensatz zu den im Interview gestellten Fragen, die vornehmlich zum Erzählen anregen sollten), das Risiko der Reaktivität, was wiederum die Validität der Daten verbessert.

Transkription

Erst die Transkription von Verbaldaten (Interviews oder Mitschnitte von Gesprächen usw.) erzeugt eine eigentliche „sozialwissenschaftliche Entität", die es intersubjektiv und transparent ermöglicht, die über Verbaldaten erschlossene soziale Welt zu untersuchen. Dies gilt auch oder gerade für (informelle) Wissensbestände oder Abläufe, die vom Forscher selber als „bekannt" betrachtet werden. Erst durch die Verschriftlichung können solche Bestände Gegenstand wissenschaftlicher Untersuchungen werden, und erst sie er-

Methodik

möglicht eine allmähliche Objektivierung* der als „typisch" erlebten oder betrachteten Phänomene der jeweiligen Lebenswelt.

Die Transkription der qualitativen Interviews erfolgte nicht mit überhöhter Genauigkeit (Interjektionen z.B. wurden nicht exakt transkribiert, Reaktionen des Interviewers wie „Ja", „Klar" usw. wurden nicht übernommen, sofern sie nicht für den Verlauf des Interviews entscheidend waren). Grundsätzlich wurde eine *schwach kommentierte Transkription* angestrebt, da die inhaltlich-thematische Dimension im Vordergrund stand, nicht allfällige Sprachfärbungen [MAYRING 2002, S. 90f]. Dieses Vorgehen war mit dem Erkenntnisinteresse und den verfügbaren Zeitressourcen gut vereinbar. Eine höchst exakte und dadurch zeitaufwändige Transkription hätte relativ zum gesetzten Ziel keinen nennenswerten Erkenntnisgewinn gebracht; in diesen Fällen kann ein solches Vorgehen methodisch legitimiert werden [BORTZ/DÖRING 2002, S. 312].

Die transkribierten Passagen wurden für die vorliegende Publikation – nicht aber für Auswertungszecke – von der Originalsprache (schweizerdeutscher Dialekt) in Schweizer Standarddeutsch übersetzt. Dabei wurde versucht, so viel der ursprünglichen Sprechweise der interviewten Personen beizubehalten wie bei einer Übersetzung möglich ist. Bei den im Text verwendeten Passagen wurden zwecks besserer Lesbarkeit teilweise wiederholte Wörter oder an-/abgebrochene Wörter durch Auslassungszeichen „[...]" ersetzt.

Operationalisierung „Rollenspiel-Erfahrung"

Rollenspielerfahrung (d.h. die Erfahrung mit dem Spielen von Rollenspielen; nicht zwangsläufig dasselbe wie die *Qualität* des Rollenspielens!) wurde in drei Kategorien unterteilt: *Wenig erfahren*, *erfahren* und *sehr erfahren*. Da *Rollenspielerfahrung* ein theoretischer (abstrakter) Begriff ist (Theoriesprache), dem keine direkt beobachtbaren Eigenschaften entsprechen [FRIEDRICHS 1990, S. 73f; ATTESLANDER 1995, S. 50f; SEIFFERT 1996, S. 206f], wurde er anhand folgender Fragebogen-Items empirisch operationalisiert (d.h. in Beobachtungs-/Mess-Sprache „übersetzt"): Nr. 2 („Seit wann spielst du Rollenspiele?"), Nr. 3 („Spielst du *regelmässig* in mehr als einer Rollenspielgruppe ... oder hast zumindest früher *regelmässig* in mehr als einer Gruppe gespielt?"), Nr. 11 („Wie häufig in etwa spielst du aktuell Rollenspiele?") und Nr. 12 („Wie häufig in etwa hast du früher gespielt, als du z.B. mehr Zeit dafür zur Verfügung gehabt hast?").

Dabei wurde über ein Score-System entschieden, in welche Kategorie ein möglicher Interviewpartner fällt: 10 und weniger *wenig erfahren*, 11 bis 75 *erfahren* und 76 und mehr *sehr erfahren*. Scorepunkte wurden wie folgt verteilt:

Frage Nr. 2:	diente in Form von „Rollenspieljahr" als Multiplikator für 11 und 12; „Rollenspieljahr" = (def.) (2008 - Ausprägung Item)	
Frage Nr. 11 und 12:	Mehrmals pro Woche:	6 Punkte x Rollenspieljahr
	Einmal pro Woche:	5 Punkte x Rollenspieljahr
	Mehrmals im Monat:	4 Punkte x Rollenspieljahr
	Einmal im Monat:	3 Punkte x Rollenspieljahr
	Mehrmals im Jahr:	2 Punkte x Rollenspieljahr
	Nur ab und zu ...:	1 Punkt x Rollenspieljahr
Frage Nr. 3:	Ja:	bisheriger Score x1.25
	Nein:	bisheriger Score x1

Methodik

Da keine Untersuchung beabsichtigt gewesen ist, um *tatsächliche* Rollenspielerfahrung zu *messen*, beansprucht diese Operationalisierung nicht, *valide* zu sein.[20] Sie ist pragmatischer Natur. Dennoch wurde darauf geachtet, dass Personen, die der Autor persönlich kennt und als äusserst erfahrene Rollenspieler einstuft, nach Anwendung des Score-Systems als *sehr erfahren* gelten, während andererseits darauf geachtet wurde, dass Personen, die gerade erst mit dem Rollenspiel begonnen haben, tatsächlich in die Kategorie *wenig erfahren* fallen.

Operationalisierung „Rollenspiel-Diversität"

Der Bekanntheitsgrad mit verschiedenen Rollenspielsystemen, welche ebenfalls nicht direkt messbar ist, wurde über folgende Items operational definiert: Nr. 7 („Was für Rollenspielsysteme hast du bis jetzt *aktiv gespielt*, d.h. mehr als nur versuchsweise ein oder zweimal?") und Nr. 8 („Was für Rollenspielsysteme kennst du darüber hinaus?"). Frage 7.1. („Und geleitet ...?") wurde dabei nicht berücksichtigt. Auch hier wurde mit einem pragmatischen Score-System gearbeitet, mit welchem entschieden wurde, ob ein möglicher Interviewpartner in die Kategorie *gering* (2 bis 4 Punkte), *mittel* (5 bis 7 Punkte) oder *hoch* (8 und mehr Punkte) fällt:

Frage Nr. 7:	1 Rollenspielsystem:	2 Punkte
	2 Rollenspielsysteme:	5 Punkte
	3+ Rollenspielsysteme:	8 Punkte
Frage Nr. 8:	0 Rollenspielsysteme:	0 Punkte
	1-2 Rollenspielsysteme:	1 Punkt
	3-5 Rollenspielsysteme:	2 Punkte
	6+ Rollenspielsysteme:	3 Punkte

Wiederum beansprucht die Operationalisierung nicht, irgendwelchen Validitätskriterien zu genügen, sondern diente einer pragmatischen Klassifikation.

Datenanalyse

Bei den **(halb-)standardisierten Fragebogen** wurde einfachste deskriptive Statistik verwendet (Übersicht über die Merkmale des Samples und der einzelnen Fälle). Aufgrund der geringen Fallzahl wurde nicht versucht, Korrelationen zwischen verschiedenen erhobenen Merkmalen zu prüfen. Die Verwendung eines Statistikprogrammes wie *SPSS* war daher nicht erforderlich.

Der **Mitschnitt der Spielrunde** wurde aufgrund der andersgearteten methodischen Verwendungsweise (siehe oben) nicht analysiert, sodass an dieser Stelle auf keine Datenanalyse-Methoden hingewiesen werden kann.

Die Analyse der **Interviews** orientierte sich grob am Vorgehen der *qualitativen Inhaltsanalyse* [MAYRING 2002, S.114; MAYRING 2000a]. Diese wurde nicht dogmatisch umge-

---

[20] Ein solches Messinstrument hätte auch deutlich mehr Variablen berücksichtigen müssen, sowie bspw. bei der Rollenspielerfahrung berücksichtigen müssen, dass manche Rollenspieler vielleicht ein, zwei Jahre nicht gespielt haben und dergleichen mehr, was für die Studie ignoriert worden ist. – Die Frage „Seit wann spielst du Rollenspiele?" ist ferner natürlich nicht dieselbe wie „Wie viele Jahre hast du Rollenspiele gespielt?"

setzt, sondern diente als heuristische Herangehensweise. Insgesamt war das Vorgehen stark *theoriegeleitet*. Es wurde als iteriertes Verfahren angelegt, sodass nach einem ersten Durchlauf sowohl die Kategoriensysteme wie auch die Selektion der Textpassagen modifiziert (verringert, vergrössert, ausgetauscht) werden konnten. Dadurch konnte eine schwache Intrarater-Reliabilität* erzeugt werden. Die einzelnen Schritte der Datenanalyse wurden wie folgt durchgeführt:

Entwicklung der Kategoriensysteme

Es wurden im ersten Schritt insgesamt *drei* Kategoriensysteme entwickelt: (i.) *Induktiv-positives Kategoriensystem* (IPK), (ii.) *Induktiv-theoretisches Kategoriensystem* (ITK) und (iii.) *Deduktiv-theoretisches Kategoriensystem* (DTK). (Die Kategoriensysteme und die Definitionen der jeweiligen Kategorien sind im *Anhang* zu finden).

Wie bereits der Name verrät, orientierten sich IPK und ITK an einer induktiven* Kategorienbildung [siehe u.a. MAYRING 2002b, Abs. 10f]. Dabei darf nur das IPK als *stark induktiv* bezeichnet werden. Dieses fokussierte auf Positivität („Was wird gesagt?") über bestimmte Aspekte des Rollenspiels (z.B. Charakterbogen, Spielleiter ...) zwecks Illustration und Stützung von phänomenologischen Aussagen über das Rollenspiel (Kap. 3); eine später zu erfolgende systematisch orientierte theoretische Interpretation der Ergebnisse dieses Kategoriensystems war von Anfang an nicht vorgesehen. Beim ITK dagegen bestand eine klare theoretische Vorgabe, nämlich wissenstypologisch relevantes Auftreten von Wissen zu identifizieren.[21] Es versteht sich von selbst, dass manche Textpassagen in beide Kategoriensystemen (aber in jeweils andere Kategorien) fallen konnten.

Das DTK erfolgte durch eine deduktive* Kategorienbildung der gesammelten und interpretierten Forschungsliteratur der konzeptuellen Studie (Kap. 2.4); sie wurde entsprechend vom Autor der konzeptuellen Studie *unabhängig* von den beiden induktiv gewonnen Kategoriensystemen erstellt.

ITK und DTK wurden anschliessend miteinander verglichen, und diskursiv eine Einigung auf ein gemeinsames System vorgenommen (*deduktiv- und induktiv-theoretisches Kategoriensystem*, DITK). Leitend für diesen Vergleich war DTK. Dabei traten in 13 Kategorien (von insgesamt 29) des ITK inhaltliche Übereinstimmungen mit DTK auf, bzw. die – aufgrund des deduktiven Vorgehens verständlicherweise meist auf höherem Abstraktionsniveau gelegenen – Kategorien des DTK konnten über ihre umfassendere Extension die entsprechenden Kategorien des ITK abdecken. Im gemeinsamen Kategoriensystem wurden diese 13 Kategorien zugunsten des DTK *aufgehoben*. Eine Grosszahl der restlichen Kategorien des ITK wurde dann unter die Oberkategorien des DTK *subsumiert*, d.h. als spezifizierte Unterkategorien weitergeführt; 3 Kategorien wurden hinzugefügt, für die weder eine plausible Übereinstimmung noch eine Zuordnung gefunden werden konnte.

---

[21] Selbstverständlich erfolgt aus epistemologischen Gründen kein induktives Verfahren *rein* induktiv. Auch beim IPK bestand ein (vor-)theoretischer und insbesondere lebensweltlicher Verständnishorizont als Rollenspielender *und* Sozialwissenschaftler, vor dessen Hintergrund das Material betrachtet und die Kategorien gebildet wurden.

Die induktive Kategorienbildung des ITK diente nur methodisch der Steigerung der Reliabilität und „Sättigung" der finalen Kategorienbildung und wurde *nicht* weiter für die Analyse verwendet.

Anwendung der Kategoriensysteme

Die Kategorien*bildung* wurde mit einer deduktiven Kategorien*anwendung* [MAYRING 2002b, Abs. 13] kombiniert: „Hier geht es darum, schon vorher festgelegte, theoretisch begründete Auswertungsaspekte an das Material heranzutragen. Der qualitative Analyseschritt besteht dabei darin, deduktiv gewonnene Kategorien zu Textstellen methodisch abgesichert zuzuordnen." [ebd.] Der Unterschied zur idealtypischen deduktiven Kategorienanwendung, wie von MAYRING beschrieben, besteht in dieser Arbeit darin, dass das für die Analyse wesentliche Kategoriensystem (aus ITK und DTK) nicht nur deduktiv, sondern auch induktiv entwickelt wurde (eine solche Modifikation durch Induktion ist in der Forschungspraxis durchaus kein unübliches Vorgehen [BORTZ/DÖRING 2002, S. 330]). IPK dagegen wurde direkt gemäss den entwickelten Kategorien verwendet.

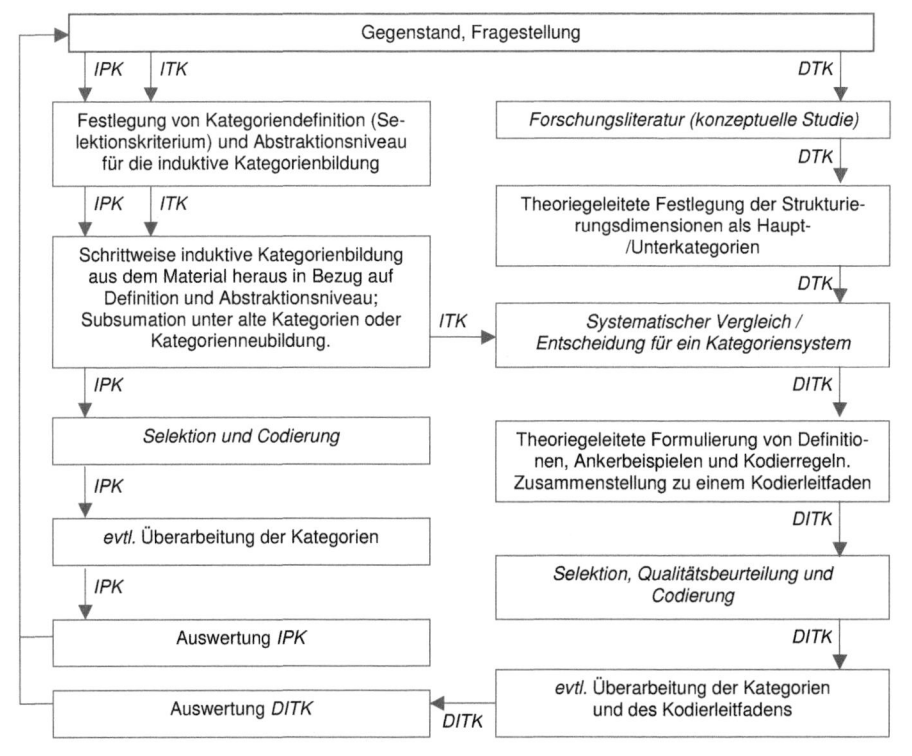

Abb. 4: *Ideales Ablaufmodell Kategorienentwicklung und -Anwendung; exklusiv kursiv gesetzter Teile gekürzt übernommen und adaptiert aus* [MAYRING 2002b, Abs. 11+14]

Methodik

Selektion und Codierung

Die Selektion von Textpassagen für das DITK erfolgte entsprechend theoriegeleitet, aber auch mittels Qualitätskriterien. Es wurden drei Kriterien angelegt: *Eignung* (Textpassage ist einer der verfügbaren Kategorien zuordenbar); *Verständlichkeit* (Textpassage konnte gut transkribiert werden und ist auch ohne Kenntnis eines grösseren Kontextes verwendbar); *Umfang* (Textpassage fällt nicht zu umfangreich für die Analyse aus).

Für die Codierung der Textpassagen wurde die Niederschrift des Kategoriensystems so ausgelegt, dass sie behelfsmässig als *Kodierleitfaden* [MAYRING 2002b; Abs. 15f] fungieren konnte (auf die Erstellung eines strikten Kodierleitfadens musste verzichtet werden). Selektion und Codierung, die forschungspragmatisch einen einzelnen Schritt darstellten (zuerst Textpassage auswählen, dann Kategorie zuordnen), wurde vom Autor der konzeptuellen Studie vorgenommen, da das DITK stark am DTK orientiert worden ist (auf die Bestimmung einer Interrater-Reliabilität* wurde u.a. aufgrund mangelnder Zeitressourcen verzichtet). Der Autor der empirischen Studie kontrollierte *post hoc** die Selektion und Codierung. Bei Abweichungen wurde argumentativ eine Entscheidung bezüglich Selektion oder Codierung getroffen; die Letztautorität lag beim Autor der konzeptuellen Studie.

Die Selektion für das IPK musste aufgrund der deutlichen anderen Verwendungsweise in der Arbeit keinem solchen Standard genügen. Die Selektion und Codierung übernahm der Autor der empirischen Studie.

Interpretation

Die Interpretation der kategorisierten Textpassagen verwendete die theoretische Ausgangslage (Kap. 1.4), die Typologie von Wissenstypen (Kap. 1.4) und die Ergebnisse der konzeptuellen Studie (Kap. 4.2). Soziologisch tendierte die Interpretation insgesamt in Richtung einer phänomenologisch orientierten Wissenssoziologie (siehe Kap. 5).

2.3 KONZEPTUELLE STUDIE

Explizit wissenstypologische und -soziologische Untersuchungen zum Thema Pen-and-Paper-Rollenspiele gibt es beim gegenwärtigen Forschungsstand nicht. Auch ist kein Set gut bestätigter Thesen zu den generell *soziologischen* Kategorien des Rollenspiels – eine *soziologische Theorie des Rollenspiels* – auszumachen, welches als zuverlässige Basis für eine Hypothesenbildung dienen könnte (siehe Kap. 1.3). Beim gegenwärtigen Stand der Forschung muss sich eine theoretische Untersuchung aus wissenstypologischer und schwach wissenssoziologischer Perspektive zunächst darauf fokussieren, die wissenstypologisch relevanten Kategorien des Rollenspiels zu identifizieren. Dies geschieht hier deduktiv durch eine Sichtung der Forschungsliteratur.

Recherche der Forschungsliteratur

Einen vorgängigen Überblick über die Forschungsliteratur zu Pen-and-Paper-Rollenspielen zu gewinnen, gestaltete sich schwierig. Die einschlägigen soziologischen Fachlexika [BORGATTA/MONTGOMERY 2000; CALHOUN 2002; SCOTT/MARSHALL 2005] weisen, nicht überraschend, für „Rollenspiel" (engl. „role-playing game") keinen Eintrag aus. BORGATTA/MONTGOMERY führen unter dem Lemma* „Internet" Pen-and-Paper-Rollenspiele immerhin noch als Ursache für die Entstehung von sog. „Multi-User Domains" (MUDs) an, elektronische Netzwerke in der Frühphase des Internets, die auf textbasierte Rollenspiele mehrerer Benutzer ausgerichtet waren. Es gibt auch keine Fachzeitschrift, die sich dezidiert mit der Thematik beschäftigt – selbst der Oberbegriff „Spiel" (engl. „game") ist im elektronischen Zeitschriftenkatalog der Universitätsbibliothek Basel nur spärlich vertreten (so gibt es etwa keine Zeitschrift zum Spiel als soziokulturelles Phänomen).

Als generelle Recherchestrategie wurde die systematische Recherche mittels Stichworten in den gängigen Datenbanken gewählt. Aufgrund der niedrigen Erwartungen hinsichtlich der Menge an Forschungsliteratur zum Thema wurde bei der Recherche auf das Formulieren von spezifizierenden Leitfragen verzichtet und bloss allgemeine Suchbegriffe verwendet („Rollenspiel", „Fantasy Rollenspiel", „Role-playing game", „Fantasy roleplaying game"). Aufgrund der Allgemeinheit der verwendeten Suchbegriffe wurde von einer eigentlichen Einstiegsrecherche (zur Verfeinerung der Suchbegriffe und Generierung weiterer Schlagwörter) abgesehen. Die Recherche wurde zunächst in den Katalogen *IDS Basel/Bern* und der *International Bibliography of Social Sciences* durchgeführt. Aufgrund der sehr spärlichen Ergebnisse wurde die Recherche in einem zweiten Durchgang auf die Datenbank von *Google Scholar* ausgeweitet. (Ergebnisse der Recherche: siehe Kap. 1.3).

Sichtung der Forschungsliteratur

Die Sichtung der Forschungsliteratur diente dem spezifischen Zweck, eine inhaltliche Grundlage für die Deduktion der wissenstypologisch relevanten Kategorien und die Interpretation der Datenanalyse zu liefern. Die Rechercheergebnisse wurden dazu auf ihre Relevanz und Qualität hin überprüft. Als relevant wurden nur solche Studien eingestuft, die (i.) Pen-and-Paper-Rollenspiele zum Gegenstand haben sowie (ii.) für die spezifische, wissenssoziologische Fragestellung dieser Arbeit zumindest hypothetisch relevant sind. Für die weitere Analyse nicht berücksichtigt wurden also z.B. Studien, die ausschliesslich Computer-Rollenspiele oder ausschliesslich die psychotherapeutische Funktion oder die gesellschaftliche Akzeptanz von Rollenspielen zum Thema haben. Aus Qualitätsgründen nicht berücksichtigt wurden semi-wissenschaftliche Arbeiten, die methodologisch offensichtlich mangelhaft sind oder – wie das bei solchen Arbeiten nicht selten der Fall ist – starke theoretische Vorannahmen machen, die nicht ausgewiesen sind. Aufgrund des erst vor einigen Jahren vermehrt aufkommenden kulturtheoretischen Forschungsinteressens an der Thematik ist ein Grossteil der berücksichtigten Studien nicht älter als fünf Jahre.

Die Zusammenfassung der Forschungsliteratur erfolgte zwangsläufig selektiv – sie ist auf diejenigen Kategorien und Thesen ausgerichtet, die wissenssoziologisch relevant sind. In den Augen der Autoren besonders relevante Thesen wurden dabei relativ umfassend dargestellt, was nicht zuletzt aufgrund der geringen Menge an Forschungsliteratur möglich war. Die Zusammenstellung wurde nach inhaltlichen Kriterien geordnet. Dabei wurden keine externen Ordnungskriterien verwendet, um theoretische Vorentscheidungen zu vermeiden – die Ordnung ergab sich „natürlich" aus dem gesichteten Material. (Sichtung der

Forschungsliteratur: siehe Kap. 4.3).

Entwicklung der deduktiv-theoretischen Kategorien

Zur Entwicklung des deduktiv-theoretischen Kategoriensystem (DTK) wurden die zentralen Konzepte in der Zusammenstellung der Forschungsliteratur identifiziert und systematisiert. Das so gebildete Kategoriensystem wurde zusammen mit dem induktiv-theoretischen Kategoriensystem (ITK) in ein deduktiv- und induktiv-theoretisches Kategoriensystem (DITK) integriert. (Siehe Kap. 2.2, *Entwicklung der Kategoriensysteme*).

2.4 VORSTELLUNG DES SAMPLES

Das Fragebogen-Sample beträgt sechs Fragebogen. Da die Bogen aufgrund eines „Schneeball"-Systems verteilt wurden, ist keine Übersicht über die verteilten Bogen, mithin auch keine Aussage über die Rücklaufquote möglich. Das Interview-Sample besteht aus fünf Interviews mit einer Dauer von 20 bis 35 Minuten. Sowohl der Fragebogen wie auch der Interview-Leitfaden (siehe *Anhang*) wurden anhand der Ergebnisse einer Testbefragung respektive eines Testinterviews *leicht* modifiziert (das Testinterview wurde der Datenbasis zugeführt, da der Leitfaden nicht derart modifiziert werden musste, dass sich die generierten Narrative für die Analyse nicht mehr eignen würden).

Fragebogen-Sample

(Das Sample wird hier nur bezüglich der wichtigsten erhobenen bzw. abgeleiteten Merkmale vorgestellt, die idealiter für die Auswahl des Interview-Samples wichtig gewesen wären. Für die allgemeine deskriptive Statistik des Samples siehe Kap. 4).

Nr.	Alter	Geschlecht	R-Erfahrung	R-Diversität	Spielleitererfahrung
1 (Test)	28	männlich	Sehr erfahren (105 Pt.)	Hoch (10 Pt.)	Ja (seit 12 Jahren)
2	26	weiblich	Erfahren (50 Pt.)	Mittel (7 Pt.)	Nein
3	29	männlich	Sehr erfahren (113 Pt.)	Hoch (10 Pt.)	Ja (seit 10 Jahren)
4	28	männlich	Sehr erfahren (112 Pt.)	Mittel (6 Pt.)	Ja (k.A.)
5	22	männlich	Erfahren (67 Pt.)	Gering (3 Pt.)	Ja (k.A.)
6	23	männlich	Erfahren (60 Pt.)	Gering (4 Pt.)	Ja (seit 4 Jahren)

Abb. 5: *Fragebogen-Sample*

Vom Fragebogen-Sample wurden fünf Teilnehmende der Studie ausgewählt (nicht ausgewählt wurde wegen zu weit entferntem Wohnort Nr. 3). Diese bildeten das Interview-Sample.

Interview-Sample

Interviewpartner #1 (Testinterview) ist ein 28jähriger Schaltanlagenmonteur und Multimedia-Autor, der seit 1996 (Alter: 16) Rollenspiele spielt, zu welchem er über Kollegen gekommen ist. Er ist ebenfalls seit 1996 Spielleiter und war sich zeitweise gewohnt, in mehreren Rollenspielgruppen zu spielen/zu spielleiten. Er kennt sich mit wenigstens sieben Rollenspielsystemen aktiv aus (*Réanaith*, *Das Schwarze Auge [DSA]*, *Mers*, *ShadowRun*, *D&D*, *AD&D* und *Paranoia*), passiv mit mehr

Methodik

als vier. #1 spielt zudem Computer-Rollenspiele. In „besseren Zeiten" spielte er i.d.R. *einmal pro Woche*, gegenwärtig nur noch *mehrmals im Jahr*. Er würde sich als *DSA*- oder *Réanaith*-Spieler bezeichnen. (Das Interview wurde am 19.04.2008 durchgeführt und dauerte knapp 35 Minuten).

Interviewpartner #2 ist eine 26jährige Lehrerin und Studentin und spielt seit 1998 (Alter: 16) Rollenspiele. Sie ist über Kollegen, aber auch durch ein Interesse an einer bestimmten fiktiven Welt zum Rollenspiel gekommen. #2 ist keine Spielleiterin und kennt sich aktiv in zwei Rollenspielen aus (*Réanaith, Mers*); passiv kennt sie *D&D* und *DSA*. Sie spielt aktuell nur ab und zu über mehrere Jahre hinweg, früher aber rund einmal im Monat. #2 ist keine Computer-Rollenspielerin. Sie würde sich als *Réanaith*-Spielerin bezeichnen. (Das Interview wurde am 21.05.2008 durchgeführt und dauerte knapp 30 Minuten. Der Interviewer war relativ müde und gedanklich abgelenkt; der Tonfall der Fragen wirkte z.T. leicht aggressiv).

Interviewpartner #3 ist ein 28jähriger Fahrlehrer, der seit 1994 (Alter: 14) Rollenspiele spielt. Neben dem Pen-and-Paper-Rollenspiel spielt er auch Computer-Rollenspiele. Auch er ist über Kollegen zum Spiel gekommen. Er ist „noch nicht richtig" Spielleiter, weist aber eine gewisse Spielleitererfahrung auf. Er kennt sich mit *Mers* und *Réanaith* aus. Darüber hinaus kennt er noch *DSA*. Entsprechend würde er sich als *Mers*- oder *Réanaith*-Spieler bezeichnen. Aktuell spielt er in der Grössenordnung „einmal im Monat", früher – zu „Bestzeiten" – dagegen einmal pro Woche. (Das Interview wurde am 01.06.2008 durchgeführt und dauerte etwas über 20 Minuten. Das Kleinkind des Interviewpartners war zeitweise anwesend. Das Interview fand vor der mitgeschnittenen Spielrunde statt, daher hatte der Interviewpartner u.a. seinen Charakterbogen vor sich liegen).

Interviewpartner #4 ist ein 22jähriger Student. Er spielt seit ungefähr 1999 (Alter: 13) Pen-and-Paper-Rollenspiele (keine Computer-Rollenspiele), dabei regelmässig in verschiedenen Rollenspielgruppen. Kollegen haben ihn mit dem Spiel bekannt gemacht. #4 hat eine gewisse Spielleitererfahrung und spielt aktiv *DSA*; er würde sich auch am ehesten als Vertreter des *DSA*-Systems beschreiben. Passiv kennt er sich mit *D&D* aus. Aktuell spielt er mehrmals im Monat Rollenspiele, was eine Steigerung zu früher (mehrmals im Jahr) bedeutet. (Das Interview wurde am 04.06.2008 durchgeführt und dauerte knapp 30 Minuten).

Interviewpartner #5 ist ein 23jähriger Student. Seine Rollenspiel-Karriere begann 2002 (Alter: 17). Zum Rollenspiel gekommen ist #5 durch Kollegen. Seit ungefähr 2004 ist er auch Spielleiter. Er spielt keine Computer-Rollenspiele. Aktiv kennt er *DSA*, passiv *Mers*, *D&D* und *ShadowRun*. Er würde sich als *DSA*-Spieler bezeichnen. Gegenwärtig spielt er mehrmals im Jahr Rollenspiele, früher dagegen mehrmals pro Woche. (Das Interview wurde am 12.06.2008 durchgeführt und dauerte etwas über 30 Minuten. Der Interviewpartner kannte sich durch sein Studium mit qualitativen Interviews aus. Dies könnte Einfluss auf sein Response-Verhalten gehabt haben).

Die erste systematische Zusammenstellung der Erzählungen der Interviewpartner wird im nun folgenden Kapitel zu erkennen sein, wo die wesentlichen Elemente des Pen-and-Paper-Rollenspiels dargestellt werden.

3

Das Rollenspiel – Ablauf und wesentliche Elemente

> *„Spieler 2: Habt ihr denn auch so Schneehunde (?) (Pause)*
> *Der Spielleiter hört nicht zu, er findet es zu absurd.*
> ***Spielleiter:*** *Wie (?)*
> ***Spieler 2:*** *Habt ihr Schneehunde (?)*
> *Hunde, die den Schlitten ziehen könnten (?)*
> ***Spielleiter:*** *Jaa –*
> ***Spieler 2:*** *So etwas Huskey-mässiges.*
> ***Spielleiter:*** *Hm.*
> *[Würfelgeräusche]*
> ***Spieler 2:*** *Man darf es ja mal versuchen.*
> ***Spielleiter:*** *Nein, haben sie leider nicht.*
> ***Spieler 2:*** *Na gut.*
> ***Spieler 1:*** *Macht nichts.*
> ***Spieler 2:*** *Ja gut, wir haben einen Beorninger, das reicht auch."*
> (Mitschnitt #2; 4:46 bis 5:13; zur Illustration)

In diesem Kapitel soll versucht werden, das Rollenspiel näher zu beschreiben. Diese Beschreibung erfolgt nach dem Postulat der *Positivität* bzw. der (Daten-)*Phänomenologie*.[22] Damit versuchen die Autoren u.a. auch, eine lebensweltlich orientierte Erläuterung, was das Rollenspiel „ist", nicht nur auf die eigenen lebensweltlichen Erfahrungen abzustützen, sondern auch auf systematisch erhobene lebensweltliche Erfahrungen anderer Rollenspieler. Die empirischen Beiträge aus den qualitativen Interviews – im Grunde die ersten *Ergebnisse* dieser Studie – werden daher sowohl illustrativ wie auch Aussagen (schwach) belegend verwendet, jedoch nicht theoretisch interpretiert und diskutiert.

Davon ausgehend, dass die später erfolgten theoretischen Erörterungen über Wissensaspekte im Rollenspiel unverständlich sind, wenn nicht zuvor hinreichend verstanden worden ist, *was* das Rollenspiel eigentlich ist, wurde dieses Kapitel relativ ausführlich gestaltet, um einen guten Einblick in das Spiel geben zu können.

3.1 WAS IST DAS ROLLENSPIEL?

> *„Also [...] man probiert es so auf die Witz-Tour, ja, es sind so ein paar Leute, die*
> *sitzen um einen Tisch herum, und würfeln, und dann lachen sie. [...]"*
> (Interview #2)
>
> *„Es braucht dazu einen Tisch, ein paar Stühle, Regelwerk, [...] mit Tabellen und*
> *[...] Regeln drin, natürlich, und jemand der sich auskennt,*
> *dieses Los hat dann der Spielleiter."* (Interview #3)

Wie in Kapitel 1.1 bereits erwähnt, gilt es unter Rollenspielern als Herausforderung, zu

---

[22] *Phänomenologie* ist hier nicht im philosophischen Sinne (nach z.B. EDMUND HUSSERL) oder im Sinne einer phänomenologischen Soziologie (z.B. ALFRED SCHÜTZ) gemeint, sondern in der Gebrauchsweise *empirischer Wissenschaften*: Der Versuch, den beobachteten oder den mittels empirischer Verfahren erzeugten Sachverhalt selbst (die empirischen Daten und ihre Struktur) zu beschreiben, unter Absehung des Einsatzes von theoretischen Mitteln (so weit kognitiv und praktisch möglich) [THIEL 2004a].

erklären, was das Pen-and-Paper-Rollenspiel eigentlich „ist". So reagierten auch die Interviewpartner auf die Frage, wie sie jemandem, der das Spiel nicht kennt, dieses erklären würden, im ersten Moment u.a. mit deutlichen Bemerkungen wie „*O.k., das ist immer die grösste Herausforderung*" (Interview #4) und „*Das ist immer so schwierig*" (Interview #2). Andere verwiesen subtil auf das Scheitern solcher Versuche, z.B. mit „*Äh, das habe ich eigentlich [...] ein paar Mal machen müssen, und, irgendwie probiere ich das jedes Mal auf andere Weise, weil's dann doch nicht so ganz funktioniert*" (interview #3), oder lapidar mit „*Uh, das habe ich schon hundert Mal probiert*" (Interview #5). Rollenspieler verwenden meistens Analogien mit Konzepten oder Spielen, die dem Nicht-Rollenspieler bekannt sind, um das Rollenspiel zu erläutern – seien das Vergleiche mit (Abenteuer-)Filmen und Büchern, mit dem wesentlichen Unterschied, dass der „Zuschauer" bzw. „Leser" (der Spieler) als „Held" interaktiv Einfluss auf die Story nehmen kann (Interview #1 und #2), oder aber Vergleiche mit den eventuell eher bekannten Computer-Rollenspielen. Doch auch dann wird nach dem Herstellen der Analogie sofort auf die Unterschiede aufmerksam gemacht, wie z.B. auf die viel grössere Handlungsfreiheit und die Unvorsehbarkeit der Story-Entwicklung: „*[...] [I]ch kann Sachen machen, die ein Programmierer jetzt bei einem Computerspiel nie voraussehen würde [...]*" (interview #1); „*[...] weil bei einem Computerspiel, ja gut, da hat man wieder Grenzen, man weiss es, die Grenze ist der Bildschirm, und das was programmiert worden ist, aber hier [...] auf dem Schreibtisch habe ich dann wieder gar keine Ahnung gehabt, was jetzt kommt, oder (?), es kann ja alles mögliche passieren [lacht]*" (Interview #3). Ferner wird darauf verwiesen, dass eine Person, nämlich der Spielleiter, die Funktionen der programmierten Rahmenbedingungen u.Ä. des Computer-Rollenspiels übernimmt (Interview #1, Interview #2).

Als weiterer Erklärungsversuch wird auf das „Eintauchen in eine fiktive Welt" (Interview #5) verwiesen, und das Sichhineinversetzen in fiktive Personen (*Charaktere*[23]) (Interview #5), die ganz unterschiedliche (fiktive) Hintergründe aufweisen können („*[...] jeder Charakter ist anders, jeder [...] hat [...] ein anderes Volk gewählt, einen anderen Beruf, ist hier ein bisschen stärker, dort ein bisschen schwächer, und [...] man kann sich einfach in eine andere Person hineinversetzen, oder (?) [...]*" Interview #3). Entscheidend ist letztlich der Verweis darauf, dass mehrere reale Personen an einem solchen Spiel teilnehmen – eine Gruppe von Spielern, die im Spiel eine klare Trennung zwischen „den vielen Spielern" und „dem einen Spielleiter" erfahren (Interview #4).

Der in den Interviews und der lebensweltlichen Erfahrung der Autoren innewohnenden Intuition folgend, dass solche Erklärungsansätze alleine nicht ausreichen, um zu erläutern, was das Rollenspiel „ist", werden nun wesentliche Elemente und der Spielablauf beschrieben.

---

[23] Diese „Eindeutschung" des englischen Wortes *character* (im Sinne von [*fictional*] *person*) ist zweifellos ein Fall von *faux amis*. Dennoch hat sich das deutsche Wort *(Spieler-)Charakter* als Term für die vom Spieler oder Spielleiter gespielten Figuren innerhalb deutschsprachiger Rollenspiele mehrheitlich durchgesetzt.

3.2 DER SPIELABLAUF

> *„Alles im Prinzip [...] Sache des Spielleiters, sich so eine Geschichte sich auszudenken, und wenn halt der Spielleiter mal keine Geschichte parat hat, dann finden die Spieler innerhalb [...] von 10 Minuten irgendeine andere Geschichte [...]."*
> (Interview #3)

> *„([W]ir haben?) immer Knabberzeug dabei, zuerst mal über alles Mögliche reden, und dann irgendwann einmal sagt der Chef, so [klopft schwach auf den Tisch], jetzt langsam, hier, zu uns ins, wieder in unsere Welt kommen [...]"* (Interview #5)

Ein Rollenspiel wird gewöhnlicherweise an einem Tisch gespielt, von wenigstens zwei bis i.d.R. fünf oder sechs Rollenspieler (mehr werden meistens als nicht mehr praktikabel eingeschätzt; manche halten auch nur drei bis vier Rollenspieler für ideal, z.B. Interview #2). Einer dieser Rollenspieler übernimmt den Part des Spielleiters. Als sichtbare („materiale") Spielelemente dienen, wie weiter unten vorgestellt, das Regelwerk (u.U. mehrere Bücher oder Ordner), die Charakterbogen, Würfel, eventuell Karten oder von Hand erstellte (Plan-)Skizzen der aktuellen Situation im Spiel und andere Notizblätter. Die Spieldauer einer Spielsitzung kann sehr unterschiedlich ausfallen – von zwei bis drei Stunden bis zu Marathon-Sitzungen von sechs oder mehr Stunden.

Der Spielleiter eröffnet die Geschichte – oft ausgehend vom Ende der letzten Spielsitzung, so dass über viele Spielsitzungen hinweg eine kontinuierliche Story entsteht (Interview #2) – oder fasst die Geschehnisse der letzten Spielsitzung zusammen, danach wechselt die Erzählung zwischen Spielleiter und den Spielern hin und her, wobei die Spieler stets nur festhalten können, was ihre Spielercharaktere (Spielfiguren) tun, sagen oder eventuell auch fühlen und denken, da sich *„bei einem Pen-and-Paper alles in Gedanken [...] abspielt schlussendlich"* (Interview #5) – *„tatsächlich getan"* wird in gewisser Weise *„nichts": „Äh, dann sind wild Würfel durch die Gegend geflogen, [...] man hat gesagt was man macht, obwohl eigentlich alle am Tisch gehockt sind und genau nichts gemacht haben, also nichts Erkennbares"* (Interview #1). Der Spielleiter beschreibt (bestimmt) die Reaktionen der Spielumwelt, sofern diese nicht andere Spielercharaktere betrifft; er übernimmt die Rolle aller anderen Spielfiguren, die in der Welt vorkommen (diese werden als *Spielleitercharaktere* oder *Nichtspielercharaktere* bezeichnet). Ab und zu wird gewürfelt (siehe *Die Würfel*), um den Ausgang einer Handlung zu bestimmen; je nach Würfelergebnis gelingt eine Handlung, oder sie misslingt (siehe auch *Der Charakterbogen*). Es gibt keine Runden, in denen die Spieler nacheinander ihre Spielzüge durchführen (wie in klassischen Brettspielen), sondern eine interaktive Erzählsituation, in der prinzipiell alle Beteiligten „gleichzeitig" teilnehmen können. Die einzige Ausnahme, wo normalerweise ein Rundensystem vorkommt, stellen die Kampfregeln dar (siehe weiter unten).

Im Spiel kommen die Charaktere auf unterschiedlichem Wege zu ihren „Aufträgen", die oft massgeblich die Story eines Rollenspiels bestimmen: *„[...] [Die Spieler, Anm. MM] kommen dann in irgendeiner Form zu einem Auftrag, also entweder, wenn es eine Gruppe ist die [...] nicht so erfahren ist mit Rollenspiel, kriegen sie den mehr oder weniger vom Spielleiter, also dass, in guter, alter Tradition, ähm sie in eine Bar kommen, und dort kommt ein Typ völlig aufgelöst und erzählt ihnen, dass seine Tochter entführt worden ist* *oder so, und wenn es eine erfahrene Spielergruppe ist, können sie sich diesen Auftrag auch selber geben, also was sie als Charaktere möchten, was sie erreichen wollen, [...] also zum Beispiel sie möchten [...] den vermissten Bruder suchen, weil das in ihrer Lebensgeschichte (noch?) ein wichtiger Punkt ist [...]. [...] [Die] Spieler [...] sagen eigentlich selber, was sie wollen, wo sie hinreisen, mit wem sie reden [...]."* (Interview #2). Das sog. Abenteuer, wo ein feststehender Auftrag (eine Mission) oder ein zu bewältigendes Ereignis vorgegeben ist, ist gerade zu Beginn des Rollenspielens die übliche Weise, Aufträge zu erhalten und abzuschliessen.

Da das Spiel eine deutliche soziale Komponente aufweist – eine Gruppe von Personen trifft sich zum Rollenspielen –, kommen auch „typisch menschlich-alltägliche" Aspekte in den Spielablauf hinein, wie Trinken und Essen oder Pausen: *„Und äh, ja, dann gibt's Snacks, und zu Trinken, und so weiter [...]"*(Interview #4); *„[...] [B]ei uns ist es so, ja, dann wird [...] vielleicht mal zwei Stunden konzentriert, gibt's eine halbe Stunde Pause, weil irgendwie einer das Gefühl hat, er müsse jetzt gehn den Grill anmachen und etwas auf den Grill werfen, (denke?) ja gut, komm machen wir gleich eine Pause und so."* (Interview #5). Auch kommen, trotz aller zeitweise bestehenden Konzentration auf die Spielhandlung, meistens sog. „Out-of-game"-Gespräche und Gelächter zustande, wechseln sich mit den Gesprächen, welche die Spielhandlung betreffen, ab: *„Also das ist bei uns recht oft der Fall. Es ist natürlich nicht nur negativ, also, soll nicht heissen, dass es etwas Negatives ist, schlussendlich, aber es ist recht oft der Fall, eben, dass man irgendeinen Witz reisst, dann fällt man raus, und dann ist man plötzlich bei YouTube-Videos angelangt, ja, einfach so, und dann hat man's lustig [...]"* (Interview #5); *„Ja gut, zwischendurch ist man natürlich schon, [...] es geht natürlich schon sehr lustig zu [...] – man fällt sehr oft aus dem Spiel raus, würde ich sagen, also es gibt sehr oft, äh, witzige Sprüche über, über die Situation, auch witzige Sprüche über die Regeln, man [...] stellt sich andere Situationen vor, oder (?). Aber man findet sofort wieder den Anschluss. Und das finde ich auch wichtig, das gehört dazu [...]."* (Interview #3). Dieses „Rausfallen" aus dem eigentlichen Spiel wird sogar als entscheidend für den sozialen Aspekt des Rollenspiels betrachtet: *„[D]ass man mit den Spielern gut klar kommt, dass man sich vielleicht auch etwas kennt, oder (?). Und [...] das setzt eben voraus, dass man regelmässig aus dem Spiel rausfallen kann und ein bisschen lustig sein kann."* (Interview #3).

Die soziale Komponente findet sich natürlich bereits darin, dass die Rollenspieler gewöhnlicherweise miteinander befreundet sind, und vor dem Spiel – wie bei anderen Treffen unter Kollegen und Freunden auch –, zuerst einmal über Realwelt-Befinden und -Ereignisse geredet wird, z.B. über bestandene Prüfungen u.Ä. (Interview #5). Meistens läutet der Spielleiter mit der Zeit den Beginn des Rollenspiels ein (Interview #5), z.B. mit der oben erwähnten Zusammenfassung der Geschehnisse der letzten Spielsitzung, d.h. ein Wiederaufgreifen der Story des jeweiligen Spiels.

Ein oft nicht unwesentlicher Teil innerhalb einer solchen Story spielen meist mit Waffen ausgetragene *Kämpfe* zwischen Spielercharakteren und (i.d.R.) Spielleitercharakteren. Solche Kämpfe legen zeitweise eine narrative Nähe von Rollenspielen zu Abenteuerliteratur oder auch Action- oder Kriegs-Filmen nahe.[24] Die Anzahl und Intensität an „Sword-and-Sorcery" innerhalb eines Rollenspiels hängt jedoch massgeblich von der Spielwelt, den gewählten Spielfiguren und der von Spielleiter und Spieler verfolgten Story ab. In einer Spielwelt wie jener von *BattleTech* oder *BattleStar Galactica*, welche in das Genre *Military Science-Fiction* fallen, oder in der dystopischen und von Gewalt geprägten Welt von *ShadowRun* sind Kämpfe schon durch die Spielwelt nahe gelegter als in anderen Spiel-Universen; wenn Spieler dann noch militärische Spielercharaktere wählen (z.b. Kampfpiloten), versteht sich beinahe von selbst, dass sich auch die Storys des Rollenspiels vorwiegend um Gefechte und (militärische) Auseinandersetzungen drehen werden.

Gerade in solchen Kämpfen sind von Spielregeln dominierte Zeitabschnitte und der Einsatz der Würfel die Normalität, während in anderen Phasen des Rollenspiels die Erzählung und Interaktion der Spielercharaktere mit der Spielumwelt grösseres Gewicht einnehmen (siehe *Das Regelwerk*).

3.3 AUSSTATTUNG EINES ROLLENSPIELS

Das „handelsübliche" Rollenspiel besteht aus einem Regelwerk, Charakterbogen (siehe unten) und Würfel. Es gibt kein Spielbrett (wie z.B. in Tabletop-Spielen). Eventuell finden sich auch (Land-)Karten der Spielwelt darin. Minimal – auch, was die Erhältlichkeit in entsprechend spezialisierten Spielwarenläden betrifft – besteht ein Rollenspiel aus dem Regelwerk, ungeachtet dessen Grösse.

Die Würfel

> *„Ich denke auch, die Momente, in denen gewürfelt wird sind immer so, von so einer besonderen Spannung, irgendwie, besonders wenn's, also wenn's (ein?) wichtiger Wurf ist, [...], wenn jetzt jemand eine komplexere Handlung machen will, [...], und ob er's dann schafft oder nicht."* (Interview #2)

> *„Dass man halt als Spieler nicht voraussehen kann, ich bin gut im Kämpfen, es klappt ja eh immer alles, dann, dann hätte man ja auch wieder keine Chance, zu interagieren, in dieser Geschichte, um sich zu bewegen. Also ich denke mal, sie sind sehr elementar, die Würfel."* (Interview #3)

Die Würfel übernehmen im Rollenspiel die Funktion, bei nicht eindeutigen Ergebnissen einer Handlung (oder eines Ereignisses wie die Wirkung eines eingenommenen Giftes) den Ausgang zu bestimmen – sie sind in gewisser Weise das „Schicksal". Sie bringen eine Zufallskomponente ins Spiel, die Spannung erzeugt und zu amüsanten Situationen führen kann, insofern die Würfel über das Gelingen oder Misslingen von Aktionen oder über die Effekte von Widerfahrnissen der Charaktere entscheiden: *„[Die Charaktere, Anm. MM] sind dann je nachdem gefordert, bei verschiedenen Manövern [...] Sachen auszuwürfeln, weil eigentlich das ganze Zeug [...], eher das Glück auch wesentlich mitspielt. Weil sonst wär's ja ein Stück weit langweilig."* (Interview #4). Gerade die Möglichkeit, dass eine beab-

---

[24] Dieser Aspekt vieler Rollenspiele rückt diese auch in die Nähe von analogen Kritiken, was Gewaltdarstellung und/oder -verherrlichung und negative Wirkung auf Jugendliche usw. betrifft.

sichtigte Handlung eines Charakter entgegen der Erwartung *nicht gelingen kann, oder entgegen der Erwartung doch gelingt, kann Quelle des Spasses im Spiel darstellen: „[...] also ein Spieler sagt, ‚Ja, mein Charakter kann das', der Charakter sagt voller Überzeugung ‚Ich mache das', [...] und [...] ich denke es kann beides dann sehr amüsant sein, entweder wenn er (es?) mit (einer?) Topleistung schafft, [...] wider Erwarten, oder es kann auch amüsant sein, wenn er es eben überhaupt nicht schafft, wenn er einen Patzer würfelt, und dann einfach alles in die Hose geht."* (Interview #2). Die Wichtigkeit der Würfel als Zufallskomponente („Glück"), die eine durch die Spielregeln (siehe unten) erzwungene Berechenbarkeit aufheben (Interview #1), wird von den Rollenspielern genauso betont wie damit verbundene Machtbeschränkung des Spielleiters und der einzelnen Spieler, die durch die Abhängigkeit von Würfelergebnissen – und den Zahlenwerten des Charakters, die Einfluss auf die Interpretation der Ergebnisse haben (siehe unten) – nicht einfach willkürlich entscheiden können, dass etwas gelingt oder nicht (*„[...] um zu sagen, man kann nicht einfach [...] entscheiden ob's geht oder nicht, das macht der Spielleiter nicht, das machen die Spieler nicht, sondern einerseits macht das der Charakter durch seine [...] Eigenschaften und Fertigkeiten, und andererseits spielt auch das Glück eine Rolle, oder (?)."* Interview #3). Natürlich muss aber nicht für jede Handlung gewürfelt werden; bei bestimmten Handlungen ist der Erfolg (oder seltener: Misserfolg) derart gewiss, dass nicht gewürfelt werden muss (Interview #3).

Die Würfelergebnisse werden dabei in Verknüpfung mit den Spielregeln oft mit einem zu schlagenden Wert (der entweder über- oder unterwürfelt werden muss) verglichen. Die sich daraus ergebene Differenz entscheidet, ob und wie eine Handlung erfolgreich gewesen ist. In anderen Rollenspielsystemen wird der gewürfelte Wert zu einem bestehenden Wert (bspw. Fertigkeitswert) addiert, und dieses Ergebnis mit einer Tabelle verglichen, in der festgehalten ist, wie ein bestimmter Wert hinsichtlich des Handlungserfolges oder -misserfolges zu interpretieren ist: *„So nach dem Motto: Läuft einer durch eine Gasse, es scheppert etwas. Dann heisst es mal: Ein Wahrnehmungswurf [...], oder Aufmerksamkeitswurf, oder eben, nach Spielsystem, und dann würfelt man halt auf diesen Wert, und je nachdem wie gut man gewürfelt hat, und wie gut der Wert ist, wird dann der Effekt vom Spielleiter gesagt, man sieht was es gewesen ist, oder man kriegt gar nichts mit."* (Interview #1). Da abgesehen von reinen Erzählrollenspielen (die eher eine Minderheit ausmachen) alle Rollenspielsysteme in irgendeiner Weise Würfel in ihrer Spielmechanik verwenden[25], kommen dem Besitz

Abb. 6: *Verschiedene Würfel*

---

[25] Auch Interviewpartnerin #2 verdeutlicht, dass sie sich ein Rollenspiel ohne Würfel nur dann vorstellen könnte, wenn keine Kämpfe oder andere Momente vorkommen, wo der Zufall einen Einfluss haben müsste (*„zum Beispiel die Spielergruppe möchte einen reissenden Fluss überqueren"*). Auch sie weist auf das Problem hin, dass ohne Würfel (ohne Zufallsmoment), das von niemandem gesteuert werden kann, am Ende der Spielleiter willkürlich entscheiden würde, was gelingt und was nicht.

und dem Einsatz der Würfel – wovon in der fiktiven Welt einiges abhängen kann, so z.B. das Überleben eines Spielercharakters – zuweilen nahezu rituelle Dimensionen zu.[26]

Diese „Magie der Würfel" wird wahrscheinlich auch dadurch genährt, dass in vielen Rollenspielsystemen nicht die im Allgemeinen bekannten sechsseitigen Spielwürfel verwendet werden, sondern „exotischere" Varianten wie achtseitige, zehnseitige, zwölfseitige und zwanzigseitige. Oder Würfel werden in speziellen Kombinationen verwendet (einigermassen verbreitet ist z.b. das sog. W100-Würfelsystem[27], das aus zwei zehnseitigen Würfeln besteht, wobei der eine die Zehnerstelle angibt, der andere die Einerstelle; so wird eine gewürfelte 4 beim ersten und eine gewürfelte 6 beim zweiten Würfel zu einer „46").

Das Regelwerk und die Spielregeln

> „[...] [U]nd der Spielleiter hat das Regelwerk, dort drin ist eigentlich der Rahmen von der Welt beschrieben, angefangen von den äh Lebewesen die darin leben, bis in zu Regeln, wie man Kämpfe [...] ausführt, was für Aktionen man machen kann, was die Aktionen für Effekte haben, [...], auch bis hin zu wirklich elementaren Sachen, wie die Physik die es dort gibt." (Interview #1)

> „Ja ich denke, die Regel braucht's, sobald [...] ein Faktor ins Spiel kommt, der eben nicht von den Spielern, von den [...] Charakteren selber bestimmt werden kann. Also, eben ob sie etwas können oder nicht. Ähm, Zufall, oder Schicksal, oder wie man's nennen möchte [...]" (Interview #2)

Das Regelwerk gibt einen (formalen) Rahmen vor, der festlegt, „was geht und was nicht" und so meist eine gemeinsame Spielbasis definiert. Ein Regelwerk besteht aus gedruckten Seiten Fliesstext und oft mehreren Tabellen. Da die Interaktions-Möglichkeiten und denkbaren „Spielzüge" in einem Rollenspiel ausgesprochen weit gefasst sind (verglichen zu einem traditionellen Brettspiel wie z.B. *Monopoly*) – schliesslich können sich Spieler in der fiktiven, erzählten Spielwelt frei bewegen –, ist kein Regelwerk eines Rollenspiels in der Lage, *sämtliche* Situationen abzudecken. Dennoch wird mit den Spielregeln ein klarer Rahmen abgesteckt: *„[...] die legen fest, was man machen kann, was man machen darf, was man in, unter Sonderausnahmen machen kann, was noch zugelassen ist und was halt jetzt einfach wirklich nicht geht."* (Interview #1). Gewöhnlicherweise werden bestimmte Grund-Spielregeln festgehalten (Interview #4), wie z.B. der Ausgang von Handlungen grundsätzlich (würfelmässig) bestimmt werden soll, wie (Würfel-)Ergebnisse zu interpretieren sind, und wie die Spielmechanik des Charakterbogens (mit seinen Zahlenwerten) funk-

---

[26] Der unter manchen Rollenspielern offenbar verbreitete „Aberglaube", ein bestimmter Würfel oder ein Würfelpaar „würfle besser" als ein anderes, sei hier erwähnt – obwohl dieser „Aberglaube" selbst von jenen, die ihn in Rollenspielsitzungen zum Ausdruck bringen, meistens nicht ernsthaft vertreten wird, stellen Handlungen auf Basis dieses „Aberglaubens" (z.B. das Auswechseln der Würfel) ein oft beobachtetes Ritual im Spiel dar (lebensweltliche Erfahrung der Autoren).

[27] Die Abkürzung „xWy", wobei „W" für „Würfel" steht (im englischen Sprachgebrauch „d" für „dice"), ist ein gängiger Term im Rollenspieljargon (und in verwandten Spielen). „2W6" bedeutet zwei sechsseitige Würfel, „2W10" zwei zehnseitige Würfel, „1W20" ein zwanzigseitiger Würfel usw. Die Spielregeln der einzelnen Rollenspielsysteme werden meistens auf diese Weise charakterisiert („Dieses Rollenspiel verwendet ein W100-System") – wiederum etwas, das unverständlich ist, wenn nicht entsprechendes Wissen über diese Nomenklatur bereits vorausgesetzt werden kann.

tioniert. Manche spezielleren Handlungsoptionen (z.B. Magie in Fantasy-Welten) erhalten eigene Spielregeln. Ansonsten obliegt es dem Spielleiter, bestehende Spielregeln auszulegen, anzuwenden, situationsbedingt zu modifizieren und gegebenenfalls sinnvoll neue Spielregeln zu improvisieren; das Regelwerk liegt während eines Spiels primär „in seinen Händen", und ist, gegenüber konventionellen Brettspielen, bei denen ein ein- oder zweimaliges Lesen der Anleitung oft ausreicht, aufgrund seiner Komplexität und v.a. Tabellen, die zur Interpretation von Ergebnissen verwendet werden müssen, stets griffbereit. Dabei wird dennoch versucht, das ständige Hervornehmen des Regelwerks so weit wie möglich zu vermeiden, da es dem Spielfluss schädlich sein kann („*Nein, äh nein, das eben, das wirklich nur, wenn eben so Dr. Regelanwalt in der Gruppe ist, oder halt wenn's wirklich darum geht, eben, ob man jetzt den Bösewicht noch hat treffen können auf die Distanz mit dem Bogen bei Nebel und so, [...]*" Interview #5). Meistens wird versucht, „lockerer" zu entscheiden, ob etwas gelingt oder nicht: „*[...] sondern [die Spieler, Anm. MM] [können einfach] sagen, was sie wollen, und dann sage [ich], es funktioniert, oder es funktioniert nicht, oder es funktioniert, [...] eben in so einem Stil.*" (Interview #1). Tatsächlich dürfte es so sein, dass im Grossteil der Zeit des Rollenspielens die Spielregeln nicht aktiv gebraucht werden: „*[...] sonst beim normalen Rollenspiel, sagen wir [...] so in 80 Prozent von der Zeit merkt man's eigentlich aktiv nicht. [...]. Einfach ein so indirektes Wissen, dass etwas da ist, man haltet sich daran, aber nicht bewusst, so etwas Unbewusstes schlussendlich.*" (Interview #5).

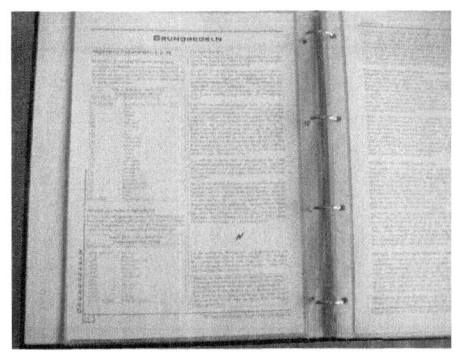

Abb. 7: Beispiel einer Seite aus dem „Réanaith"-Basisregelwerk

Das Regelwerk bzw. die Spielregeln dienen zudem der Konfliktauflösung zwischen Spielleiter und Spieler: „*Weil [...] Menschen haben halt ein gewisses Konfliktpotenzial, es sind nicht immer alle der gleichen Ansicht, [...]. Aber um das zu unterbinden, und einfach den Spielfluss zu vereinfachen, hat man sich halt einfach auf gewisse Gesetze der Spielwelt [geeinigt], und die sind halt einfach die Regeln.*" (Interview #1; ähnlich Interview #3). Da die Spielregeln kodifizierte Regeln sind, denen bei der Teilnahme am Spiel „zugestimmt" wird und die dadurch präskriptive Kraft innerhalb der Rollenspielergruppe ausüben können (siehe Kap. 2.1, *Terminologische Entscheidungen*), kann ein Verweis wie „*lese Seite 15, und wenn du dann noch Fragen hast, schauen wir weiter*" (Interview #1) einen Regel- oder Regelinterpretationskonflikt beenden: „*[...] die Regeln sind halt die letzte Instanz, sozusagen, oder (?), da kann man sagen, schau, da steht's, das ist so, fertig, da gibt's nichts.*" (Interview #3).

Die Spielregeln beschränken ferner die Willkür und Macht des Spielleiters wie auch des Spielers und dienen dazu, Spannung aufzubauen (Interview #1, Interview #3). Sie verhindern, dass „alles möglich" ist, geben die „physikalischen Grenzen" vor und sind daher unverzichtbar (Interview #3, Interview #4). Ein ständiges Problem des Austarierens dabei ist aber der *Realismusgrad* der Spielregeln, da ein höherer Realismusgrad normalerweise

49

kompliziertere Regeln (Interview #4) sowie allgemein einen höheren Anteil an Spielregeln bedeutet, was dysfunktionale Wirkung auf den Spielfluss haben kann: *„Wenn sie zuviel sind, dann sind sie behindernd, wenn sie zu wenig sind, sind sie insofern behindernd, dass sie die Realität und so gesehen dein Rollenspiel, [...], dass du eintauchen kannst ins Ganze beschränken und behindern. [...] [M]an muss das Mittelmass finden."* (Interview #5). Zwar wird ein gewisses Minimum an Realismusgrad als notwendig für die Vorstellung der Situation im Spiel erachtet *(„[A]lso für mich, denke ich ist wichtig, dass die Regeln [...] insofern realitätsnah sind, dass man zum Beispiel sagen kann, ich weiche aus oder so, dass man irgendwie die Situation, die man sich vorstellt, auch regeltechnisch so umsetzen kann, wie man sie sich vorstellt."* Interview #2; ähnlich Interview #5); jedoch sind die Meinungen nicht sehr divers, wenn es um das Problem von komplizierten Regeln geht, die den Spielfluss verlangsamen und die dafür sorgen, dass Geschehnisse, die in der Spielwelt wenige Sekunden benötigen, in der Realwelt bedeutend viel mehr Zeit aufgrund der regeltechnischen Abwicklung abverlangen: *„Also wir haben einmal [...], ich weiss es nicht mehr genau, also es hat mich dort, es sind auch viele Spieler gewesen in dieser Gruppe, es sind etwa sechs Spieler gewesen, und äh [...] ich weiss nicht mehr, wie lange die Spielzeit gewesen ist, also es sind wenige Sekunden bis Minuten gewesen, und wir haben einen Nachmittag dafür gespielt. Und das habe ich, dort hab ich's relativ anstrengend gefunden."* (Interview #2; ähnlich Interview #4).

Über den Stellenwert des Regelwerks bzw. der Spielregeln im Rollenspiel scheiden sich in der Rollenspielgemeinschaft oft die Geister; es könnte beinahe von einer „Schulenbildung" in Bezug auf die Frage der Wichtigkeit von Spielregeln im Rollenspiel gesprochen werden *(„[...] [E]igentlich auch Geschmackssache",* Interview #1), die wahrscheinlich nicht selten mit einer Präferenz für ein bestimmtes Rollenspielsystem korrespondiert. So kann die Wichtigkeit der Spielregeln als sehr hoch eingestuft werden, was bedeutet, dass diesen Regeln eine hohe Verbindlichkeit zugesprochen und Abweichungen eher sanktioniert werden. Andere dagegen beurteilen die Spielregeln als weniger wichtig, zuweilen sogar vielmehr dem narrativen Setting des Rollenspiels schadend (Spielleiter als *„Dr. Regelanwalt",* Interview #5), und plädieren für eine „liberale Haltung" (Interview #4) gegenüber der Interpretation und Anwendung von Spielregeln. Je nach konkretem Rollenspielsystem stehen die Spielregeln auch mehr oder weniger im Vordergrund.

Abb. 8: *„MechKrieger"- Basisregelwerk*

Der Aufbau eines Regelwerks beinhaltet neben den grundlegenden und speziellen Spielregeln auch Informationen über die Spielwelt und über Ausrüstungsgegenstände (wie z.B. auch Waffen und Rüstungen), welche die Spielercharaktere und andere Figuren im Spiel einsetzen können.

Kampfregeln

> *„Aber eben, [...] am meisten wird schon gewürfelt während des Kampfes, und die Regeln werden angeschaut."* (Interview #1)

Ein meist beachtlicher Teil an Spielregeln wird vom Kampfsystem beansprucht, da es dort u.a. aus Fairness-Gründen, aber auch aufgrund der oft schwierig einzuschätzenden Handlungsweisen und ihren möglichen (Schadens-)Effekten (Interview #1) am Wichtigsten ist, sich auf eindeutige Spielregeln zurückziehen zu können. (In diesem Aspekt sind Rollenspiel-Spielregeln oft mit den Spielregeln von taktischen Tabletop-Spielen wie z.B. *BattleTech* vergleichbar, auch, was die Einführung von Runden mit meist festgelegter „Ingame"-Dauer betrifft, z.B. „1 Runde = 10 Sekunden im Spiel"). Die (prozentuale) Menge, welche Kampf- und Schadens-Spielregeln an einem Regelwerk eines Rollenspielsystems ausmachen, ist mitunter vom Detailgrad oder dem Realismus-Anspruch des Kampfsystems abhängig. (Zum Vergleich: Der Anteil der Kampfregeln am Gesamtregelwerk variiert entsprechend in den geläufigsten Fantasy-Rollenspielen zwischen 5 und 20% [KATHE 1987; Abs. 3.3].[28]

Kämpfe sind die üblichen Momente, wo Spielregeln zentral werden (beinahe unisono antworten alle Interviewpartner auf die Frage, wann denn – am meisten – in die Regeln geschaut wird: *Kampf*). Da dieser Aspekt des Rollenspiels stark reglementiert ist, kommt eine Berechenbarkeit ins Spiel, die ansonsten weniger stark ausgeprägt ist, und die (wie weiter oben bereits angedeutet) durch den Einsatz von Würfel wieder verringert wird. Tatsächlich aber sind, wenn auch im ersten Moment paradox scheinend, sowohl Berechenbarkeit wie Unberechenbarkeit entscheidend für ein Kampfsystem („*[...] [E]in Kampf ist ein Stück weit berechenbar, in einem Regelsystem. Das muss er auch sein, sonst äh ist (irgendetwas?) mit dem System nicht gut [lacht].*" Interview #1): Die Berechenbarkeit, die Objektivität und Fairness garantieren („gleiche Fälle werden gleich behandelt"), und die Unberechenbarkeit, die neben Spannung auch den ungewissen Ausgang einer Kampfsituation, in der vieles möglich ist, simulieren. Letzten Endes sind die Regeln für eine Form der Komplexitätsreduktion entscheidend: „*[V]or allem wenn's um komplexere Sachen geht, wie wenn der eine jetzt zum Beispiel ein Mal eine Waffe hat, (oder?) der andere jetzt keine Waffe, und dafür im Kampfsport drauskommt, dann äh, wenn man's realistisch anschaut, ist eigentlich beides möglich, es kann genau so gut sein, dass der mit dem Messer innerhalb von zwei Sekunden [...] ziemlich tot ist, und absolut nichts hat machen können mit dem Messer, oder der andere kommt halt im Kampfsport nicht so gut draus und, anstelle von Ausweichen [...] läuft er halt in die Waffe, und für genau solche Fälle (hast du?) dann eigentlich die Regeln, und diese regeln das Zeugs dann eigentlich, so der Ablauf regeln vom Kampf.*" (Interview #1). Nicht überraschend stellen sich die Fragen des Realismusgrades besonders im Kampfsystem, verbunden mit dem Problem der Überbelastung durch komplizierte Regeln („*[...] wenn's zu schlichte Regeln sind, wird's zu realitätsfern, also was*

---

[28] Einen noch grösseren Anteil nehmen mit 15 bis 36% die für Fantasy-Rollenspiele obligatorischen Magieregeln ein, die ebenfalls in erster Linie im Kampf zur Anwendung kommen. Der „Sword-and-Sorcery"-Teil nimmt im Schnitt rund ein Drittel des Gesamtregelwerks ein [KATHE 1987; Abs. 3.3].

jetzt zum Beispiel den Kampf anbelangt. Einerseits, wenn sie zu detailliert sind, dann ist man an einem Kampf vielleicht fünf Stunden, und das möchte man ja auch nicht, weil man ständig am Würfeln ist." Interview #5).

„Regelbastelei"

„Regeln ja, es gibt gute [...] Regeln, es gibt natürlich auch schlechte Regeln [lacht]." (Interview #5)

„[...] [U]nd man hat die Regeln, man passt auch die Regeln immer wieder an, wenn man sieht, dass etwas nicht funktioniert, das finde ich toll." (Interview #3)

Ein Phänomen des Rollenspiels dürfte auch die „Regelbastelei" darstellen, also das absichtliche Verändern, Überarbeiten, Fallenlassen, Neu-Entwickeln von Spielregeln.[29] Das Einführen solcher „Hausregeln" bei ansonsten professionell gestalteten Rollenspielsystemen ist offenbar in vielen Spielergruppen verbreitet. (Zum Vergleich: KATHE z.B. erwähnt einen Anteil von 43% der durch ihn befragten Spieler (n=111), die mit gekürzten oder erweiterten Regeln spielen; er bezeichnet dies als „Spielen mit dem Spiel" [KATHE 1987, S. 30], was allerdings gemeinsam geschehen muss). Ausgangspunkt ist meistens eine Unzufriedenheit mit den bestehenden Regeln, oder die Wahrnehmung einer Lücke (eine wichtige Regelung fehlt): *„[J]etzt bei uns beim DSA [Das Schwarze Auge], spielen wir noch im 3er-System, [...] hat es natürlich ein paar Regeln die wirklich sau behindert sind, sau dumm, und ein paar die einfach fehlen, und das haben wir dann halt als Gruppe selber entworfen, mir haben ein Blatt [...] gemacht, [...], so und so ist es, also wir haben uns zusammen gesessen, haben das ausdiskutiert, und haben so gesehen die Regeln so für uns angepasst [...]."* (Interview #5). Natürlich gelingen solche Regelmodifikationen nicht immer, und es können mehrere Phasen des Umgangs mit unliebsamen Regeln durchlebt werden, bis hin zu solchen, wo eine Regelunsicherheit (weiter-)besteht; so berichtet ein Interviewpartner vom „Leidensweg" seiner Gruppe bezüglich der sog. Waffenvergleichs-Regel im Kampfsystem: *„[...] [E]s gibt für alle Waffen einen Wert et cetera, aber bei einigen ist es auch irgendwie nicht ganz realistisch oder nachvollziehbar, oder äh, dann gibt es eben die Möglichkeit, wir klammern den Waffenvergleich aus. Und wir haben sie eine zeitlang überhaupt, also etwas ignoriert, dann haben wir's versucht, mit einer Variante, der Meister legt jetzt fest, wie realistisch das in der jeweiligen Situation ist, und sagt dann halt im Einzelnen, es ist jetzt erschwert oder erleichtert. Aber [...] dann haben wir auch noch selber versucht, etwas zu erstellen, so eine Tabelle, wann welche Waffe auf was trifft, aber das ist sehr aufwändig, und äh, ja war zum Scheitern verurteilt. Aber jetzt haben wir auch noch nicht so ganz den definitiven Weg gefunden."* (Interview #4).

Die konsequente Weiterführung der „Regelbastelei" ist die Entwicklung eines eigenen Rollenspielsystems. Da die Rollenspieler dann selber die alleinigen Autoren des Regelsys-

---

[29] Jedoch kann das für verwandte Spiele wie Tabletop-Spiele auch gelten; zumindest die Autoren sind/waren sich gewohnt, auch in *BattleTech* an den Regeln „herumzubasteln". Es wird jedoch wahrscheinlich deutlich schwächer bei klassischen Brettspielen wie *Monopoly* ausgeprägt sein, was freilich auch daran liegt, dass die dortigen Regeln viel einfacher sind, einen hohen Abstraktionsgrad (kein Realismus-Anspruch) aufweisen und bedeutend weniger Handlungsweisen reflektieren müssen.

tems sind (auch ganz material, da das Regelwerk z.B. in ihren Textverarbeitungsprogrammen auf dem Computer geschrieben und gelayoutet wird), nimmt das Entwickeln, Prüfen und Verwerfen von Spielregeln eine zusätzliche Dimension an, nämlich jene des Spiele-Entwicklers.

Der Charakterbogen

> „Ja also der Heldenbrief ist [...] schon wichtig, also ja, sind alle Werte drauf et cetera, und [...] letztendlich, klar beim [...] auswürfeln, [...], da richte ich mich an den Werten die drauf sind, beziehungsweise zum Spielen braucht's den Heldenbrief, das steht nicht zur Debatte." (Interview #4)

> „Ich persönlich habe die Erfahrung gemacht, dass es gut ist, wenn man den Schadensborgen auf dickerem Papier ausdruckt. [...] Das ist dort, wo man die ganzen Wunden, also alles, was man [...] an physischer Beschädigung aufschreiben muss [...], dass kommt eben auf den Schadensbogen, und das ist halt gut, wenn man den auf dickeren Papier ausdruckt, und [...] regelmässig halt auch das Blatt erneuert." (Interview #3)

Ein Kernelement des Rollenspiels ist der Charakterbogen (im Rollenspiel *Das Schwarze Auge* auch *Heldenbrief* genannt): „Und, dann haben die Spieler noch Blätter vor sich, das sind die Charakterbogen. Dort drauf ist ihre Spielfigur eigentlich in Zahlen festgehalten, und das sind teilweise abstraktere Werte, und teilweise äh ziemlich gut begreifbare Werte." (Interview #1). Auf diesem sind sämtliche wichtigen Informationen über den Charakter enthalten (Interview #2) – insbesondere regeltechnischer Natur in Form von (zuvor nach festgelegten Regeln auszurechnenden) Zahlenwerten, was den Charakterbogen meist wie ein komplex strukturiertes Tabellenwerk aussehen lässt –, aber auch andere spielrelevante Informationen wie der Name des Spielercharakters, seine Volkszugehörigkeit, sein Alter, sein Aussehen, seine Vorlieben und Macken, je nachdem auch wenigstens einen Teil seiner (bisherigen) Biografie (wo wurde er geboren, wie ist er aufgewachsen, was hat er bis zum Spielbeginn erlebt usw.).

Abb. 9: *„Mers"-Charakterbogen*

Der Charakterbogen dient auch der Operationalisierung der Fähigkeiten und des Wissens des Spielercharakters im Spiel. Das Wissen des Charakters – sowohl „lexikalisches" Wissen wie aber auch das „Knowing-how" – werden i.d.R. über Zahlenwerte von meist als „Fertigkeiten" bezeichneten Kategorien ausgedrückt[30]; so beherrscht bspw. ein Charakter, welcher einen Wert von 15 (von maximal 20) in der Fertigkeit „Klettern" aufweist, Klettern recht gut, und wird bei den meisten Handlungen, die Klettern

---

[30] Die Vorstellung, Wissen auf diese Weise „quantifizieren" und „messen" zu können (zu müssen?), scheint ein eigentümliches Element des Rollenspiels zu sein.

beinhalten und wo der Ausgang dieser Handlung ungewiss ist (d.h. wo die Würfel entscheiden werden, ob es gelingt oder nicht) Erfolg haben (Interview #2). Die Zahlenwerte der Fertigkeiten beruhen in den meisten Systemen auch auf grundlegenderen Zahlenwerten, welche die geistigen und körperlichen Eigenschaften (Attribute, Fähigkeiten) zum Ausdruck geben (z.b. Stärke, Geschicklichkeit, Intelligenz, Intuition, Tapferkeit usw.). Sowohl Anzahl wie auch Umsetzung und Namensgebung von Fertigkeiten und Eigenschaften unterscheiden sich in den jeweiligen Rollenspielsystemen und ihren Spielwelten (in einer Fantasy-Welt benötigt man keine Fertigkeiten, die sich z.b. auf Computerkenntnisse beziehen), sind aber i.d.r. gut vergleichbar und mit gewisser Spielerfahrung jeweils leicht identifizierbar, wenn man mit einem neuen Rollenspielsystem konfrontiert ist.

Die Zahlenwerte (als Teil des Spielregelsystems) geben das vorhandene Mass an Wissen oder geistiger und körperlicher Fähigkeit an, letzten Endes normalerweise die Wahrscheinlichkeit, dass der Einsatz des Wissens, wenn benötigt, gelingt (bzw. wie gut dieser Einsatz gelingt); ob der Einsatz gelingt, wird mittels Würfel bestimmt. Um die Wahrscheinlichkeiten abschätzen zu können, ist es essentiell, zu verstehen, wie die dahinter liegende Spielmechanik und das verwendete Würfelsystem funktioniert, was beides von Rollenspielsystem zu Rollenspielsystem unterschiedlich ausfallen kann: *„Beispiel beim DSA, wenn ich jetzt dort einen Wert von 18 habe, bin ich verdammt gut, weil ein 20 das Höchste ist, ist 18 eigentlich ein ziemlich guter Wert, und ich muss darunter würfeln, also [...] wenn ich mit (einem?) 20er-Würfel unter 18 kommen muss, ist das nicht so schwer. Hingegen, wenn ich jetzt eine 18 habe in einem [...] 100er-System, das heisst [...] 100 Prozent ist das Höchste, das würfle ich dann mit einem 100er-Würfel aus, und ich habe einen Wert von 18, dann ist das einfach verdammt wenig."* (Interview #1).

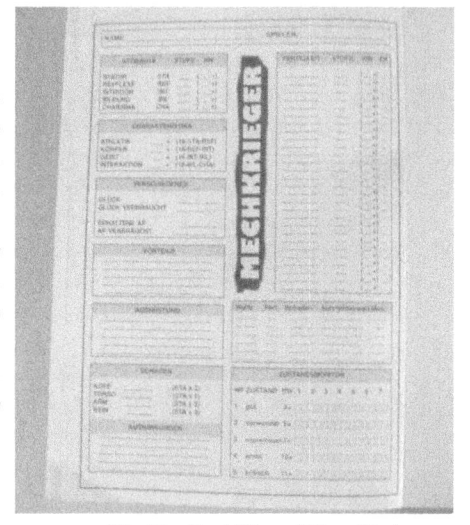

Abb. 10: „MechKrieger"-Charakterbogen

Umgang mit dem Charakterbogen

Der Umgang mit dem Charakterbogen kann aber auch schwierig sein, und zwar in zweierlei Hinsichten: Einerseits was die Orientierung in dem je nachdem mehrere Seiten umfassenden Bogen und das Management der Menge an Informationen betrifft („*[...] ich [habe] ab und zu beim Charakterbogen, also ständig mal das Problem, dass ich das Zeug nicht finde, und wenn ich es finde, dass dann der Wert noch nicht ausgereicht ist, (weil?) man ja die Werte immer ausrechnen muss."* Interview #2; *„[...] [E]s ist [...] halt einfach wichtig, dass man ungefähr weiss, wo was ist, dass man vielleicht ein paar wichtige Werte auch im, man muss nicht, aber es ist gut, wenn man sie auch noch im Kopf hat, oder, dass es auch flüssiger bleibt, dass es auch äh schneller vorwärts geht."* Interview #3). Andererseits, was die Implikationen der Inhalte des Charakterbogens − als Ausdruck des „Sein und Wesens" des Charakters − auf das Spiel sein können („*[...] der Charakterbogen [spielt] (mir?) ab und zu einen Streich, dass ich dann plötzlich irgendwann sehe, oh, meine Figur hat ja noch eine Verletzung irgendwie an der linken Hand, einen Kratzer, was, was (ihn?) vielleicht auch irgendwie beeinträchtigt [...].*" Interview #2; „*Kurzum gesagt, [...] es sagt einfach, wie gut [...] die Figur, die man auf dem Blatt hat, die Fähigkeit beherrscht, oder, oder eben nicht beherrscht. Und anhand von dem spielt man dann.*" Interview #1).

Da Charakterbogen in den meisten Fällen auf Papier existieren, allenfalls noch elektronisch auf Laptops, und sowohl die Zahlenwerte des Charakters wie besonders auch seine Ausrüstung nicht konstant und für ein und allemal festgelegt sind (sondern sich verändern können), stellt der Umgang mit dem Charakterbogen als materiales Objekt, das durch oftmaliges mit Bleistift draufschreiben und wieder ausradieren verbraucht (Interview #3) oder durch Verschütten von z.B. Getränken verschmutzt (Interview #5) werden kann, zuweilen eine recht pragmatische Dimension dar.

Ähnlich wie der Umfang der Regeln kann auch der Umfang eines Charakterbogens ein Problem darstellen: „*[A]lso ich denke, Charakterbogen sind eine Stütze, aber wenn sie sehr umfangreich sind, haben sie den Nachteil, dass man sie eigentlich auch gut im Kopf haben muss.*" (Interview #2). Die Herausforderung ist dann analog zum Realismusgrad der Regeln, die „richtige Mitte" zu finden: „*Ähm es gibt Heldenbriefe, die sind zu kurz, es gibt Heldenbriefe, die sind zu lang, also, [...] wenn man sechs Seiten hat, das ist, (dann hat man?) eine Auslegeordnung, weiss nicht, was wo ist [...]. Wenn man zu wenig hat, sei es auf zwei Seiten, ist natürlich auch nicht gut, weil (sonst?) irgendetwas fehlt.*" (Interview #5).

Charakterbogen und Individualismus

So wie es „Regelbastelei" gibt, gibt es auch Bastelei am Charakterbogen. Auf dem Internet ist unterdessen für die bekannten, grossen Spielsysteme eine Menge an inoffiziellen Charakterbogen-Mustern erhältlich, die in irgendeiner Weise die offiziellen Bogen modifizieren (Interview #4, Interview #5). Ein Interviewpartner vergleicht den Um- und Ausbau des Charakterbogens (z.B. die Ergänzung einer Seite für Informationen, die auf dem originalen Charakterbogen zu wenig Platz haben) mit dem „Modding" von Computerspielen[31] (Interview #5). Dies erlaubt es, den Charakterbogen nach den eigenen (Spiel-)Bedürfnissen auf- bzw. auszubauen (Interview #4). Während die einen Rollenspieler den Charakterbogen als „extrem nützliches Instrument" begreifen (Interview #2), betonen andere die starke Individualität, die mit dem Charakterbogen zum Ausdruck kommt; dass er „*nicht nur ein Werkzeug [ist] [...], es [...] ist nicht nur Mittel zum Zweck, sondern es ist auch [...] irgendwie man sieht's, man sieht's dann auch an, wenn man den Helden schon zwei Jahre hat, dann sieht man's dem Charakterbogen (wirklich?) an, dass dieser wirklich schon alt ist, (weil?) der Charakterbogen ist alt, es wurde schon hundert Mal ausradiert, und es ist einfach, es ist wirklich mehr als nur schlussendlich ein Blatt Papier mit dem und*

---

[31] Von der englischen Abkürzung „Mod" für „*Modification*"; „Mods" werden normalerweise von Fans mit entsprechenden Fertigkeiten für bestimmte professionelle Computerspiele entwickelt und erweitern oder verändern das originale Spiel um verschiedenste Elemente.

dem drauf, sondern es ist auch so ein Stück das mitaltert, mit dem Charakter." (Interview #5). Diese Individualität zeigt sich auch in Verbindung mit dem vorher genannten „Modding" des Charakterbogens: Man erkenne am Charakterbogen nicht nur den individuellen Spielercharakter, sondern durch die Art, wie der Charakterbogen aufgebaut und mit ihm umgegangen wird, ein Stück weit auch die Person, die den Charakter spielt (Interview #5).[32]

3.4 DER SPIELLEITER

> *„[Er] ist einfach der, der eigentlich alles verkörpert, was nicht Spieler sind. Also, er ist eigentlich die Welt mit allen Viechereien die darum leben, er ist die Physik in dieser Welt, er ist eigentlich alles, was [...] für die Interaktion gebraucht wird [...]."*
> (Interview #1)

> *„[...] [D]er Meister ist der, der eigentlich die Geschichte erzählt, oder [...], eine sehr wichtige Person, wenn nicht [...], ja die wichtigste Person des [...] Rollenspielnachmittags [...], weil [...], ja, ohne Meister gibt's kein [...] Abenteuer, keine Geschichte."* (Interview #4)

Zum Spielleiter (oder Spielmeister) gibt es im typischen Rollenspiel kein „funktionales Äquivalent": Er ist für das Spiel unverzichtbar und für dessen Gelingen oft massgeblich, wenn auch nicht ausschliesslich, verantwortlich. Er fungiert als wichtigster Erzähler, als derjenige, der die Story einer Rollenspielsitzung „in Gang bringt" und im Hintergrund „die Fäden zieht" – oder zumindest als diejenige Person im Rollenspiel, welche die verschiedenen Erzählungen (auch der anderen beteiligten Rollenspieler) organisiert und konsistent zusammenhält, und diesbezüglich höhere Autorität als der Spieler besitzt (dies bestätigen alle Interviewpartner auf die eine oder andere Weise). Eine Story entwickelt er auf Basis seiner eigenen (in einer medialen Gesellschaft wie der unsrigen wohl nachhaltig durch Bücher und Filme angeregten/beeinflussten) Fantasie oder übernimmt Abenteuer (in sich abgeschlossene Missionen, Aufträge) aus käuflich erwerblichen Abenteuerbüchern, die bei allen grossen Rollenspielsystemen zur Verfügung stehen. Die Funktion des Spielleiters geht aber über die Erzählfunktion hinaus, insofern er oft auch als „Schiedsrichter" auftritt und i.d.R. anhand der Spielregeln (mit-)entscheidet, wie in bestimmten Situationen (regeltechnisch) zu verfahren ist; ihm obliegt normalerweise die letzte und geltende Interpretation der Spielregeln.

Wohl aufgrund dieser für das Spiel wesentlichen Funktionen besteht ein gewisser Diskurs darüber, was einen *guten*, idealen Spielleiter ausmacht, welche Kenntnisse und Fähigkeiten er aufweisen soll (dies wird bedeutend intensiver diskutiert, und diese Diskussion oft auch in den Regelwerken „abgebildet" und eine Position bezogen, als die idealen Eigenschaften eines *Spielers*). Als notwendige oder zumindest relevante Eigenschaften werden u.a. einigermassen solide Kenntnissen der Spielregeln und damit der Spielmecha-

---

[32] So empfinden es manche Rollenspieler bspw. als „Sakrileg", den Charakterbogen (in Papierform) *zusammen zu falten* („wie ein Fresszettel"). Ähnlich wie die Würfel kann der Charakterbogen eine nicht-profane, in betonten Anführungszeichen „sakrale" Bedeutung für einzelne Rollenspieler annehmen, die mit gewissen Ritualen verbunden sind (lebensweltliche Erfahrung der Autoren).

nik des jeweiligen Rollenspielsystems erwartet: "*[...] wenn du die Regeln auswendig kennst, dann ist der Spielablauf einfach sehr viel schneller, und besser, und es hat für den Spieler vielleicht auch nicht so den Anschein, wenn du jetzt halt mal wirklich die Regeln auslegst, du weist wie's halt ist, und wie gross die Wahrscheinlichkeit ist, du kennst seine Werte, dann kannst du (auch?) sagen: Ja, das schafft er jetzt easy, [...] da lasse ich ihn jetzt nicht würfeln.*" (Interview #1); "*[...] [D]er Spielleiter muss das Regelwerk gut kennen [...] damit er nicht die ganze Zeit am blättern ist, [...] sondern dass man einigermassen äh vorwärts kommt.*" (Interview #3). Jedoch wird *zu viel* Regelbezug des Spielleiters oft negativ bewertet (*"[E]r ist nicht so extrem [...], er ist nicht ein Dr. Regelanwalt"*, Interview #5); der Spielleiter soll zwar die Spielregeln gut kennen (für den Fall, dass er sie braucht), aber nicht auf sie fixiert sein.

Auch ausreichend Wissen über die Spielwelt, in welchem das Rollenspiel stattfindet, wird als wichtig erachtet: "*Jemand der sicher viel Hintergrundwissen hat [...]*" (Interview #3); "*Ich würde sagen, schlussendlich jemand der [...] das Leben in dem Spiel kennt, und das Ganze auch [...], ein Stück weit Herz in dem Ganzen hat, also wirklich so, man merkt's, jemand, der davon begeistert ist [...].*" (Interview #5). Von diesen Kenntnissen abgesehen, werden v.a. „ethische" und narrative Fähigkeiten dem Spielleiter abverlangt: Objektivität und Fairness (er soll „Persönliches draussen lassen", Interview #5), aber auch Kreativität und Improvisationsvermögen, das Vermögen, nicht-lineare Erzählmuster entwickeln und darauf flexibel reagieren zu können („*[...] darf auch nicht verschreckt werden, wenn die Leute einmal etwas machen, was er jetzt einfach nicht geplant hat*" Interview #1; ähnlich Interview #2). Schliesslich muss er auch atmosphärisch erzählen zu können, um Stimmung zu erzeugen („*Wenn einer einfach da sitzt mit einer monotonen Stimme irgendetwas herunterlallt, dann ist der Valium-Effekt ziemlich gross [lacht]*" Interview #1). Ferner ist es wichtig, dass er zwecks Stimmung auch Elemente in die Geschichte einbaut, die eigentlich nicht „abenteuerrelevant" sind, aber das Agieren in der Spielwelt ausschmücken (Interview #4). Und nicht zuletzt soll er gut mit den Spielern auskommen, deren Ideen berücksichtigen und offen für ihre Vorschläge sein (Interview #1).

Letzteres ist nicht schon deshalb nicht unwichtig, da das Rollenspiel nicht wie andere Brettspiele einen Gewinner kennt, der am Ende des Spieles feststeht – und selbst wenn, wäre es sicher nicht der Spielleiter: „*[D]er Spieleiter spielt eigentlich mit den Spielern, nicht gegen sie*" (Interview #2). Obwohl er einiges an Macht im Spiel in seiner Funktion konzentriert (was die Wichtigkeit einer „Ethik des Spielleiters" verdeutlicht), ist sein Ziel nicht, die Spieler zu besiegen, auch wenn er dafür sorgen muss, dass die Schicksale und Herausforderungen, mit denen die Charaktere konfrontiert sind, „realistisch" und den Fähigkeiten der Charaktere angemessen sind: „*[E]r hat [...] gewisse Macht und Verantwortung in dem Sinne, aber ähm auch für ein Spielleiter ist es spannend, und auch der Spielleiter möchte irgendwie, dass es einen Ausgang hat, aber macht trotzdem keine Zugeständnisse, dass er es zu einfach macht, sondern der Spielleiter findet eigentlich [...] den angemessenen Schwierigkeitsgrad für die Gruppe, also dass es erreichbar ist, aber, es könnte auch in die Hose gehen [...].*" (Interview #2). Dazu gehört, auch mal „ein Auge zuzudrücken", die Regeln wohlwollend auszulegen und z.B. einen Charakter nicht sterben zu lassen, obwohl sein Tod regeltechnisch entschieden wäre (Interview #5). Nicht überraschend ist dies erneut eine jener Fragen, die mit dem „richtigen Mittelmass" zu tun haben (hier zwischen Realismus, Regeltreue und Wohlwollen).

Manche Spielleiter führen während ihrer Spielleitung auch den eigenen Spielercharakter, besonders in Gruppen, die wenig Spieler aufweisen und zusätzliche „Manpower" benötigt wird, oder in denen es einen Mangel an Spielleiter gibt, sodass der Spielleiter selten die Funktion des Spielers übernehmen und „nur spielen" kann. (Dies weicht die bisher strikt gehandhabte funktionale Trennung zwischen Spielleiter und Spieler etwas auf. Dennoch bleibt der Spielleiter primär in seiner Funktion als Spielleiter verhaftet, weshalb er trotzdem *als Spielleiter* gilt, und nicht als Spieler).

3.5 DER SPIELER

> *„Und dass dann [...], du eigentlich sagen kannst, was die Figur macht, du entsprechend dem Charakter, eigentlich ist das Ziel, möglichst den Charakter darzustellen, dass es glaubhaft ist, sich in die hineinversetzen können, [...]"* (Interview #2)

> *„[...] und das Geniale an dem Spiel ist, man kann nicht nur reagieren auf das, was der Spielleiter erzählt und voraussetzt, sondern man kann auch selber agieren, indem man einfach [...] selber die Geschichte beeinflusst, oder sogar eine andere Geschichte auf einmal anfängt [...]."* (Interview #3)

Dem Spieler obliegt im Rollenspiel die Pflicht, seinen Charakter „rollengetreu" zu spielen, wofür gewisse schauspielerische Talente hilfreich sein können (Interview #1). Seine Regelkenntnisse können minimal sein, man erwartet aber von routinierten Spielern, dass sie ihren Charakterbogen „beherrschen" und die grundlegendsten Würfelregeln anwenden können.[33] Im Spielen ihres Charakters haben Spieler eine auf den ersten Blick nicht minder grosse Allmacht wie der Spielleiter in Bezug auf die Geschehnisse der Spielwelt: sie sind frei darin, wie sie ihn steuern, und können an der gemeinsamen Erzählung der Story in Form von Handlungen ihres Charakters teilnehmen.

Doch neben den Erzählungen über die Freiheit als Spieler wird auch von Grenzen berichtet. Gerade wieder einmal im Kampfsystem wird klar, dass die Freiheit des Spielers deutliche Planken aufweist: *„Bei einem Kampf ist es einfach so, ich kann nicht sagen, ich ziehe das Schwert und töte ihn, sondern es heisst einfach, zuerst kommt einmal der Initia-*

---

[33] Grosses Regelwissen auf Seiten des Spielers kann gegebenenfalls problematisch werden, was sich vor allem im sog. *Powergamer*-Phänomen bemerkbar macht: *„[E]iner, der die Regeln verdammt gut kennt, und das auch ausnutzt. Zum Beispiel hat er einen Archäologen der [...] um einiges besser im Schiessen ist als der Infanterist, und besser taucht als der Kampftaucher, welcher auch eine Militärausbildung hat, und in Technik auch noch besser drauskommt als der Techniker."* (Interview #1); *„Powergamer isch eine wo e Charakter hett, wo eigentlich viel z stark isch, unrealistisch stark."* (Inteview #4). Dies zerstört rasch den Spielspass für die anderen Spieler: *„[...] wenn es dann halt einen hat, der einfach alles besser kann und alles schneller macht und Regeltricks kennt, Hintertürchen, und Regellücken hat denen man irgendetwas machen kann, das eigentlich nicht zugelassen ist, oder so nicht gedacht gewesen ist, dann äh geht das halt einfach ziemlich schnell äh den Leuten auf den Sack, oder."* (Interview #1). Wie ein Interviewpartner zu bedenken gibt, könnte das auch mit dem Alter zusammenhängen, sodass Teenager eher zu Powergaming neigen, und erst als Erwachsener gesehen wird, dass es gerade spannend sein kann, einen Charakter zu führen, dem nicht immer alles gelingt und der kein Superheld ist (Interview #5).

tivewurf, wer ist zuerst dran. Dann wer hat welche Waffe, welche Reichweite hast du, wie gut bist du mit dieser Waffe, kannst du mit dieser Waffe überhaupt parieren, was er hat. Wenn jetzt gerade irgendwie so ein 2 Meter 50 Fleischberg mit einer 20 Kilo Streitaxt auf dich zu rennt, und du das mit einem Dolch zu parieren versuchst, sind die Erfolgschancen minimal [lacht]." (Interview #1). Eine andere Beschränkung der möglichen Handlungen des Charakters ergibt sich aus der Vertrautheit des Spielers mit dem Charakter, dem Unwillen, dass ihm geschadet oder er „getötet" wird: *„Also man kann mal ausprobieren, man kann mal umsetze, hm, und trotzdem ist es nicht einfach, man probiert nicht einfach alles aus, weil der Charakter könnte ja richtig sterben, und wenn er tot ist, muss man einen neuen machen, und irgendwie hängt (man?) auch an seinem Charakter, also, man schaut schon irgendwie, dass man nicht völligen Mist baut, [...], emotional ist man schon irgendwie dabei, es ist nicht einfach so, ja ich probiere mal aus, was könnte ich jetzt machen."* (Interview #2).

Der Charakter

> *„[...] Talak [Name Charakter, Anm. MM] hat Orks gekannt, aber hat Uruk-hais nicht gekannt, der hat die Unterscheidung [...] nicht so genau gemacht, und ist hochmütig geworden, weil das ja vorher [...] gut geklappt hat mit diesen Orks, oder, und jetzt auf einmal hat es nicht so gut geklappt."* (Interview #3)

Es kann kaum bestritten werden, dass der Charakter einer der basalsten Bausteine des Rollenspiels ist. Je nach individuellen Spieler und Rollenspielsystem werden Charaktere unterschiedlich weit über ihre Zahlenwerte (siehe *Charakterbogen*) hinaus ausgebaut, z.B. mit Familienhintergrund, einer Biografie, einem Portrait und vielleicht sogar mit Hobbys, die in den „typischen Rollenspielsituationen" kaum von Wert sind, aber dem Charakter ein gewisses „Leben einhauchen". Ein Charakter wird nach festgelegten Regeln erschaffen (so muss das Volk ausgewählt, ein Beruf oder Archetyp bestimmt, die Eigenschaften ausgewürfelt oder festgelegt, die Fertigkeiten und alle anderen wichtigen Werte ausgerechnet sowie die Grundausrüstung zusammengestellt werden usw.). Wird ein Charakter im Spiel getötet oder wird er vom Spieler freiwillig „pensioniert", muss ein neuer Charakter erschaffen werden, was je nach Spielsystem unterschiedlich komplex und zeitaufwändig ist (Interview #1) – eine bis zwei Stunden ist keine Seltenheit bei komplexeren Spielsystemen.

Im Verhältnis zwischen Charakter und Spieler ist ein wesentlicher Aspekt des Rollenspiels, dass der Spieler über die Story eines Spiels mehr wissen kann als sein Charakter, welcher Protagonist dieser Story ist. Dieses Wissen darf im Spiel nicht verwendet werden. Ähnlich verhält es sich mit dem Wissen über die Spielregeln (z.B. was „erlaubt" und „möglich" ist in der Spielwelt, aber auch „Technisches", oder wie eine bestimmte Würfelregel funktioniert). Der Spieler mag wissen, dass die durch bedingtes Würfelglück ausgedrückte Wahrscheinlichkeit, eine bestimmte Handlung des Charakters durchzuführen, aufgrund bestimmter regeltechnischer Nuancen sehr gering ist; der Charakter dagegen kann überzeugt davon sein, dass diese Handlung sehr wahrscheinlich gelingen wird. Auch hier gilt die von den Rollenspielern normalerweise anerkannte Regel des „rollengerechten Spielens" (in allen Interviews bestätigt), dass dieses Wissen nicht mit dem Wissen des Charakters konfundiert werden darf (Verstösse gegen diese Regeln, auch aus blosser Gedankenlosigkeit heraus, kommen natürlich vor, werden dann aber teilweise vom Spielleiter sanktioniert bzw. entsprechend ausgeführte Handlungen des Charakters als nichtig erklärt).

In solchen Fällen macht sich nicht selten der Unterschied, manchmal sogar „Zerrissenheit" zwischen Charakter und Spieler bemerkbar, welcher unter der Norm des „rollengerechten Spielens" steht: „*[...] Also ich denke (mir?), es kann gut sein, wenn man einmal in die Situation hereinkommt, die einen persönlich sehr interessiert, bei der man denkt, doch, das würde ich jetzt gern, obwohl eigentlich, vielleicht ist der Charakter überhaupt nicht neugierig, aber, doch, das, das spricht mich jetzt an, als, als Spieler, als Person, dann denke ich, ist es schnell mal passiert, dass man aus dem, aus dem Charakter herausfällt und dann einfach einmal selber agiert. Was dann natürlich nicht [...] konform ist [...].*" (Interview #3). Dies kann so weit gehen, dass der Spieler den Charakter etwas „Dummes" machen lassen muss, obwohl er (der Spieler) das eigentlich nicht will: „*[...] wenn [...] dein Charakter aufgrund von seinen Verhaltenswerten [...] und von seinem Wissen, das er eben nicht hat, das du als Spieler vielleicht hast, jetzt in eine Situation hereinlaufen möchtest und weisst, er geht vielleicht dabei drauf, und du möchtest das nicht, aber aufgrund von seiner Anlage als Charakter musst du es eigentlich machen, musst du ihn dort rein laufen lassen.*" (Interview #2). Das Spielen eines Charakters, der sich ganz anders benimmt und eventuell auch andere (z.B. tiefere) geistige Fähigkeiten aufweist, kann sich als grosse schauspielerische Herausforderung an den Spieler herausstellen (Interview #1, Interview #5).

Charakterweiterentwicklung

Viele Rollenspielsysteme verfügen über ein mehr oder weniger ausgeklügeltes Belohnungs- bzw. Bestrafungssystem für die Leistungen oder Fehlleistungen des Charakters oder je nachdem der Rollenspielleistung des Spielers. Solche meistens *Erfahrungspunkte* (oder Abenteuerpunkte) genannten Punkte dienen in erster Linie der Weiterentwicklung des Charakters, d.h. primär der Verbesserung seiner Zahlenwerte auf dem Charakterbogen. Die Verteilung solcher Punkte obliegt letzten Endes dem Spielleiter (Interview #4), auch wenn manche Rollenspielsysteme gewisse Vorgaben machen, wie viele Punkte wann gegeben werden sollen oder sogar müssen. Ein Interviewpartner sieht die Motivation im Spielen des Charakters u.a. auch darin, ihn weiterentwickeln zu können[34]: „*Man spielt den Charakter weil man eigentlich weiterentwickeln möchte, und er ist auch auf das ausgelegt, es gibt sehr viel Weiterentwicklungsmöglichkeiten, [...].*" (Interview #1). Dies gilt nach dem Interviewpartner v.a. für Rollenspiele wie *DSA*, bei denen man auch an am „Charakter hängt", sich „langsam einspielt" und den Charakter „dementsprechend aufbaut".

Ältere Rollenspielsysteme, die sozusagen der *D&D*-Tradition folgen (z.B. *Mers*, *DSA*, *Midgard* u.a.), verwenden ein Stufen-("Level")-System: Nach dem Erreichen eines gewissen Punktestands kann der Charakter seine Fertigkeiten oder auch Eigenschaften etc.

---

[34] Er macht aber die klare Ausnahme bezüglich eines von ihm im Interview vorgestellten Rollenspielsystems (*Paranoia*), bei dem dies nicht gilt, da dort das Spielprinzip anders ausgelegt ist (es ist nicht vorgesehen, dass *Paranoia*-Charaktere allzu lange überleben).

nach einem festgelegten Verteilrahmen verbessern. Dabei beginnt der Spielercharakter sein „Leben" meistens als recht schwacher Charakter (geringe Werte) und wird mit der Zeit durch das Ansammeln von Erfahrungspunkten und entsprechendem Stufenanstieg besser. Modernere Rollenspielsysteme (z.B. *Generic Universal RolePlaying System [GURPS]*, *MechKrieger*, *ShadowRun*, *Réanaith* u.a.) dagegen verwenden oft komplexere Steigerungssysteme, die meist auf Stufen und z.t. sogar die Notwendigkeit von Erfahrungspunkten komplett verzichten und auf das Verbessern *einzelner* Fertigkeiten und Eigenschaften fokussieren; Charaktere starten dann teilweise mit wenigstens einigen relativ hohen Werten (z.b. Fertigkeiten, für die sie durch ihren Beruf ausgebildet worden sind). Dies wird oft mit realitätsnahen Einschränkungen verbunden, dass in einer Spielsitzung nicht verwendete Fertigkeiten auch nicht verbessert werden können („keine Übung"), oder dass im Spiel Zeit und Möglichkeit für Training oder Ausbildung eingeplant werden muss (man kann nicht Schwimmen trainieren, wenn es im Spiel nirgends Gewässer oder Schwimmbecken gibt). Das heisst, der Charakter wird nicht einfach plötzlich in vielen verschiedenen Aspekten massiv besser (wie beim Stufenanstieg), sondern baut – wie eher im „realen Leben" – langsam und nachvollziehbar seine Fähigkeiten gezielt auf.

Spielgründe

Wenn abschliessend versucht wird, festzuhalten, *warum* Rollenspieler dieses Spiel spielen, steht natürlich zuerst einmal *Spass* im Vordergrund (alle Interviews in der einen oder anderen Weise). Doch die Hintergründe für den Spielspass sind unterschiedlich; so wird einmal mehr die soziale Komponente erwähnt („*[A]lso ich sage jetzt primär hockt man eigentlich zusammen, um Spass zu haben [...]*" Interview #1), aber auch die Spielwelt mit ihrer Komplexität, in der man sich bewegen kann (Interview #2; schwächer auch Interview #1). Spass generiere auch das Abschliessen von Abenteuern, also letztlich Erlebnisse *in* der Spielwelt: „*[...] [W]enn man einmal irgendwie ein Abenteuer äh geschafft hat, bei dem man denkt, so, das ist jetzt äh halbes Jahr gegangen in Echtzeit, und [...] jetzt haben wir es abgeschlossen. Das ist natürlich auch ein Hochgefühl in dem Spiel.*" (Interview #3).

Neben dem Spass beim Rollenspielen wird schliesslich als möglicher Spielgrund ein psychologischer Aspekt erwähnt: „*Und ich habe es wahrgenommen als, als wirklich ähm Spiel das auch irgendwie für die Persönlichkeit bereichernd ist.*" (Interview #2).

Nachdem phänomenologisch versucht worden ist, dem Leser das Pen-and-Paper-Rollenspiel näher zu bringen, werden im folgenden Kapitel die Ergebnisse der empirisch und konzeptuell verfahrenden Analysen, die über die „blosse Phänomenologie" hinaus reichen sollen, vorgestellt.

4
ERGEBNISSE

In diesem Kapitel werden die wesentlichsten Ergebnisse der *empirischen* und der *konzeptuellen Studie* zusammengefasst. Bei der *empirischen Studie* werden die Ergebnisse in jene der *Fragebogen*, der *Interviews mit IPK-Codierung* und der *Interviews mit DITK-Codierung* unterteilt.

4.1 ERGEBNISSE EMPIRISCHE STUDIE: FRAGEBOGEN

Die Ergebnisse der deskriptiven Statistik des Fragebogen-Samples mitsamt dem genauen Wortlaut der Fragen sind in tabellarischer Form im *Anhang* zu finden.[35]

Soziodemografischer und sozialer Kontext

Die befragten Rollenspielenden waren zum Zeitpunkt der Befragung zwischen 22 und 29 Jahren alt (Range* = 7). Es lässt sich sagen, dass das Sample vornehmlich aus Personen „oberer Mitte 20" besteht (geometrisches Mittel* = 25.861; Median* = 27 {Obermedian 28, Untermedian 26}). Dabei war der Anteil an Männern (n=5) deutlich grösser als der von Frauen (n=1). Die Berufe der Rollenspielenden sind relativ divers (Fahrlehrer/in, Lehrer/in, PR-Fachmann/-frau, Schaltanlagenmonteur/in, je n=1). Ein Teil der Befragten befand sich (einmal zusätzlich) im Hochschulstudium (n=3); dies waren zugleich die jüngsten Rollenspielenden, die an der Studie teilgenommen hatten.

Alle Befragten sind im Grunde ausschliesslich durch Freunde, Kollegen oder Bekannte zum Rollenspiel gekommen (n=6); nur einmal wurde „Interesse an einer bestimmten fiktiven Welt" zusätzlich erwähnt (Mehrfachantworten waren bei diesem Item erlaubt). Keine Nennungen wiesen der Zugang zum Rollenspiel über Computer-Rollenspiele, Medien (z.B. Werbung) oder Spielwarengeschäfte und Ähnliches auf. Computer-Rollenspiele spielten nur wenige des Samples (n=2).

Gespielt wird das Rollenspiel vor allem bei jemandem der Spielergruppe Zuhause (n=4). Teilweise wird aber auch in einem Vereinskeller oder Ähnlichem gespielt (n=2). Mehrere der Befragten spielen (oder spielten) in mehr als einer Rollenspielergruppe (n=4).

Die Angaben über die Anzahl Spieler, die i.d.R. an den Spielsitzungen beteiligt sind, erwiesen sich als sehr divers: 2; 2-4; 3-5; 4+1 Spielleiter; 6; 6-7. Es kann mit Vorsicht behauptet werden, dass „im Schnitt" 4 Spieler an einer Sitzung teilnehmen (Median = 4; jedoch Range = 5).[36] – Jedoch hat sich bei dieser Frage (Frage Nr. 6) im Nachhinein herausgestellt, dass sie leicht ambivalent formuliert gewesen ist: Es ist nicht mehr rekonstruierbar, ob die Befragten unter „Spieler" allgemein „Rollenspieler" (= an einem Spiel beteiligte Personen) oder „Spieler" in Abtrennung von „Spielleiter" (= Funktion der an ei-

---

[35] Aufgrund der geringen Fallzahl (n=6) werden stets die absoluten Häufigkeiten angegeben und auf Grafiken verzichtet, da relative Häufigkeiten und Grafiken eine Tendenz der systematischen Verzerrung auf der Darstellungsebene beinhalten (eine Angabe wie „83% der Befragten sind als Spielleiter tätig" oder ein entsprechendes Balkendiagramm suggerieren gehaltvollere Aussagen über die statistische Verteilung als bei einer derart geringen Fallzahl vorliegen kann).

[36] Zur Berechnung wurden die Angaben in die Zahlenreihe {2,2,3,3,4,4,4,5,6,6,7} transformiert, d.h. eine Angabe wie „3-5" wurde als „3,4,5" interpretiert. Der Hinweis „+1 Spielleiter" wurde ignoriert.

nem Spiel beteiligten Personen) verstanden haben. Bei einer Nennung von „2" scheint die letztere Interpretation die wahrscheinlichere zu sein (Rollenspiel wird eher selten mit nur einem Spieler und einem Spielleiter gespielt). Der Autor weiss zumindest von jenen Befragten, die in der Tradition des selbstentwickelten Rollenspielsystems (*Réanaith*) „gross geworden" sind, dass sie möglicherweise den Spielleiter in dieser Frage nicht mit zählen (das *Réanaith*-System etablierte die Konvention, den Spielleiter explizit *nicht* zu zählen, wenn es um die Anzahl *Spieler* geht, die an einer Spielrunde teilnehmen). Einer der Befragten gab, sich dem Problem offenbar bewusst, als Antwort „4+1 Spielleiter" an.

Beginn des Rollenspielens (Spieler/Spielleiter)

Die befragten Rollenspielenden weisen eine hohe Range auf, was den Beginn des Rollenspielens betrifft: Sie begannen mit dem Rollenspiel vor zwischen 14 und 6 Jahren, das Sample weist „im Schnitt" 10 bis 11 Jahre Spielerfahrung auf (geometrisches Mittel = 10.279; Median = 11). Das Alter bei Beginn des Rollenspielens betrug entsprechend zwischen 13 und 17 Jahren, „im Schnitt" also 15 bis 16 Jahre (geometrisches Mittel = 15.269; Median = 16). Beinahe alle der Befragten waren seit dem Beginn ihres Spielens regelmässig auch als Spielleiter tätig (n=5). Der Beginn der Spielleitertätigkeit (wo erwähnt) erfolgte i.d.R. etwas später als der Beginn des Rollenspiel-Spielens (ungefähr 2 Jahre (n=2), aber auch 0 Jahre (n=1)).

Gespielte und bekannte Rollenspielsysteme

Es wurden im Sample 10 bis zum Zeitpunkt der Befragung aktiv gespielte Rollenspielsysteme erwähnt (Frage 7), worin bei 5 auch Spielleiter-Funktionen übernommen wurden (Frage 7.1.). Die Zahl der darüber hinaus bekannten Systeme (Frage 8) betrug 12. Die reale Anzahl Rollenspielsysteme, die insgesamt erwähnt wurden, beträgt jedoch 17: *Advanced Dungeons & Dragons (AD&D), Cthulhu, Daidalos, Das Schwarze Auge (DSA), Dungeons & Dragons (D&D), Earthdawn, Generic Universal RolePlaying System (GURPS), Mers (Mittelerde-Rollenspiel), Midgard, Paranoia, Plüsch & Plunder, Réanaith, ShadowRun, Star Trek, Star Wars, Zunft, 7th Sea.*

Dabei wurde *Das Schwarze Auge* am meisten erwähnt (3mal in Frage 7, 3mal in Frage 7.1. und 3mal in Frage 8), gefolgt von *AD&D* und *D&D* (zusammengenommen, 3mal in Frage 7 und 3mal in Frage 8). Auch stach – aus naheliegenden Gründen aufgrund des Sampling-Verfahrens – das von den Autoren entwickelte *Réanaith* heraus (3mal in Frage 7, 1mal in Frage 7.1.). *Mers* hob sich ebenfalls von der Masse noch ein wenig ab (2mal in Frage 7, 1mal in Frage 7.1., 2mal in Frage 8). Die anderen Systeme wiesen jeweils nur einmalige Nennungen auf.

Das Schwarze Auge dominiert auch bei der Selbstidentifikation der Rollenspieler deutlich („Als Vertreter welches Systems würdest du dich am ehesten beschreiben wollen?"), zusammen mit *Réanaith* (je 3mal). *Mers* und *Zunft* wurden je 1mal erwähnt. Dementsprechend haben v.a. *DSA*- und *Réanaith*-Spieler an der Studie teilgenommen.

4.2 Ergebnisse empirische Studie: Interviews (IPK)

Da eine eigentliche Auswertung der Interviews anhand einer Analyse mit dem *induktiv-positiven Kategoriensystem* (IPK) nicht verfolgt wurde, werden hier nur ausgewählte Ergebnisse vorgestellt, die im Kapitel 3 thematisch nicht berücksichtigt werden konnten, aber für die später erfolgende theoretische Durchdringung des Rollenspiels von Bedeutung sein dürften.

"Rekrutierung"

Die Interviewpartner bestätigen in ihrer Schilderung den bereits in den Fragebogen-Ergebnissen deutlich gewordenen Umstand, dass sie vorwiegend über Bekannte, Kollegen und Freunde zum Rollenspiel gekommen sind. Dabei wird offenbar statt grossem Erzählen, was das Rollenspiel ist, relativ bald zur Teilnahme am Spiel eingeladen: *"Äh, ich bin einfach gefragt worden, ob ich mal an ein Rollenspiel kommen will. Dann habe ich auch gefragt: Ja, um was geht es dabei, was ist das? Dann hat es geheissen, ja am besten kommst du einfach einmal, dann siehst du's, oder."* (Interview #1); *"[...] [D]ie Leute die mich zum Spiel gebracht haben, mit denen spiele ich nicht mehr [...]. Ich habe die Leute über die Jungschar kennen gelernt [...]. Und äh, ja dann ist lang nicht in die Richtung gelaufen, man hat sonst abgemacht, sonstiges Zeug gemacht, und irgendwann haben sie sich dann überwunden, und einem das erklärt, und dann hat man angefangen."* (Interview #4).

Nicht überraschend spielen neben Freizeitvereinen die Schule bzw. die Schulkollegen und der damit aufgebaute soziale Kontakt eine beachtliche Rolle für den Einstieg ins Rollenspiel (Interview #4, Interview #5) – zumindest während der Schulzeit, was aber voraussichtlich auch der wahrscheinlichste Zeitabschnitt im Leben ist, in dem jemand „zu einem Rollenspieler wird" (die Fragebogen-Ergebnisse zeigen, dass dies wenigstens für das Sample der Studie zutrifft).

Die ersten Hinweise auf die Existenz des Spieles und die Reaktion Nicht-Rollenspielender (z.B. durch Gegenfragen) erweisen sich anscheinend als nicht immer einfach. So berichtet ein Interviewpartner: *"[...] und äh, ja am Anfang haben sie's einfach mal irgendwie so am Rand erwähnt, sie haben (da?) so ein Spiel, und das ist mega-cool, und kompliziert. Hm, das ist natürlich super, wenn man's so anpreist [lacht]."* (Interview #4); *"Als ich es das erste Mal gehört habe, [...] (eigentlich?) immer so ein wenig geheimnisvoll [lacht]. Ähm, leicht suspekt, aber sehr faszinierend [lacht]."* (Interview #2). Ein anderer Interviewpartner beschreibt das Verhalten eines Nicht-Rollenspielenden durch die „Menge" an Gegenfragen: *"[...] je nachdem, ob der andere, ob es ihn interessiert, stellt er dann noch mehr Gegenfrage, (wenn es?) ihn nicht interessiert, dann hat er's schon verstanden [lacht]. Ja, dann ist schon fertig."* (Interview #3). Der nicht-interessierte Nicht-Rollenspielende bricht die erste Kontaktaufnahme mit dem Spiel gemäss dem Interviewpartner entsprechend rasch ab.

Dem steht ein wenig gegenüber, dass andere Rollenspielende darauf hinweisen, dass scheinbar zuverlässig erkannt werden kann, wer Rollenspieler oder wenigstens ein „potentieller Kandidat" sein könnte: „[...] ich finde es interessant, wie schnell man Rollenspieler erkennt, wenn man sie irgendwo im Tram sieht oder so, auch wenn man sie nicht gekannt hat vorher. [...] Einfach, wie sie aussehen, oder spätestens wenn man mit einem zu reden anfängt über Fantasy-Bücher oder so, dann merkt man es, [...] ob es ein Rollenspieler ist oder nicht. Oder ein potentieller [lacht], jemand [...] der daran Gefallen finden könnte." (Interview #2).

Erste Erfahrungen

Die Schilderungen der ersten Erfahrungen an ihrer ersten Spielsitzung scheinen eine gewisse Befremdlichkeit zu beschreiben. Nüchtern hält ein Interviewpartner die für „Outsider" zweifellos etwas befremdlich wirkende Szene fest, die sich ihm beim „ersten Mal" dargeboten hat: „Ich bin dann beim Kollegen angekommen, im Dachstock oben sind die Kollegen gesessen, [...] an einem Tisch, äh irgendwie vor einem Stapel Bücher, der eine hat sich hinter einer Mappe verschanzt. Äh, dann sind wild Würfel durch die Gegend geflogen, [...] man hat gesagt, was man macht, obwohl eigentlich alle am Tisch gesessen sind und genau nichts gemacht haben, also nichts Erkennbares." (Interview #1). Dabei stellen Erwartungen an das noch unbekannte Spiel und Vorstellungen darüber, wie es denn „genau sein könnte", offenbar einen wesentlichen Aspekt solcher erster Erfahrungen dar: „Also das erste, das erste Mal als ich [...] am Rollenspiel teilgenommen habe, hat es mir Mühe bereitet, dass es überhaupt keinen Joystick gehabt hat, wirklich. Auch wieder das Klassische, ich habe zuerst gemeint - [...] dass ist beim [Name des Kollegen] zuhause gewesen, und er ist am PC gesessen, und ich habe gedacht, jetzt fangen wir dann an, Rollenspiel zu spielen, oder, und [...] dann ist es nach oben gegangen an den Tisch, und, dann ist für mich irgendwie ein Riesen-Fragezeichen aufgetaucht [...]." (Interview #3).

Andere berichten davon, dass sie vor der ersten Spielsitzung noch in einem anderen Rahmen ihren Spielercharakter erschaffen haben („Und dann nachher habe ich mal angefangen, zuerst einmal diesen Charakter zu erschaffen, mit jemandem, der mich eingeführt hat. Und, ja also beim Spiel eigentlich, sobald ich's mal gespielt habe, bin ich dann auch recht gleich begeistert davon gewesen." Interview #2). Trotz der ungewohnten und vielleicht auch etwas abschreckenden ersten Erfahrungen wurde dann dennoch gespielt: „[Ein] Mal zugeschaut und so, habe es gleich komisch gefunden, aber, habe gedacht, ja, kommt, probieren wir's mal [lacht]. Und so ist es eigentlich bei allen gewesen [...]" (Interview #5).

Soziale und psychische Rahmenbedingungen

Da das Rollenspiel als eine Form des „Gesellschaftsspiels" eine soziale Komponente aufweist, sind Hinweise auf die Wichtigkeit sozialer, aber auch (damit zusammenhängender) psychischer Aspekte des Rollenspiels bzw. des Rollenspielens in den Interviews nicht verwunderlich. Zum einen wird verdeutlicht, dass – wie bei anderen Spielen auch, beim Rollenspiel aber möglicherweise etwas nachhaltiger – die Laune oder Stimmung einen erheblichen Einfluss auf die persönliche Spielleistung haben können (Interview #1), dass der Charakter zwar geführt wird, man aber „nicht wirklich dabei ist" (Interview #2). Aufgrund des Schauspielcharakters des Rollenspiels können aber auch damit zusammenhängende Gefühle relevant werden: *„Am meisten Schwierigkeiten (?) [Pause] Hm [Pause] Ich habe mich geschämt. [...] ich habe mich geschämt, vor den anderen [...] mich so [...] irgendwie gehen zu lassen, ein Stück weit [...]"* (Interview #5).

Ähnlich schildert auch Interviewpartnerin #2 von solchen „Selbstoffenbarungselementen", die bei der Teilnahme an einem Rollenspiel bzw. in einer spezifischen Rollenspielergruppe auftreten können: *„Also, es ist ja auch [...], ein Stück weit denke ich muss es auch in der Gruppe [...] stimmen, dass man das miteinander spielen kann, weil es ist auch irgendwo eine Vertrauensfrage, also das ist jetzt ein wenig übertrieben, aber irgendwo gibt man auch etwas von sich preis durch das, [...] was für einen Charakter man wählt, (oder?) wie man diesen spielt."* (Interview #2). Allgemein wird in den Interviews die Wichtigkeit einer „guten Gruppe" betont, in der man miteinander auskommt und nicht auf Spielerebene Konflikte austrägt (besonders Interview #3 und Interview #4). Letzteres sei auch deshalb unerfreulich, weil Spielerkonflikte gerne auf Charakterebene projiziert werden würden und deshalb das Spielen auch auf dieser Ebene gestört wird (Interview #4). Ferner wird betont, dass ein wichtiges Element des Pen-and-Paper-Rollenspiels es gerade sei, mit anderen Leuten zu spielen, die *physisch anwesend* sind – und nicht anonym zuhause am Computer zu spielen (Interview #4).

Dass Rollenspiel-Spielen nicht nur aus dem Rollenspiel selber besteht, sondern auch ein Treffen von Kollegen und Freunden darstellt – mit allen dazu gehörenden Gesprächen und Interaktionen, die nichts mit dem Rollenspiel an sich zu tun haben –, und die sich (dadurch) regelmässig sehen, zeigt schliesslich Interviewpartner #5 auf: *„[...] wir sehen uns jeden Sonntag, oder fast jeden Sonntag, und [...] dann [...] kennt man einander halt, und fragt, hei, wie ist das gelaufen, hei wie geht's da und da, halt Alltagsprobleme, dann essen wir etwas zusammen, meistens, je nachdem ob wir einen Brunch machen oder nicht."* (Interview #5).

Macht und Ohnmacht des Spielleiters

Manche Interviewpartner verdeutlichen eindrücklich die (All-)Macht des Spielleiters, was Ereignisse im Spiel betrifft, wie z.B. *„[...] [D]er kann, wenn er will, kann er ein Klavier auf dich fallen lassen, aus dem Nichts."* (Interview # 5). Solche Charakterisierungen sind unter Rollenspieler verbreitet.[37] Der Spielleiter wird als „Quasi-Diktator" bezeichnet, der Entscheiden und die Regeln dehnen darf, und am Ende eines Abenteuers bzw. einer Spielsitzung die Erfahrungspunkte (siehe Kap. 3.3) verteilt (Interview #4). Der eingangs zitierte Interviewpartner geht in seiner Charakterisierung des Spielleiters gar über den Diktator hinaus, als er auf die Frage, was der Spielleiter ist, antwortet: *„Gott. [...] [lacht] Gott. [...] Also, ja, schlussendlich, gut, es ist äh, [...] er ist omnipotent, er ist, er kann alles, er ist, ja,*

---

[37] Offenbar kennen viele Rollenspielsysteme ein Äquivalent zu dem erwähnten Klavier (lebensweltliche Erfahrung der Autoren), sei das ein Asteroid, eine fliegende Kuh oder ein Safe – es sind Objekte, die normalerweise ihren stets grösser werdenden Schatten auf einen spezifischen Spielercharakter werfen, oder deren Anflug bereits zu hören ist, und einen Spieler i.d.R. in nicht ernstgemeinter Weise daran erinnern soll, dass der Spielleiter seinen Charakter „theoretisch" ohne Weiteres zermalmen könnte.

er, er ist der, der das Ganze vorgibt." (Interview #5). Dies wird nochmals unmissverständlich verdeutlicht: *"Wen er sagt, es fängt brutal an zu regnen, dann fängt es brutal an zu regnen. Wenn er sagt äh, ihr seid in einer Wüste, ihr begegnet einem Braunbär [...] dann gibt's denn da auch. Keine Diskussionen."* (Interview #5). Ähnlich beschreibt auch Interviewpartner #4 die Situation, wenn es darum geht, ob sich ein Spielleiter an die Spielregeln halten muss oder nicht: *"[...] [S]ondern letztendlich ist es der Meister der es handhabt, und [...] wenn er das Regelbuch nimmt, und es nach dem Regelbuch macht, ist o.k., und wenn er in dieser Situation halt anders, oder nach seinem (Goodwill?) entscheidet, dann ist das der Meister, und der hat an dem Abend das Sagen, und äh ja, setzt sich dann halt durch."* (Interview #4).

Ungeachtet der obigen Beschreibungen werden auch Grenzen der Macht des Spielleiters erwähnt. Schon bei der Story, die der Spielleiter entwickelt, können die Spieler entscheiden, ganz andere Wege zu gehen, weshalb der Spielleiter auch darauf achten muss, eine Story zu entwickeln, bei der die Spieler mitmachen wollen *("[...] man muss es ja nicht, oder, [...] als Spieler muss man ja nicht folgen."* Interview #3). Probleme von Willkürentscheidungen des Spielleiters werden, Quasi-Diktatur zum Trotz, je nachdem offen artikuliert: *"Weil wenn's der Meister selber entscheidet, dann hat man halt das Problem, dass es jedes Mal ein wenig anders ist, und dann ist die Frage, können damit die [...] Leute leben oder nicht."* (Interview #4). Solche Artikulationen führen häufig zu Diskussionen mit dem Spielleiter, meistens über Regelauslegung, manchmal aber auch über Inkonsistenzen der Erzählung oder über in den Augen der Spieler „unrealistischem Verhalten" entscheidender Spielleitercharaktere. Während zuweilen solche Diskussionen zu einem guten Ende kommen, weil sie bereichernd sind (z.B. tatsächliche Fehler oder Unachtsamkeiten auf Seiten des Spielleiters korrigieren), können andere in mühselige und langandauernde Streitigkeiten ausarten, welche die Narration aufheben und Zeit verschlingen (Interview #1). Im Extremfall kann die Macht des Spielleiters durch Spielverweigerung vollständig aufgehoben werden, wie ein Interviewpartner über ein aufgrund schlechter Spielleitung besonders miserabel gelaufenes Spiel berichtet: *"Also das Spiel ist abgebrochen worden, ja. Weil einfach, also, es sind einfach alle aufgestanden und davon gelaufen mit irgendeiner billigen Ausrede, äh, und das kommt dann eigentlich ziemlich schnell herüber."* (Interview #1).

Gegeben die relativ weitreichenden Anforderungen, die an einen Spielleiter gestellt werden, ist es natürlich nicht verwunderlich, wenn die Liste der „Sünden" eines Spielleiters – das, was *schlechtes Leiten* auszeichnet – verhältnismässig umfangreich ausfallen kann. Zu den geringeren Vergehen gehört das einseitige Berücksichtigen von Spielercharakteren, wenn es nicht ausreichend durch die Story gedeckt wird, sodass faktisch nur ein Spieler richtig zum Spielen kommt (Interview #4). In den Interviews wurde aber auch von „durchgedrehten Spielleiter" berichtet, die „einfach nach Gutdünken sehr gute Gegenstände verteilen, und viel Geld", sodass man gar nicht mehr realistisch spielen kann und der Spass schnell vorbei geht (Interview #3). Ein anderer bekannter Fehler ist die Tendenz, bei mangelnder Flexibilität und Kreativität auf *ad hoc**-Erklärungen auszuweichen, die Spielern sehr rasch die Handlungsfreiheit verunmöglichen und ihr Verständnis strapazieren – wie das ein Interviewpartner ausführlich schildert: *"Ja, ich habe mal bei einem Spielleiter gespielt, wo es mir einfach nach zwanzig Minuten spätestens abgelöscht hat, weil* *der hat jetzt wirklich sein Abenteuerbüchlein durchgezogen, und hat das von A bis B durchgespielt. Und, nach dem Motto, irgendwie, die Türe ist abgeschlossen. Ihr kommt dort nicht rein. Grund: Im Buch war nirgends beschrieben, was hinter dieser Türe ist. Und dann findet irgendeiner, o.k., ähm, ich bin 2 Meter 50 gross, ich bin ein Barbar, ich habe eine Streitaxt, das ist eine Holztür, wo ist das Problem? Ja, sie ist magisch verstärkt. [...] O.k., wir sind in irgendeiner Penner-Absteige, im Ghetto draussen, und der kann sich eine magische Verstärkung von einer Türe leisten. Ja, dort hat früher ein Zauberer gewohnt. Und dann kommen tonnenweise so komische Erklärungen, die eigentlich den Spielfluss nur hemmen, anstelle dass man den Barbar einfach die Türe einreissen lässt, und hintendran eine Rumpelkammer ist."* (Interview #1). Ähnliches berichtet auch Interviewpartner #3: *„[W]enn jetzt der Spielleiter findet, die Gruppe müsse jetzt [...] Spuren suchen, [...] das steht bei ihm auf dem Blatt, oder [...]. Dann kann er natürlich in dem Dorf sagen, alle Türen sind verschlossen, es macht niemand auf, [...] es redet niemand mit uns, es [...] wird nicht interagiert, man hat keine andere Möglichkeit, um etwas so zu machen, dann wartet er einfach die ganze Zeit, und legt Steine in den Weg, bis man halt darauf kommt, du hör mal, ich fange an mit Spuren suchen. Ja super, das geht."*

Gewissermassen als die „Todsünde" gilt die Ausnutzung der verliehenen Macht des Spielleiters, die absichtlich *gegen* die Spieler gewendet wird; ein Interviewpartner bezeichnet solche Spielleiter als „machtgeil": *„[E]r darf nicht [...] machtgeil sein im Sinne von, ha, so, jetzt schicke ich euch 30 Orks auf den Hals, schaut selber, was ihr macht, so, von wegen, he-he, schaut euch meine Macht an. [...] [E]ben, so, wirklich Machtgeile, die sagen, hey, ja ihr seid in einem Tunnel, hinter euch ist der Tatzelwurm, vor euch stehen 20 Orks. Super, gut, vielleicht steht es so im Abenteuer, aber ich bezweifle das mal. Und eben so, dass man so [...] wie unter der Knute ist, dass der Meister wirklich merkt, er hat die Macht, und die Macht voll ausspielt, das [...] gibt's leider bei uns in der Gruppe, aber [...] ja, man muss halt irgendwie damit auskommen schlussendlich, dass ist (so?) ziemlich das Schlimmste, [...] schlimmste Erfahrung die wir gemacht haben [...]."* (Interview #5)

4.3 ERGEBNISSE KONZEPTUELLE STUDIE

Die Ergebnisse aus der Forschungsliteratur zu den wissenstypologisch relevanten Kategorien des Rollenspiels werden hier inhaltlich schwach strukturiert zusammengestellt. Diese Zusammenstellung dient als Grundlage für das deduktiv-theoretische Kategoriensystem (DTK) und die Interpretation. (Für das Kategoriensystem verwendete Konzepte sind kursiv gesetzt).

Was ist das Rollenspiel? – Narration und Diegese

Ein Grossteil der Autoren charakterisiert das Rollenspiel als *gemeinsam verfasste Narration* oder als gemeinsame Konstruktion einer fiktionalen Welt, auch *Diegese* genannt.

DENNIS WASKUL etwa versteht das Rollenspiel als eine Tätigkeit, die zwischen Person, Spieler und Charakter stattfindet [WASKUL 2006, S. 22]. Diese Tätigkeit ist eine fortlaufende, *ko-verfasste Narration*, die sich aus den Möglichkeiten für imaginative Handlungen,

Konsequenzen und Reaktionen ergibt, welche durch die Wahrscheinlichkeiten der Würfel, die Begrenzungen der Regeln und den Realitätssinn vermittelt sind. Ähnlich beschreiben ANDERS TYCHSEN et al. [2006b] das Rollenspiel als „collaborative, interactive storytelling" [TYCHSEN et al. 2006b, S. 75]. Diese Narration konzeptualisiert TYCHSEN et al. als spielbasiertes Informationssystem, worunter „[a]n arrangement of people, data, processes and possibly technology, that interact to collect, process, store and provide as output the information necessary to support a game process" [TYCHSEN et al. 2006b, S. 76] verstanden wird. Auch JESSICA HAMMER betont mehr die Möglichkeit zur Narration, indem sie Rollenspiele im Anschluss an MACKAY [2001] als „episodic and participatory story-creation system" [HAMMER 2007; S. 69] charakterisiert. Sie identifiziert dabei drei wesentliche Merkmale des Rollenspiels: Narration, Improvisation und Kollaboration. In einem Rollenspiel beschreiben die Spieler Ereignisse oder führen Dialoge, die in einer imaginären Welt stattfinden. Diese Narration geschieht dabei spontan und kollaborativ. Bei PADOL [1996], STENROS [2004] und LOPONEN/MONTOLA [2004] verschiebt sich der Fokus auf die „imaginäre Welt", die bei HAMMER als ein durch die Narration geschaffener Raum auftritt. Sie identifizieren das Rollenspiel als Konstruktion und Interaktion von fiktiven Welten, für welche sie den erzähltheoretischen Begriff der *Diegese* einführen. Mit dem Begriff der Diegese knüpfen sie an die Überlegungen des Filmwissenschaftlers ETIENNE SOURIAU an, der unter „Diegese" „alles, was sich laut der [...] präsentierten Fiktion ereignet und was sie implizierte, wenn man sie als wahr ansähe" [SOURIAU 1997, S.156] versteht. LOPONEN/MONTOLA [2004] gehen davon aus, dass im Unterschied zu Medien wie Filmen oder Büchern im Rollenspiel nicht nur eine, von einem Autor im Voraus konstruierte Diegese präsentiert wird, sondern verschiedene subjektiv konstruierte Diegesen der einzelnen Teilnehmer interagieren. ANDREAS LIEBEROTH [2006] betont dabei die wesentliche Privatheit dieser imaginären Szenarien. Diese sind nur demjenigen unmittelbar zugänglich, der sie vorstellt – insofern gibt es keinen geteilten imaginären Raum. Die Verständigung über diese imaginären Szenarien muss entsprechend über „öffentliche Repräsentationen" – Äusserungen, Handlungen usw. – geschehen. Der Prozess des Rollenspielens kann also verstanden werden als „the *consolidation of separate imaginative entities* into a whole that is coherent, acceptable and meaningful for everybody" [LIEBEROTH 2006, S. 74]. Im Unterschied (aber nicht im Widerspruch) dazu hebt SEAN HENDRICKS [2006] hervor, dass eine „Inkorporation" des Spielers in die Fantasy-Welt eine *geteilte Vision* voraussetzt, worunter HENDRICKS ein allen Spielern gemeinsames Set von Überzeugungen über die physikalischen Objekte, Wesen, kulturellen Normen oder Umwelteinflüsse der Spielwelt versteht. Den geteilten Kontext des Rollenspiels kategorisiert HENDRICKS in Anschluss an FINE [1983][38] mit Hilfe des *Rahmen*-Begriffs: Die Tätigkeit der kooperativen Konstruktion der Spielwelt kann als eine Form der „Modulation" (engl. „keying") von *primären Rahmen* verstanden werden. Solche Nachbildungen des primären Rahmens der sozialen Wirklichkeit sind im Kontext des Rollenspiels der *Spiel-Rahmen* und der *Fantasy-Rahmen*. Der *Spiel-Rahmen* ist der Rahmen, in wel-

---

[38] FINE bezieht sich seinerseits auf GOFFMANS Begriff der natürlichen und sozialen Rahmen (engl. „framework") – kulturell geprägte Interpretationsschemata, die unsere Erfahrungen organisieren und unser Verständnis derselben bestimmen; cf. GOFFMAN [1974].

chem die Spieler den Spielkonventionen unterworfen sind, der *Fantasy-Rahmen* ist der Rahmen in welchem die Spieler *als* Charaktere handeln. Auch wenn die einzelnen Teilnehmer den Fantasy-Rahmen leicht unterschiedlich inszenieren, wird es doch eine (diskursiv ausgemachte) Schnittmenge geben, die eben als geteilte Vision verstanden werden kann. Auch MARINKA COPIER [2005; 2007] konzeptualisiert den gemeinsam imaginierten Raum mit Hilfe des Rahmen-Begriffs von GOFFMAN [1974] und FINE [1983]. Sie legt jedoch Wert darauf, dass dieser Raum nicht als ein in sich geschlossener Spiel-Raum verstanden wird, wie es im Anschluss an HUIZINGA mit der Metapher des „magischen Kreises" getan worden ist, sondern als einen Raum, dessen imaginären Grenzen (Spiel/Nichtspiel) kontinuierlich von den Spielern ausgehandelt werden. Diese Aushandlung von Primär-Rahmen, Spiel-Rahmen und Fantasy-Rahmen geschieht dabei auf der Grundlage von expliziten Regeln (Spielregeln) und impliziten Regeln (Begrenzungen durch das Setting, Spiel-Techniken, soziale Konventionen): „In a role-playing game-player-characters engage in conflict and (re)construct and negotiate networks of individual and shared cognitive frames by means of formal and informal rules" [COPIER 2007, S. 141].[39] Rollenspiele werden entsprechend als *„systems of social interaction"* [COPIER 2007, S. 39] verstanden.

Ablauf des Rollenspiels

Der Ablauf des Rollenspiels weist eine ganze Reihe an komplexen mentalen und kommunikativen Akten auf, von welchen insbesondere drei Typen wissenschaftlich untersucht wurden: die *Rollenübernahme* des Charakters durch den Rollenspieler („*Inkorporation*"), Aspekte der gemeinsamen *Narration* und die *Spielerfahrung* während des Rollenspiels.

Inkorporation

Nach WASKUL [2006] müssen die Teilnehmer eines Rollenspiels während des Spiels aktiv die symbolischen* Grenzen zwischen den *Rollen der Person, des Spielers* und *des Charakters* festlegen und in jeder Situation die richtige Rolle einnehmen. Nicht-Spiel-Elemente auszuklammern, insbesondere die Rolle der Person, ist dabei eine für das Spiel konstitutive Aufgabe. Der Ausschluss der Rolle der Person ist jedoch relativ einfach zu bewerkstelligen, da dieser erstens in der sozialen Struktur der Rollenspiel-Sitzungen implizit angelegt ist (physische und symbolische Abgrenzung gegenüber dem Umfeld, heterogener sozialer Status der Teilnehmer) und es zweitens inhärenter Teil der Tätigkeit der Übernahme einer sozialen Rolle ist (wie z.B. auch während der Arbeit), andere Rollen zu ignorieren. Auch die Unterscheidung der Rolle des Spielers und des Charakters ist für das Rollenspiel, anders als bei anderen Spielen, grundlegend. Hier ist insbesondere auf die Unterscheidung zwischen dem Spieler-Wissen und dem Charakter-Wissen zu achten, wenn das Spiel nicht zum blossen Würfelspiel verkommen soll.

---

[39] Die spezifischen Formen dieser Konflikte (improvisierte Konflikte, story-basierte Konflikte) und deren soziale Bewältigung (In-Game-Beziehungen, Spielleiter, Rollenspiel-Gemeinschaften) entwickelt COPIER ausschliesslich für Mehrspieler-Online-Rollenspiele (sog. MMORGPs, *Massively multiplayer online role-playing games*). Aufgrund der spezifischen sozialen und technischen Struktur dieser Computerspiele sind diese Überlegungen nur begrenzt auf Pen-and-Paper-Rollenspiele übertragbar und werden im Folgenden nicht explizit vorgestellt [siehe dazu COPIER 2007, Kap. 4].

Auch wenn das Rollenspiel eine solche Unterscheidung der Rollen per definitionem erfordert, stellt sich doch eine strikte Unterscheidung in der Praxis als unmöglich heraus: Die Praxis des Rollenspielens enthält immer wesentlich auch die Vermengung dieser verschiedenen Rollen. Denn der Charakter bleibt in einem gewissen Sinn immer eine Erweiterung der Person, insofern man hinter grundlegende (unbewusste) Verhaltenszüge der Person nicht zurücktreten kann.

Diese porösen Unterscheidungen und das aktive Aushandeln zwischen den Rollen unterscheidet das Rollenspiel für WASKUL letztlich nicht wesentlich von den Erfahrungen des alltäglichen Lebens: „The distinctions and permeable boundaries between person, player, and persona [dt. Charakter; Anm. JS] are related to the more general trinity of reality, imagination, and fantasy. [...] All selves and social reality can be understood as emergent from the interstices of these *interrelated* provinces of meaning. [...] Participants in fantasy role-playing games literally and consciously play with this trinity of social reality." [WASKUL 2006, S. 33/35]

HENDRICKS [2006] untersucht die diskursiven Strategien, mit Hilfe derer eine „Inkorporation" des Spielers in die Fantasy-Welt stattfindet. Die Beteiligung am geteilten Fantasy-Rahmen geschieht durch einen spezifischen Diskurs, den HENDRICKS *„inkorporativer Diskurs"* nennt. HENDRICKS diskutiert drei Typen indirekter Strategien des inkorporativen Diskurses: die Verwendung von Pronomen in der ersten Person, Bezugnahmen auf die Populärkultur und Welt-spezifische Sprachformen. Eine Weise sich in den Fantasy-Rahmen zu inkorporieren ist die Verwendung von Pronomen in der ersten Person wie „ich" oder „mir" durch den Spieler, mit welchen jedoch auf den Charakter Bezug genommen wird. Es kommt dabei zu einer Überblendung des Spieler-Selbst mit dem Charakter-Selbst. Resultat ist „a conglomeration of multiple sets of semantic und cognitive relations, or mental states, representing player and character" [HENDRICKS 2006, S. 46] – nach TEA/LEE *„vermischtes Wesen"* (engl. „blended entity") genannt [cf. TEA/LEE 2004]. Diese Vermischung zeigt sich insbesondere bei Aussagen mit mehreren Personalpronomen, die auf Spieler und Charakter Bezug nehmen (z.B. „That brings me [player] to my [player] second question: would I [character] have caught any part of that conversation?" [HENDRICKS 2006, S. 50]). Bezugnahmen auf die Populärkultur sind insofern inkorporativ, als sie den Zugang zum geteilten Fantasy-Rahmen durch einen allen Spielern bekannten Sachverhalt (z.B. eine bestimmte Situation aus einem Film oder ein übergreifender Topos) vereinfachen. Über eine solche Referenz werden die Interpretationsspielräume der einzelnen Spieler eingegrenzt und ermöglichen ein gemeinsames Verständnis eines bestimmten Aspektes des Fantasy-Rahmens. Spieler können auch für den Fantasy-Rahmen spezifische Sprachformen verwenden, um an der geteilten Vision teilzuhaben. HENDRICKS denkt dabei insbesondere an Ausdrücke in den imaginären Sprachen der Spielwelt, wie sie tatsächlich in den meisten Rollenspielen vorkommen. Durch diese Sprachformen nimmt der Spieler an der spezifischen Kultur der Spielwelt teil.

Narration

Der Spiel-Theoretiker ANDERS TYCHSEN hat zusammen mit verschiedenen Autoren eine ganze Reihe von empirischen und konzeptuellen Studien zu verschiedenen medienübergreifenden Aspekten des Rollenspiels (u.a. Spielleiter, Kommunikation, Spielerfahrung) veröffentlicht [TYCHSEN et al. 2005; 2006a; 2006b; 2006c; 2007a; 2007b; 2008].

In TYCHSEN et al. [2006b] wird das Rollenspiel als Informationssystem interpretiert, in welchem Informationen zwischen Spielleiter und Spieler prozessiert werden. Die Interaktion zwischen Spielleiter und Spieler hat dabei die Form von „Informations-Feedback-Zyklen" (siehe Abb. 11). Der Spielleiter liefert die Informationen über die Spielwelt und den Ablauf der Handlung im Verlauf des Spiels. Diese Darstellung kann durch Rückfragen der Spieler verfeinert werden und wird anschliessend von den Spielern verwendet, um individuelle Modelle der Ereignisse in der Spielwelt zu konstruieren. Auf der Basis dieser Modelle und dem vorhergehenden Wissen über Spielwelt und Charakter treten die Spieler in einen Entscheidungsprozess ein, in welcher die Spieler, oft auch in einer Diskussion (in-charakter und/oder out-charakter) unter den Spielern, festlegen, welche Handlungen ihre Charaktere ausführen. Aufgrund der entsprechenden Beschreibungen der Handlungen aktualisiert der Spielleiter die Storyline und den Zustand der Spielwelt. Die Informationspakete werden dabei teilweise in Speichersystemen (statische wie Regelwerke oder Szenarien, oder dynamische wie Storyline oder Charakterbogen) abgelegt und bei Bedarf abgerufen (z.B. durch das Konsultieren der Regeln, durch das Überprüfen des Charakterinventars usw.). Der Spielleiter hat typischerweise einen vollständigen Zugang zu allen abgelegten Daten, während die Spieler bloss über einen eingeschränkten Zugang verfügen (keinen Zugang zum Szenario und eingeschränkten Zugang zu Informationen über die Spielwelt und der Nichtspielercharaktere).

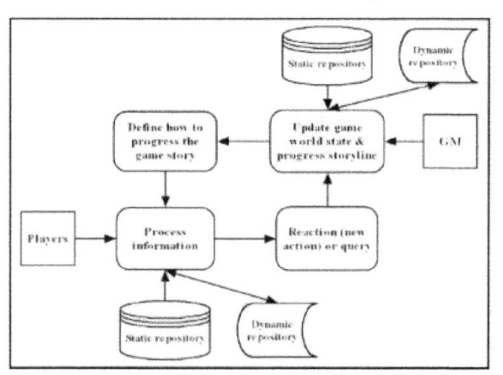

Abb. 11: *Informationsflussdiagramm für Rollenspiele. Aus: TYCHSEN et al. [2006b]*

In solchen Informations-Feedback-Zyklen zwischen Spielleiter und Spielern wird eine *koverfasste Narration* entwickelt. Diese Narration ist selten vollständig improvisiert, sondern wird aus einem Szenario (d.h. einem Entwurf der wesentlichen Knotenpunkte der Erzählung durch den Spielleiter), den Charakteren, den Beschreibungen der fiktionalen Spielwelt und der Spielregeln konstruiert. Man kann die Narration nach ihren Inhalten weiter in verschiedene inkrementelle Elemente aufteilen: *Szenen*, *Ereignisse* und *Interaktionen* [cf. TYCHSEN et al. 2006b, S. 79]. Hinsichtlich des Ablaufs der Narration kann man einen vorgestellten („conceived") Teil und einen wahrgenommenen („perceived") Teil unterscheiden. Der vorgestellte Teil ist der noch nicht kommunizierte Teil der Narration, der auf dem Szenario des Spielleiters und den möglichen Handlungen der Charaktere beruht – er besteht also aus einer unendlichen Anzahl möglicher narrativer Abläufe (es ist durchaus möglich, dass sich die Narration vollkommen anders entwickelt als im Szenario vorgesehen). Während das Spiel fortschreitet wird dieser vorgestellte Teil in den wahrgenommenen Teil „transformiert", in Form individueller und geteilter Vorstellungen der Geschehnisse in der Spielwelt. Der Ablauf der Narration muss dabei nicht streng chronologisch* erfolgen, sondern Interaktionen oder Ereignisse in der Spielwelt können zeitlich parallel oder zeitlich vor bereits wahrgenommenen Interaktionen stattfinden. Es gibt sogar Fälle umgekehrter Kausalität, also dass Ereignisse narrativ frühere Ereignisse beeinflussen. Das geschieht z.B. dann, wenn zwei parallel verlaufende Ereignisstränge in eine Inkonsistenz in der Spielwelt münden und der Spielleiter oder der Spieler einen Ereignisstrang zugunsten der Konsistenz in der Spielwelt retroaktiv verändern müssen.

Nach LOPONEN/MONTOLA [2004] besteht der Kommunikationsprozess im Rollenspiel hauptsächlich in einem *Abgleichen* (engl. *„arbitration"*) der verschiedenen subjektiven Diegesen der Rollenspieler. In Pen-and-Paper-Rollenspielen läuft diese Kommunikation vorwiegend symbolisch ab (Aussagen, Ausrufe usw.). In unterschiedlichem Grad finden auch ikonische Zeichen (Gesichtsausdrücke der Spieler, Portraits der Charaktere usw.) oder – seltener – Indizes (z.B. die direkte Rede in der Rolle des Charakters) Verwendung.[40] Da in diesen Kommunikationsprozess nie alle Elemente der subjektiven Diegesen eingehen können und Kommunikation *per se* immer mit einer Bedeutungsverschiebung einhergeht, wird es nie zu einer im strengen Sinn gemeinsam geteilten Diegese kommen – eine optimale Kommunikation resultiert in äquifinalen Diegesen, also verschiedenen subjektiven Diegesen, die jedoch ähnlich genug sind, um ununterscheidbare Konsequenzen zu implizieren [cf. LOPONEN/MONTOLA 2004, S. 39ff.].

Eine quantitativ-empirische Untersuchung der verbalen Kommunikation in Pen-and-Paper- und Computer-Rollenspielen haben TYCHSEN et al. [2006a] durchgeführt. Sie unterscheiden dabei zwischen Äusserungen *„in-game" (IG)* / *„out-of-game" (OOG)* und *„in-character" (IC)* / *„out-of-character" (OOC)*: IG-Äusserungen beziehen sich im Gegenstanz zu OOG-Äusserungen auf das Spiel oder den Spiel-Kontext, IC-Äusserungen beziehen sich (in direkter oder indirekter Rede) im Gegensatz zu OOC-Äusserungen auf die Handlungen des Charakters. Für das Pen-and-Paper-Rollenspiel werden dabei folgende Inhaltskategorien von Aussagen festgelegt: *Fragen nach Informationen, Geben von Informationen (spontan/nicht-spontan), Regelanalyse, Befehlen von Handlungen, Beschreibung der Umwelt, Beschreibung der Charakter-Handlungen, Würfelergebnis, Vorschlagen einer Handlung, Bestätigen einer vorgeschlagenen Handlung*. Die Aussagen wurden weiter auf ihren *dramatischen Gehalt* (rein funktional, dramatisch ausgeschmückt, rein expressiv) hin untersucht.

Die Studie basierte auf einem Tonbandmitschnitt von fünf Rollenspiel-Spielrunden mit gleichem Szenario und mit jeweils fünf Rollenspielern (n=25). Das Kodierungsschema enthielt sowohl induktiv wie deduktiv gewonnene Kategorien (s.o.) und wurde iterativ gesättigt. Kodiert wurden einzelne Äusserungen, die ein Subjekt (Sender), einen propositionalen Inhalt und ein Objekt (Empfänger) aufweisen. Die Untersuchung brachte folgende Resultate: Der Anteil der OOG-Äusserungen an der Gesamtkommunikation betrug während des Spiels annähernd null Prozent, bloss in der Vorbereitungsphase vor dem Spiel wurde ein etwas höherer Anteil festgestellt. Der Anteil der IC-Äusserungen lag im Durch-

---

[40] LOPONEN/MONTOLA orientieren sich hier an PEIRCE' Dreiteilung der Zeichen in Symbole, Ikone und Indizes.

schnitt bei 46%, der Anteil OOC-Äusserungen entsprechend bei 54%. Der relativ hohe Anteil an IC-Kommunikation (etwa im Vergleich zu Computer-Rollenspielen) führen TYCHSEN et al. darauf zurück, dass das Rollenspiel auf Beschreibungen der Charakterhandlungen angewiesen ist, um die Narration zu entwickeln. Die Beschreibung von Charakterhandlungen nimmt mit durchschnittlich 24% an der gesamten Kommunikation den Spitzenwert ein. Zusammen mit den Beschreibungen der Umwelt (22%) und dem Fragen nach Informationen (16%) nehmen sie knapp zwei Drittel des gesamten Kommunikationsvolumens ein. Auf immerhin knapp 9% kamen Befehle von Handlungen – für TYCHSEN et al. ein Mittel, um den Spielfluss trotz der grossen Handlungsfreiheit der Charaktere im Rollenspiel aufrecht zu erhalten. Beim dramatischen Gehalt der Aussagen wurde eine relativ grosse Varianz festgestellt. Der grösste Anteil der Aussagen wurde jedoch immer als „rein funktional" (also bezogen auf die Spielregeln) taxiert (59-68%), 28-40% der Aussagen als „dramatisch ausgeschmückt" und bloss 1-8% als „rein expressiv".

HENDRICKS untersucht in einer sozialempirischen Studie, wie im Rollenspiel Expertise unter den Rollenspieler ausgehandelt wird [HENDRICKS 2004]. Dabei werden drei Arten der Aushandlung von Expertise unterschieden: *Aushandeln der Umgebung*, *Charakter-Konzeption vs. Welt-Konzeption* und *aktueller Spielleiter vs. erfahrener Spielleiter*. Bei der „Aushandlung der Umgebung" geht es darum, innerhalb der Gruppe diejenigen spezifischen Elemente einer Situation in der fiktiven Spielwelt festzulegen, die nicht durch die allgemeinen Beschreibungen im Regelwerk oder das Szenario des Spielleiters im Voraus bestimmt sind. Dabei stellt HENDRICKS fest, dass in solchen Fällen die Expertise meist dem Spielleiter zugewiesen wird, was entweder durch direktes Fragen der Spieler oder durch das Ausbleiben einer Anfechtung des Vetos des Spielleiters erfolgen kann. Bei „Charakter-Konzeption vs. Welt-Konzeption" geht es um einen Konflikt zwischen der Autorität des Spielers über die spezifischen Merkmale seines Charakters und die Autorität des Spielleiters über die Spielwelt, in welche der Charakter hineinpassen muss. Dabei ist festzustellen, dass die Expertise des Spielers über seinen Charakter i.d.R. von den Mitspielern und dem Spielleiter anerkannt wird, der Spielleiter aber seine Expertise geltend machen kann, wenn es um sozial oder kulturell bedingte Merkmale in der Spielwelt geht (z.B. bei traditioneller Kleidung). „Aktueller Spielleiter vs. erfahrener Spielleiter" beschreibt das Aushandeln der Expertise in einer Spielsituation, in welcher ein erfahrener Spielleiter als Spieler in einer Gruppe mit einem anderen Spielleiter spielt. In verschiedenen Spielsituationen kann dabei der aktuelle Spielleiter oder aber auch der erfahrene Spielleiter die Expertise behaupten. HENDRICKS kommt zum Schluss, dass Expertise in Rollenspielen nicht dichotomisch und fix, sondern graduell und fliessend ist. Der Status „mehr wissend" und „weniger wissend" kann während des Spiels je nach Spielsituation verschiedenen Mitspielern zugeschrieben werden, wobei durchaus auch mehrere Rollenspieler gleichzeitig ihren Expertise-Status erhöhen können.

Auch JESSICA HAMMER untersucht in ihrer Studie wie Wirkmächtigkeits- und Autoritätskonflikte im Rollenspiel ausgehandelt werden [HAMMER 2007]. *Wirkmächtigkeit* („*agency*") und *Autorität* sind in Rollenspielen anders verteilt als in anderen Texten. Wirkmächtigkeit, allgemein die Fähigkeit eine mögliche Handlung auszuführen, ist bei Rollenspielen nicht fixiert (wie etwa beim literarischen Text), sondern wird während des Spiels ausgehandelt, und ist auf alle Rollenspieler verteilt. Auch die Autorität, allgemein die Fähigkeit die Resultate von Handlungen durchzusetzen und zu beurteilen, wird im Verlauf des Spiels konstant unter den Gruppenmitgliedern ausgehandelt. HAMMER unterscheidet für das Rollenspiel drei Typen der Wirkmächtigkeit, die jeweils einem Typ von Autorschaft[41] im Rollenspiel entsprechen. Die *Rahmen-Wirkmächtigkeit* (engl. *„framework agency"*) bezeichnet die Fähigkeit, scheinbar fixierte Elemente des Rollenspielsystems, also die Spielregeln und die allgemeinen Beschreibungen der Spielwelt, zu verändern (z.B. durch sog. „Hausregeln", Anpassungen der offiziellen Regeln für das Spiel der Gruppe, oder sog. „soziale Verträge", Abmachungen unter den Rollenspielern darüber, wie die Charaktere grundsätzlich gespielt werden sollen). Die Rahmen-Wirkmächtigkeit ist limitiert durch eine kanonische Grenze, also der Grenze, deren Überschreitung das Rollenspielsystem zu einem wesentlich anderen Rollenspielsystem werden lässt (z.B. das Einführen von Science-Fiction-Technologien in Fantasy-Spielwelten). Die *Teilnehmer-Wirkmächtigkeit* (engl. *„participant agency"*) ist die Fähigkeit des Rollenspielers, als Autor neue Elemente oder Charaktere in die Spielwelt einzuführen und den generellen Verlauf oder Ausgang der Story zu beeinflussen. Wenn die Ausübung der Teilnehmer-Wirkmächtigkeit mit den Ideen eines anderen Rollenspielers kollidiert, gibt es einen Wirkmächtigkeitskonflikt, der über einen Konsens oder Autorität gelöst werden muss. Die Teilnehmer-Wirkmächtigkeit ist also durch die Teilnehmer-Wirkmächtigkeit anderer Rollenspieler begrenzt bzw. durch eine Grenze, bei deren Überschreitung mindestens einem Rollenspieler keine Teilnehmer-Wirkmächtigkeit mehr zukommt, so dass dieser nicht mehr sinnvoll an der gemeinsamen Narration teilnehmen kann. Die *Charakter-Wirkmächtigkeit* (engl. *„character agency"*) schliesslich bezeichnet die Fähigkeit des Charakters, Handlungen in der fiktionalen Spielwelt auszuführen. Diese Fähigkeiten und deren Ausübung sind durch die spezifischen Spielregeln bestimmt und begrenzt. Die Handlungen müssen zudem der narrativen Plausibilität und der Genre-Grenzen entsprechen.

Das Aushandeln von Wirkmächtigkeit untersucht HAMMER insbesondere für sekundäre Autoren (entspricht in etwa dem Begriff des Spielleiters, siehe Fussnote 41), da diese in einem besonderen Spannungsfeld stehen, einerseits den Ablauf der Story zu gewährleisten, indem sie selbst Wirkmächtigkeit ausübt, andererseits den tertiären Autoren Agency zuzugestehen, damit diese sinnvoll an der Narration partizipieren können. HAMMER stellt für Rollenspiele zwei Strategien sekundärer Autoren fest, zwischen eigener und fremder Wirkmächtigkeit zu vermitteln: *Opportunität* und *Coping*. Opportunität ist das Verhalten, produktiv auf die Ausübung der Teilnehmer-Agency der tertiären Autoren zu reagieren, indem man die Ideen der Mitspieler in die Story integriert. Diese Strategie beinhaltet immer auch einen Verzicht auf Teilnehmer-Agency zugunsten der Agency der tertiären Autoren. Coping ist das Verhalten der Agency der tertiären Autoren scheinbar entgegen zu kommen, aber die eigene Teilnehmer-Agency mit manipulativen Mitteln trotzdem aufrecht zu

---

[41] HAMMER unterscheidet primäre, sekundäre und tertiäre Autorschaft. Primäre Autoren entwickeln die Spielwelt („setting") und das Regelsystem („system"), sekundäre Autoren konstruieren das Szenario, d.h. die Situationen, in welchen die Charaktere handeln werden, tertiäre Autoren schreiben den eigentlichen Text des Spiels, indem sie festlegen, was in der konkreten Situation konkret geschieht. Diese Terminologie ersetzt die klassische Einteilung in „Rollenspieler", „Spielleiter" und „Spieler".

erhalten. Der sekundäre Autor lässt dabei die Handlungen der Spielercharaktere zu, baut dann aber mehr oder weniger subtil Spielelemente ein, welche die Mitspieler dazu veranlassen, wieder auf die vorgedachte Story einzuschwenken.

Autorität kommt nach HAMMER im Rollenspiel in drei verschiedenen Typen vor: *Explizite Autorität*, *implizite Autorität* und *eingeführte Autorität*. Explizite Autorität geht aus konkreten Abmachungen über die Rechte der Teilnehmer und die Ressourcen im Falle einer Verletzung dieser Rechte hervor. Diese Autorität ist für gewöhnlich mit Spielregeln (z.b. Autonomie der Spielercharaktere) oder Rollen (z.b. Rolle des Spielleiters) verbunden. Implizite Autorität kommt in Konfliktsituationen vor, die nicht offen ausgetragen werden, sondern auf der Basis einer impliziten Akzeptanz durch die Mitspieler gelöst werden. Diese implizite Autorität liegt oft bei jenem Spieler, der auch in der Alltagswelt den grössten sozialen Status innerhalb der Gruppe inne hat (etwa wenn es um die Beendigung einer Spielrunde geht). Eingeführte Autorität beruht auf Normen, die ihre Quellen ausserhalb der Spielgruppe haben. Rollenspiele haben oft einen akzeptierten Kanon an Texten oder Verhaltensweisen, auf sich Rollenspieler berufen können (z.B. Bücher/Filme über die Spielwelt, Genre-Konventionen, Richtlinien der Rollenspiel-Verlage).

HAMMER stellt folgende Strategien zur Etablierung der Autorität für sekundäre Autoren fest: In *Kompromissen* anerkennt der sekundäre Autor die Autorität der Mitspieler in bestimmten Domänen, erhält im Gegenzug jedoch die Akzeptanz seiner Autorität in anderen Domänen. Solche Kompromisse werden oft explizit ausgehandelt. Eine andere Strategie ist der Versuch, einen *Konsens* in der Gruppe zu erreichen, um Autoritätskonflikten aus dem Weg zu gehen. Diese Strategie wird besonders von sekundären Autoren als nützlich erachtet, die ihre Autorität für beeinträchtigt oder für gefährdet halten. Der Konsens ermöglicht eine vermehrte Anwendung impliziter Autorität und verhindert explizite Autoritätskonflikte. Sich mit der *Hilflosigkeit* arrangieren müssen sich sekundäre Autoren, die nicht diejenige Autorität erhalten, die sie sich erhofft haben. *Subversion* ist das Verhalten, die Autoritätsstrukturen des Spiels absichtlich zu untergraben. Dabei kann der sekundäre Autor seine eigene Autorität dazu verwenden, die Autoritätsstruktur des Spiels in Frage zustellen (z.B. die Autorität des Kanons). Generell weisen Pen-and-Paper-Rollenspiele im Verhältnis zu Mehrspieler-Online-Rollenspielen eine klare Aufteilung der Autorität auf. Das liegt HAMMER zufolge u.a. an den Rollenspiel-Regelwerken, die ein spezifisches, klares Bild davon vermitteln, wie die Autorität zwischen sekundären und tertiären Autoren aufzuteilen ist, während die Autoren der Regelwerke die Autorität des primären Autors für sich selbst reklamieren.

In TYCHSEN et al. [2005] wird eine Kategorisierung der Funktionen präsentiert, die mit dem Begriff des Spielleiters in verschiedenen Rollenspiel-Typen verbunden sind. Für Pen-and-Paper-Rollenspiele werden vier Funktionen identifiziert: *Erzählfluss*, *Regeln*, *Engagement* und *Umgebung*. Der Spielleiter ist erstens dafür verantwortlich, dass der *Erzählfluss* aufrecht erhalten wird, indem er (i.) ein Szenario (ein im Voraus geplantes oder improvisiertes Handlungsgerüst, in welchem das Spiel stattfindet) entwirft, (ii.) neue Ereignisse in das Szenario integriert oder bestehende auflöst, (iii.) den Spielern durch Interaktion eine narrative Kontrolle über das Geschehen vermittelt, (iv.) den Spielern eine dynamische Rückmeldung über die Konsequenzen der Aktionen ihrer Charaktere liefert (z.B.

durch Sofort-Updates). Zweitens ist der Spielleiter für den Umgang mit den *Regeln* verantwortlich und zwar (i.) dass alle Spieler die Spiel-Regeln kennen und verstehen, (ii.) dass die Regeln in den Ablauf des Spiels implementiert werden und (iii.) dass die Regeln eingehalten werden. TYCHSEN et al. unterscheiden hier zwischen „harten" und „weichen" Regeln, wobei die harten Regeln die Spielmechanik festlegen (z.b. wie viel Schaden eine Waffe anrichtet) und die weichen Regeln die allgemeinen Merkmale der Spielwelt beschreiben (z.b. dass es Schwerkraft gibt). Der Spielleiter muss drittens um das *Engagement* der Spieler bemüht sein, indem er (i.) das Spiel unterhaltsam und spannend gestaltet, (ii.) Ereignisse in der Spielwelt präsentiert, (iii.) den Kommunikationsfluss zwischen den Spielern fördert und die Charaktere vor Herausforderungen stellt. Nicht zuletzt ist der Spielleiter auch für die *Ausgestaltung der Spielwelt*, also das fiktionale Setting und die Nichtspieler-Charaktere verantwortlich.

Grundsätzlich können in Rollenspielen zwei unterschiedliche Paradigmen der Rolle des Spielleiters unterschieden werden, die in der Praxis allerdings in unterschiedlichen Graden kombiniert auftreten können. Traditionellerweise wurde der Spielleiter als *„Meister"* verstanden, der die von den Spielern anerkannte Kontrolle und Definitionsmacht über das fiktionale Setting und die Entwicklung der Handlung im Spiel ausübt.[42] In den 1990er-Jahren hat sich ein alternatives Konzept des Spielleiters entwickelt: Als *„Editor"* liefert er bloss eine „Erzähl-Umgebung" mit verschiedenen sog. *„plot hooks"*, also Situationen im Setting, an welchen die Spieler mit den Handlungen ihrer Charaktere einsetzen können. Es ist dann an den Spielern (wobei der Spielleiter oft ebenfalls die Rolle eines Spielers annimmt), diese Ansatzpunkte aufzugreifen und die Erzählung voran zu bringen – der Spielleiter ist dann vornehmlich für das Zusammenführen dieser Situationen (und der daran anknüpfenden Handlungsstränge) im Verlauf des Spiels verantwortlich. Die Spielleiter-Rolle des Editors geht oft auch mit einer höheren Wertschätzung des Erzählflusses vor der genauen Regelanwendung einher.

Spielerfahrung

In einer Reihe von Studien untersuchen TYCHSEN et al. die Unterschiede in den Spielerfahrungen der Spieler zwischen analogen und digitalen Rollenspielen (mit und ohne menschliche Spielleiter) [cf. TYCHSEN et al. 2007a; 2007b; 2008]. Sie unterscheiden dabei folgende Spielerfahrungen: *Zeitliche Dissoziation* (Grad des Gefühls für das Vergehen der Zeit haben), *fokussierte Immersion* (Grad des Gefühls, in die Spielwelt hineinversetzt zu sein), *erhöhtes Vergnügen* (Grad des Vergnügens an der Spielerfahrung), *narratives Engagement* (Grad des Gefühls, am Spielgeschehen beteiligt zu sein), *Absicht zur Wiederholung* (Grad des Wunsches, die Spielerfahrung zu wiederholen).

Die Auswertung der Fragebogen (n=51, Likert-Skala*) ergab im Mittel für alle Spielerfah-

---

[42] Dieses Paradigma des Spielleiters als „Meister" geht auf das *D&D*-Rollenspielsystem zurück, in welchem der Spielleiter entsprechend *„Dungeon Master"* genannt wird. In der ersten Auflage von *D&D* sind die einzelnen Rollenspiel-Abenteuer oft in sog. *„dungeons"* angesiedelt, also in abgeschlossenen Räumen mit Ungeheuern und Schätzen, die der Spielleiter bereits im Voraus bis ins Detail konzipieren sollte. Die Handlungsfreiheit und die Gestaltungsmöglichkeiten der Spieler waren entsprechend eingeschränkt.

rungen (unabhängig der Erfahrenheit, Alter und Geschlecht der Spieler) für Pen-and-Paper-Rollenspiele gegenüber Computer-Rollenspielen einen höheren Wert (Zeitliche Dissoziation 3.98 zu 3.47; fokussierte Immersion 3.33 zu 3.16; erhöhtes Vergnügen 4.27 zu 2.92; narratives Engagement 4.09 zu 3.11; Absicht zur Wiederholung 4.21 zu 3.42). Einzige Ausnahme war die fokussierte Immersion bei Computer-Rollenspielen mit Spielleiter, deren Wert leicht über dem beim Pen-and-Paper-Rollenspiel lag (3.47 zu 3.33). TYCHSEN et al. [2007b] stellen fest, dass die Qualität der Spielerfahrungen stark positiv mit dem Verständnis und der Sympathie des Spielers mit seinem Charakter korreliert. Dennoch haben weder die Komplexität der Persönlichkeit des Charakters noch die Verschiedenheit der Persönlichkeit zwischen Charakter und Spieler einen negativen Einfluss auf die Qualität der Spielerfahrungen. TYCHSEN et al. [2008] identifizieren neben der Spieler-Charakter-Beziehung auch die Gruppendynamik, das Gefühl einer Kooperation und guten Kommunikation der Spieler untereinander, als wesentlichen Bestimmungsfaktor der Qualität der Spielerfahrung in Pen-and-Paper-Rollenspielen. Die Gruppendynamik korreliert sogar noch stärker mit der Qualität der Spielerfahrung als die Spieler-Charakter-Beziehung. Dies scheint darauf zurückzuführen zu sein, dass der wesentliche Aspekt des Rollenspiels, die Entwicklung einer gemeinsamen Narration, die Kooperation und Kommunikation der Spieler erfordert. Für die Erlebnisqualität von Pen-and-Paper-Rollenspielen weniger wichtig ist hingegen die vorhergehende Spielerfahrung mit den übrigen Spielern.

Regeln

Regeln, seien es explizite Spielregeln oder implizite soziale Regeln, stellen die Rahmenbedingungen für den Ablauf des Rollenspiels dar. Wissenschaftliche Studien zur Funktion, Befolgung, Missachtung und Modifikation von Regeln in Rollenspielen sind rar.

PETER KATHE [1987] unterscheidet nach GOFFMAN und BALLSTAEDT drei Regelsätze, die für die „wirklichkeitserzeugende Kraft des Spiels" verantwortlich sind [cf. GOFFMAN 1973; DENKER & BALLSTAEDT 1976]: die *Regeln der Irrelevanz*, die *konstitutiven Regeln* und die *regulativen Regeln*. Die *Regeln der Irrelevanz* bestimmen implizit diejenigen Elemente der materiellen, sozialen und psychischen Umwelt, die für das Spiel unwichtig oder störend sind und welchen insofern die Spieler keine Aufmerksamkeit schenken sollen. *Konstitutive Regeln* legen fest, welche Elemente dieser Umwelt in die Spielsituation mit einbezogen und allenfalls für das Spiel neu definiert werden sollen (KATHE nennt hier Bleistiftskizzen oder die Rollen der Teilnehmer selbst als Beispiel). Die *regulativen Regeln* sind die Spielregeln, welche die „Naturgesetze einer Spielwelt, [...] die Rahmenbedingungen [...] und eine Beurteilung und Belohnung des Spielerverhaltens" [KATHE 1987, Abs. 3.2] festlegen. Dass die Spieler diese Regeln ohne grosse Probleme verstehen und einhalten können, liegt für KATHE daran, dass diese drei Arten von Regeln auch soziale Alltagssituationen bestimmen (Ausklammerung irrelevanter Aspekte, Wechsel zwischen wörtlichen und metaphorischen Redeweisen, soziale Konventionen).

JORIS DORMANS [2006] interpretiert die Regeln des Rollenspiels als Schnittstelle zwischen Spielern und der Spielwelt. Im Gegensatz zu den Regeln der meisten anderen Spiele, legen Rollenspiel-Regeln nicht in erster Line die möglichen Spielzüge und die Siegesbedingungen fest, sondern sind *Regeln der Simulation* und *Regeln der Interaktion.* Regeln der Simulation sind Beschreibungen der Spielwelt (lexikonartige Einträge, Karten, Reiseführer, komplette Szenarien-Beschreibungen, Begegnungstabellen usw.) und konstituieren zusammen eine Simulation des „Settings". Sie haben in erster Linie die Funktion, Geschichte und Geografie der Spielwelt für die Spieler „greifbar" zu machen. Regeln der Interaktion legen mehr oder weniger die möglichen Handlungen der Spieler und deren Konsequenzen in der Spielwelt fest – sie konstituieren die Spielmechanik des Rollenspiels. Diese Spielmechanik hat primär die Funktion das Gefühl der „Wirkmächtigkeit" („Agency") bei den Spielern zu stärken. Unter „Wirkmächtigkeit" versteht DORMANS dabei nach JANET MURRAY „the satisfying power to take meaningful action and see the results of our decision and choices" [DORMANS 2006, S. 9]. Ein wichtiges Instrument ist dabei das Würfeln der Spieler, welches nicht bloss ein Element der Unsicherheit, sondern ein Element der Wahrscheinlichkeit *unter der Kontrolle des Spielers* einführt: Der Spieler kann, wenn die Spielregeln gut konzipiert sind, durch gutes Spielen seines Charakters die Wahrscheinlichkeit einer gelingenden Handlung erhöhen und erlangt dadurch ein Gefühl der Kontrolle über das Schicksal seines Charakters.

Regeln implizieren oft auch einen bestimmten Spielstil, also die Weise der Interaktion des Spielers mit der Spielwelt. So implizieren z.B. Spiele mit ausführlichen Kampfregeln oder einem kriegerischen Setting einen Spielstil, der auf das Bestehen von Kämpfen und Missionen und weniger auf authentische Handlungen des Charakters fokussiert. Zwar steht es den Spielern prinzipiell frei, das Spiel in jeder Hinsicht zu verändern, aber „not wanting to fight monsters and seek treasures sort of defeats the purpose of playing classic Dungeons & Dragons" [DORMANS 2006, S. 9].

Kompetenzen

Die wenigen verfügbaren Studien zu den Fähigkeiten, über die ein Rollenspieler verfügen muss, wenn er an der gemeinsamen Narration über eine fiktionale Spielwelt teilhaben will, sind rein theoretischer Natur. Eine sozialempirische Studie zur Anwendbarkeit der hier verhandelten kognitionswissenschaftlichen Konzepte steht noch aus.

KATHE [1987, Abs. 4.1f.] unterscheidet bei den für das Rollenspiel notwendigen Kompetenzen der Spieler zwischen *imaginativer, kreativer* und *kommunikativer Kompetenz.* Unter *imaginativer Kompetenz* versteht KATHE die Fähigkeit, sich in eine „zu spielende Rolle" hineinzuversetzen und wohl auch die Fähigkeit „zwischen Spielwelt und Wirklichkeit" zu unterscheiden. Die *kreative Kompetenz* ermöglicht das „schöpferische Ausgestalten" der Spielwelt und der Charaktere. *Kommunikative Kompetenz* wird benötigt, um die imaginierte Spielwelt im wechselseitigen Gespräch für alle erfahrbar zu machen. Die Sprache ermöglicht die konstitutiven Regeln (siehe oben), die Spielerkommunikation wird zur Charakterkommunikation.

ANDREAS LIEBEROTH [2006; 2007] untersucht die kognitiven und psychologischen Fähigkeiten, die benötigt werden, um sich imaginäre Szenarien vorzustellen und sie durchzuspielen. Die zentrale Rolle spielt dabei die Fähigkeit des *Vorspielens* („pretence"), die LIEBEROTH als ein Handeln „als ob" definiert: Es ist das Vermögen zunächst Alltagsgegenstände, später auch sich selbst gedanklich zu transformieren und so zu behandeln als ob sie etwas anderes wären (die Plastikschaufel als Pistole, sich selbst als Mutter usw.). Dieses Vermögen ist wesentlich selbstbewusst, d.h. wir sind uns bewusst, dass *wir* so tun als ob wir jemand anderes wären – was dieses Vermögen als ein spezifisch Menschliches auszeichnet. Zudem scheint diese Fähigkeit nicht sozial erlernt, sondern auf eine spontane Entwicklung in den frühen Jahren der Kindheit zurückzuführen zu sein. Rollenspielen basiert also auf einer natürlichen Fähigkeit des Menschen, deren Ausübung ein inhärenter Teil des menschlichen Lebens ist.

Grundlage dieses Vermögen des Vorspielens ist nach LIEBEROTH die Fähigkeit zur *„Metarepräsentation"* und das *„entkoppelte Denken"*. Unter *Metarepräsentation* wird die Tatsache verstanden, „that the human mind can think about thinking, talk about language or imagine what others are imagining etc." [LIEBEROTH 2006, S. 76f.]. Für ein Vorspielen, an welchem mehrere Akteure beteiligt sind, ist dabei insbesondere das Interpretieren der Gedanken und Absichten des Gegenübers entscheidend, denn nur dadurch ist ein gemeinsames Verständnis des vorgespielten Szenarios möglich. Diese Interpretation geschieht durch ein In-Beziehung-Setzen von indexikalischen Hinweisen (Handlungen, Äusserungen, Körpersprache usw.) und sozialer Hinweisen (sozialer Kontext) zum vorgespielten Szenario. Die zweite Voraussetzung für das Vorspielen ist das *„entkoppelte Denken"*, also „the ability to think above and beyond the here-and-now, and be aware of it" [LIEBEROTH 2006, S. 77]. Der menschliche Verstand verfügt über die Fähigkeit, Gedanken von den unmittelbaren Wahrnehmungen und mittelbaren Erinnerungen „auszuklammern" und er ermöglicht damit Sachverhalte vorzuspielen, ohne diese für wahr zu halten. Im Anschluss an den Psychologen LAWRENCE BARSALOU führt LIEBEROTH dieses Phänomen des entkoppelten Denkens darauf zurück, dass beim Vorstellen von Handlungen oder Empfindungen viele derjenigen Bereiche im Gehirn aktiv sind, die auch während des tatsächlichen Handelns oder Empfindens selbst aktiv sind [cf. BARSALOU 2003]. Das Gehirn scheint also die Handlungen und Empfindungen zu simulieren, wenn wir sie uns vorstellen.

4.4 ERGEBNISSE EMPIRISCHE STUDIE: INTERVIEWS (DITK)

Im Folgenden werden ausgewählte Ergebnisse der Interviews, analysiert mit dem *deduktiv- und induktiv-theoretischen Kategoriensystem* (DITK), abgebildet.

Rollenübernahme

Die Übernahme der Rolle *als Rollenspieler* (u.a. Einbeziehung von Spielelementen, Ausklammerung von Nicht-Spielelementen) in der Spielsituation zeigt sich neben dem Umstand, dass klar ist, dass sich hier eine *Gruppe* trifft (Interview #4), bereits durch eine „eingeübte Sitzordnung" und die Verteilung der wesentlichen Utensilien wie Regelwerk auf dem Tisch; der Spielleiter ist leicht zu identifizieren („*[...] oben sind die Kollegen gesessen, [...] an einem Tisch, äh irgendwie vor einem Stapel Bücher, der eine hat sich hinter einer Mappe verschanzt.*" Interview #1). Wie bereits in Kapitel 3 angedeutet wurde, gehört zur dieser Spieler-Rollenübernahme offensichtlich auch die Akzeptanz, dass vor dem eigentlichen Rollenspiel noch über den Alltag (Schule, Studium, Familie ...) gesprochen wird (besonders Interview #5) oder dass bewusst während des Spiels Out-of-game-Gespräche geführt werden können (Interview #3, Interview #4 und Interview #5).

Die Textstellen, die als „Rollenübernahme Charakter (Inkorporation)" (also die Übernahme der fiktionalen Rolle des Charakters) codiert wurden, waren ausgesprochen zahlreich.[43] Dabei wird es als unproblematisch erlebt, dass im Spiel ein stetiger Wechsel zwischen Spielerposition und Hineinversetzen in den Charakter besteht („*[D]as mit dem Herausfallen, [...] habe ich das Gefühl, ist bei mir weniger schon die Erfahrung gemacht worden, also ich habe das Gefühl, wenn ich mal drin bin, dann ist gut. Ausser höchstens, wenn's irgendeinen Lacher gibt, oder, man irgendwie ähm wieder wie in die Spielerposition geht und Distanz nimmt, aber das finde ich eigentlich o.k., also dass, man hat ja ständig diesen Wechsel zwischen Charakter und Spieler.*" Interview #2).

Sehr oft wird die mögliche Diskrepanz zwischen dem Spieler (als reale Person) und dem Charakter (als fiktive Person) erwähnt, so z.B.: „*[...] [I]ch habe einmal eine [...] Person gehabt, die hat eine Figur gespielt, die Person ist eigentlich ziemlich friedlich, handelt sehr überlegt, und macht eigentlich den Mund nicht auf, bevor dass was gesagt werden soll eigentlich ziemlich gut durchdacht ist, und auch eher strategisch denken, also (nicht?) einfach rein rennen, und die Figur, die die Person gewählt hatte, war ein Barbar, mit einem [...] Jährzornwert bei dem es äh eigentlich reicht, wenn man ihn schief anschaut, und er geht hoch. Und ich denke, das ist jetzt etwas, sich da rein zu fühlen ist anfangs etwas schwer.*" (Interview #1). Andere berichten von sehr dummen oder sehr intelligenten Charakteren, die beide Herausforderungen für den Spieler darstellen können (einerseits weil der Spieler mehr weiss als der Charakter und sich „dumm stellen" muss, andererseits weil der Charakter im Grunde intelligenter wäre als der Spieler), genauso wie die Diskrepanz zwischen einem introvertierten Spieler und einem extrovertierten Charakter (Interview #5), der den Spieler „zwingt", sich gänzlich anders in (fiktiven) sozialen Situationen zu verhalten als er es „in der Realität" tun würde. Letztendlich laufen diese Schilderungen darauf hinaus, dass man als Spieler zuweilen zu Handlungen im Spiel (als Charakter) „gezwungen" wird, welche die Person selber nicht bevorzugen würde (Interview #2, Interview #3), die aber als „rollengerecht" aufgefasst werden (*„[D]as ist dann schon eher schwer, schwierig, weil ich genau weiss, hey, wenn ich dort hingehe, dann gibt's Probleme für alle, oder, aber ich muss es schlussendlich machen, weil das mein dummer Charakter machen würde.*" Interview #5, ähnlich Interview #4, der aber eher von dem Problem berichtet, dass man absichtlich etwas nicht tun darf, von dem man weiss, dass es auf diese Weise gut funktionieren würde, dem Charakter jedoch diese Handlungsweise nicht „zur Verfügung" steht). Als bemerkenswert werden Spieler betrachtet, denen es gelingt, konsistent ihren Charakter zu spielen, selbst dann, wenn der Charakter Merkmale aufweist, über welche die reale Person keineswegs verfügt (Interview #5, vergleichbar Interview #1). Schliesslich wird der Umstand erwähnt, dass der Charakter in besonderem Masse durch den Charakter*bogen* determiniert ist, sogar in einer Weise, dass der Charakter in der Schilderung un-

---

[43] Dies kann auf eine zu weit oder zu schwach definierte Kategorie hinweisen, ist andererseits bei einem Spiel, bei welchem eines der wesentlichsten Spielelemente es ist, eine fiktive Figur zu spielen, zu erwarten.

mittelbar mit dem Charakterbogen identifiziert wird: *"[...] [Z]um Teil [...] hat man halt eigentlich vom Charakterbogen her Sachen diktiert, die einem beim eigenen Charakter [...], also mir selber als Person, halt nicht so entsprechen."* (Interview #1).

Der Grad des rollengerechten Spielens des Charakters (mit den entsprechenden Erwartungen an sich und an andere Mitspieler) ist auch vom Stil der jeweiligen Spielsitzung („Fun-Spiel" vs. „seriöses Spiel", z.B. Interview #4) mitabhängig. Nicht zuletzt übt die Spielergruppe einen erheblichen Einfluss auf die Inkorporation aus: *„[...] Also es gibt Gruppen oder Situationen in Gruppen in denen's einfach läuft, und jeder in seinem Charakter ist, und die Charaktere auch untereinander anfangen, miteinander zu interagieren, je nachdem, wie, in was für einer Beziehung sie zueinander stehen, [...] fangen sie an, einander anzuzicken, oder sie flirten miteinander, [...]. Und es braucht aber, denke ich, also ich kann das auch nicht alleine steuern, dass ich mich voll in meinen Charakter hineinversetze, sondern es braucht auch, wie die Situation einfach in der Gruppe, dass es (spielt?)."* (Interview #2). Dies spiegelt sich auf der Ebene der gespielten dialogischen Interaktion zwischen den Charakteren oder ihrer Umwelt wieder: erschwert wird die Inkorporation immer dann, wenn *indirekte Rede* („Mein Charakter sagt ihm, dass ...") statt *direkte Rede* verwendet wird (Interview #2). Jedoch kann sich dies auch in einer manifesteren Weise zeigen, nämlich in der Interaktion unter den Spielern als reale Personen, die verstehen müssen, dass Handlungen und Sprechweisen auf der fiktionalen Ebene nicht auf der realen Ebene gemeint sind (*„So, hm [...] auch die anderen vielleicht [...] indirekt blöd anmachen, weil das grad mein Charakter ist. (So?), dass ich mich wirklich reinversetze, schlussendlich, dass wirklich auf Spielerebene ist und ich kann machen, was ich will, es wird nicht beurteilt, ich habe immer so ein wenig Schiss gehabt, [...] das wird vielleicht bös aufgenommen vom Kollegen, und dann, äh, gibt's Streitereien und so [...]"* Interview #5).

Ein weiterer wichtiger Aspekt der Übernahme der Rolle des Charakters stellt die Übereinstimmung mit der gemeinsam „erlebten" und konstruierten Spielwelt, in der sich die Charaktere bewegen, dar. Hierfür ist Hintergrundwissen der Spielwelt von entscheidender Bedeutung, wie verschiedene Zitate zeigen: *„[...] [W]enn man irgendwie auch sagen kann, ah ja, bei den Rohirrim ist es so und so, wenn man auch etwas über die Völker weiss, und, und, da dann auch als Charakter eigentlich umsetzen kann, das Wissen, das man dann auch als Charakter hat, (schon?) als Spieler hat."* (Interview #2); *„So [...] wenn ich jetzt irgendeinem sage, ja, verhalte dich wie ein Streuner. O.k., dann muss er wissen, dass irgendwie, eben, (in?) dieser und dieser Welt, zum Beispiel im DSA, verhält sich ein typischer Streuner so, er ist das und das gläubig, dieser Gott glaubt an das, also, einfach dass man [...] wirklich alles kennen muss, damit man sagen kann, der spielt richtig gut. Also ist ziemlich wichtig."* (Interview #5). Dieser Aspekt kann so bedeutsam sein, dass er sich darauf auswirkt, ob und/oder wie gerne ein Spieler in einer ihm unbekannten Spielwelt spielen würde (Interview #2, Interview #5), da der Spieler in einer fremden Spielwelt eine gewisse „Orientierungslosigkeit" erfährt, nicht weiss, wie sich der Charakter zu verhalten (Interview #2) oder in dieser Welt zu sprechen hat (z.B. ein Magier, der als fiktive Person durchaus weiss, wie er Novizen oder Geweihte anzusprechen hat, während der Spieler dies nicht weiss; Interview #5). Gerade die korrekte Verwendung spielweltspezifischer Ausdrücke kann dem Hineinversetzen in den Charakter und der Interaktion in der Spielwelt den „letzten Schliff" geben. Sie fallen auf, wenn sie nicht korrekt eingesetzt werden; es sind die „kleine Sache wo s irgendwie kantig mache", und die wenn vorhanden „richtig gutes Rollenspiel" ausmachen können (Interview #5): „Also [...] es ist ziemlich wichtig, also zum Beispiel dass man nicht Mond [...] sagt, sondern Madamal, [...], es sind so kleine Sachen die es dann schlussendlich ausmachen. Oder nicht Meter sagt, sondern Schritt." (Interview #5).

Wirkmächtigkeit (*Agency*)

Die Mitwirkung an der narrativen Darstellung durch die Spieler (*agency*) teilt sich v.a. durch die Freiheit und Un-Freiheit des Spielers im Spiel mit, bzw. der Spieler der ganzen Rollenspielergruppe. Es ist wichtig, dass der einzelne Spieler mittels seines Charakters z.b. einen Beitrag zum Erfolg der Mission (des Abenteuers) leisten kann („[...] *wenn das Abenteuer so ausgearbeitet ist, oder so geschrieben ist, dass [...] wirklich alle etwas zum Erfolg der Mission beitragen.*" Interview #1). Ist aber auf der anderen Seite das Abenteuer (die Story) zu stark reglementiert, so ist es „*nicht mehr richtiges Rollenspiel*", „*weil die Spieler haben eigentlich die Freiheit nicht mehr, zu tun, was sie wollen. Weil es ist doch wieder im Rahmen eines Buches vorgegeben, und das Buch ist halt jetzt einfach nicht 10'000 Seiten dick, das heisst es hat einfach eine gewisse Anzahl von Möglichkeiten und nur die kann der Spieler halt ausschöpfen.*" (Interview #1). Die Mitwirkung an der Narration verläuft aber nicht nur indirekt über die vom Spielleiter „erlaubten Spielzüge", sondern aktiver, bis hin zur eigenständigen Kreation einer Story: „*[...] [Das] Geniale an dem Spiel ist, man kann nicht nur reagieren auf das, was der Spielleiter erzählt und voraussetzt, sondern man kann auch selber agieren, in dem man einfach, [...] selber die Geschichte beeinflusst, oder sogar eine andere Geschichte auf einmal anfängt, oder.*" (Interview #3). Die Freiheit der Kreation einer Story wird auch als Spielleiter geschätzt (Interview #1). Dieser Aspekt der Wirkmächtigkeit wird jedoch durch die Spielregeln („*[...] sind immer gleich dabei, immer, weil man immer weiss, ja, man kann das nicht machen [...].* Interview #5) und die Würfel eingeschränkt; es gilt kein „anything goes": was der Spieler in seiner Inkorporation als Charakter als Handlungen durchführen möchte, muss in der Spielwelt noch lange nicht funktionieren (siehe Kap. 3, insbesondere 3.4 und 3.5). Andere Einschränkungen ergeben sich durch die – meistens als höherrangig eingestufte – Wirkmächtigkeit des Spielleiters (Interview #3, Interview #5; siehe Kap. 3.4).

Ein besonderer, aber durchaus nicht selten vorkommender Fall des temporären *Verlustes* von Wirkmächtigkeit an der narrativen Darstellung kann für den Spieler dann zu akzeptieren sein, wenn sein Charakter aus unterschiedlichen Gründen (gerade) an der Story nicht teilnimmt: „*Ja, das man rausfällt im Stil von, man hat irgendeinen Mist angestellt, oder je nachdem auch keinen Mist angestellt, und [...] bekommt halt einen Schlag auf den Kopf, und äh dann liegt man quasi am Rand, während die andere Gruppe weitermacht. Das sind eher undankbare Situationen [lacht], und äh, ja dort ist denn auch nicht mehr viel mit charaktergetreuen Spielen [lacht]. Man ist einfach ruhig gestellt.*" (Interview #4).

Kommunikatives Abgleichen und Expertisenzuschreibung

Die Herstellung eines gemeinsamen fiktionalen Raums (*Diegese*) durch *kommunikatives Abgleichen* der individuellen Überzeugungen über die Sachverhalte und Ereignisse der Spielwelt zeigt sich im Rollenspiel ganz besonders deutlich dort, wo alltägliche Handlungsweisen und Komponenten der Wirklichkeitskonstruktion und Wirklichkeitserschliessung, die in der Realwelt[44] „automatisch" zur Verfügung stehen (z.B. sinnliche Wahrnehmung), nicht auf die fiktive Welt anwendbar sind: *„[...] auch Sachen, die im Echt wie völlig logisch wären, dass man sie macht, und man dann im Spiel aber nicht macht. Also z.B., ich komme in einen Raum hinein, es hat einen Tisch, es hat ein Regal mit Bücher, es hat [...] ein paar Bilder an den Wänden, Punkt. Das wäre jetzt die Aussage vom Spielleiter. Und ich als Spieler muss dann sagen, ich schaue mal genau, was auf dem Tisch ist. Und dann [...] fährt der Spielleiter erst fort und sagt vielleicht ‚Da liegt irgendwie ein angefangener Brief' und so, dann kann ich sagen, ich lese den mal. Und an solche Sachen zu denken, bei denen in Echt wie automatisch wäre, dass man das eigentlich wahrnimmt, und sieht, oder ich für mich automatisch denke, dass es, dass es wie normal ist, dass man's wahrnimmt, also an das dann noch extra noch einmal zu denken und nachzufragen."* (Interview #2). Was „gesehen" wird in der fiktiven Welt ist nur über Kommunikation mit dem Spielleiter (eventuell auch den Spielern untereinander) „erschliessbar", bzw. wird erst in dem Moment (endgültig) hergestellt.

Abgleichen findet auch dort statt, wo subjektive Wahrnehmungen von den Spielern („Wie verstehe ich diese geschilderte Situation?") mit jener des Spielleiters in Übereinstimmung gebracht werden müssen; dabei sind zudem mögliche Missverständnisse, die sich im Rahmen einer Narration und deren Interpretation ergeben können, auszuräumen: *„Aber, das ist (jetzt?), eben, die subjektive Wahrnehmung von jedem Spieler, er hat das jetzt als Bedrohung registriert, weil er irgendetwas falsch verstanden hat, oder irgendetwas von dieser Situation nicht richtig kapiert hat, oder die Situation anders herübergekommen ist [...]."* (Interview #1). Das *Nachfragen beim Spielleiter* ist für das Abgleichen zentral, selbst wenn die Nachfragen zu (konflikthaften) Diskussionen führen können, z.B. darüber, dass der Spielleiter angeblich etwas gesagt habe, was nicht der Fall ist, oder umgekehrt (Interview #4).

Beim Abgleichen kann auch die Zuschreibung der Expertisenfähigkeit gewichtig sein, z.B. bei Spielregel-Streitigkeiten (*„Lese Seite 15, und wenn du dann noch Fragen hast, schauen wir weiter"*, Interview #1). Zumindest wird bei Abgleichungs-Konflikten die Frage „liege ich oder der Spielleiter falsch" (Interview #4) aufgeworfen, und die für die betreffende Situation „schlagende" Expertise wird/muss ausgehandelt werden.

---

[44] Im Folgenden wird aus sprachökonomischen Gründen meistens nur von „Realwelt" oder „realen Welt" gesprochen, aber selbstverständlich die soziologischen Prozesse der Konstruktion einer als real empfundenen und so behandelten Welt mitgemeint und kein naiver Wortgebrauch von „Realwelt" vertreten.

Wissensinhalte

Die gemäss DITK vorgenommenen Typen-Unterteilungen in *Personen-Wissen, Spieler-Wissen, Spielwelt-Wissen, Spielregel-Wissen* und *Charakter-Wissen* sind primär analytischer Natur. Wie sich sowohl in den Ergebnissen wie auch später in der *Interpretation* zeigen wird, werden in Wirklichkeit verschiedene dieser Wissensinhalte oft zugleich benötigt, um Rollenspiel spielen zu können.

Personen-Wissen

Die Wissensinhalte, über die ein Rollenspieler als reale Person in ihrer Lebenswelt verfügt (Alltagswissen wie auch Fachwissen), sowie die damit verbundenen Urteile, was „realistisch" ist (bei einem Vergleich der Situation in der fiktiven Spielwelt mit dem Umsetzungsgrad dieser Situation in der „realen Welt"), treten im Rollenspiel an mehreren Stellen zutage. Dies sollte nicht überraschen, da solches Wissen nicht nur geteiltes Wissen um die „physischen Möglichkeiten" der Realwelt bzw. das, was wir als Realwelt bezeichnen umfasst (z.B. Alltagsphysik, „wie würde sich dieser Gegenstand verhalten, wenn er gegen die Wand dort drüben geworfen wird?"), sondern insbesondere auch alltagspsychologisches Wissen („Wie würde sich eine Person in einer solchen Situation verhalten?"), spontansoziologisches Wissen („Würde diese Person in einer solchen Gesellschaft eine solche Funktion einnehmen?") und laien-historisches Wissen („Sind stark ausgeprägte Geschlechterrollen in einer mittelalterlichen Welt nicht normal?"). Solches Wissen ist bereits dann involviert, wenn Rollenspieler das Pen-and-Paper-Rollenspiel mit Computer-Rollenspielen vergleichen und unterscheiden (siehe Kap. 3.1) – ohne Realwelt-Kenntnis, dass es Computer und Computer-Rollenspiele gibt, wäre ein solcher Vergleich trivialerweise nicht möglich.

Die offensichtliche Relevanz solcher Wissensinhalte zeigt sich ferner bei der ausgesprochen grossen Auswahl an Spielwelten der verschiedenen Rollenspielsysteme, welche letztlich immer an unsere Realwelt zurückgebunden sind: *„[...] viel verschiedene Systeme, [...] Fantasy-System, Sciencefiction, [...], Spiele, die eigentlich unsere Welt imitieren, oder unsere Welt mit, in einer anderen Zeithose, wenn man das jetzt mal so ausdrückt. So nach dem Motto: Was wäre wenn äh die Deutschen gewonnen hätten im Krieg."* (Interview #1). Für jede Spielwelt wird ein gewisses Mass an Wissen über die Realwelt bzw. der jeweiligen Konstruktion von Wirklichkeit verlangt – sei es auch nur, um markante Unterschiede zwischen der Welt, in der wir gegenwärtig leben, und der Spielwelt zu begreifen: *Momentan ist es so, man [...] ist eher distanziert bei den, zwischen Menschen, und so Mittelalter ist es ja(?) eher so dass es [...] Nähe (eine?) Rolle spielt, also hetzt nicht nur im Gesellschaftlichen, sondern zum Beispiel auch im Krieg, oder, ist ja, Schwert zu Schwert, nicht irgendwie Lenkrakete, [...] irgendwie in ein Haus fällt, und dann kann man sich's in etwa vorstellen, also, dass so eher etwas ist, das es vielleicht schon gegeben hat, oder geben wird, eine Welt die man sich vorstellt, mehr Fantasie ist, mehr oder weniger halt, ja.* (Interview #5).

Für das Verständnis der Spielwelt – was ist in ihr „möglich", was nicht? –, für die man eventuell auch ein Flair entwickeln kann (*„also zum Beispiel von mir jetzt kann ich's sagen, ich habe immer ein wenig ein Flair für so Mittelalter-Zeug gehabt, und so, habe auch Bal-*

dur's Gate gespielt, und Diablo [Fantasy-Computerspiele, Anm. MM] und alles auf dem Computer", Interview #5), ist Wissen, über das man nur deshalb verfügen kann, weil man eine „reale Person" in einer komplexen (Wissens-)Gesellschaft ist, offenbar unverzichtbar, gerade, wenn eine z.B. aus der Fantasy-Literatur oder aus Filmen bekannte fiktive Welt die Spielwelt des Rollenspiels darstellt, an deren Bekanntheitsgrad bei Diskussionen mit anderen Mitgliedern der Gesellschaft angeknüpft werden kann (*„In einer Welt wie eben jetzt das Mers, das wäre die Mittelerde, das kennt man vom Herrn der Ringe, oder, das sagt vielen etwas."* Interview #3). Auch dass es bestimmte Rollenspielsysteme gibt ist Teil des Personen-Wissens, und notwendig, wenn z.b. ein neues Rollenspielsystem in eine Gruppe eingeführt werden soll (*"[S]o ein Neues einzuführen so bei uns, weiss nicht wie es genau, Cyberpunk heisst's glaube ich. – [Interviewer: ShadowRun vielleicht?] – Oder ShadowRun, genau. ShadowRun. [...] Aber es ist auf [...] Gegenwehr gestossen [...]."* Interview #5).

Das Personen-Wissen steht ebenfalls bei „Realismus-Streitigkeiten" (z.B. bei Spielregeln, siehe Kap. 3.3) an „vorderster Front": Die für die Spielwelt und das Rollenspielsystem entworfene Spielregel wird vor dem Hintergrund von Wissensinhalten der realen Welt als „realistisch" oder „nicht-realistisch" eingestuft oder verhandelt (Interview #4). Darüber hinaus ist dieses Wissen grundsätzlich für die Bestimmung von Schwierigkeit oder Möglichkeit von Handlungen in der Spielwelt von Bedeutung, bspw. in Kampfsituationen: *„[Ein] gewisser Grad kann man noch voraussagen, was ein Mensch gegen einen anderen Menschen unternimmt, wenn beide unbewaffnet da stehen. Ich meine, wenn der eine jetzt irgendwie so, jemand ist mit einer Wrestlings-Figur und der andere ein Buchhalter mit äh Glatze und 1 Meter 50 Grösse [lacht], dann braucht man jetzt glaube ich keine Regeln, um herauszufinden, was, wie der Kampf ausgeht [...]."* (Interview #1).

Auch beim Hineinversetzen in den Charakter (siehe auch *Rollenübernahme*) wird Personen-Wissen für die Vorstellungskraft benötigt, indem an bekannte Konzepte, Gegenstände und Sachverhalte der Realwelt angeknüpft werden kann oder sogar zwangsläufig muss (*„Und, und, ich bin irgendein Bogenschütze bin ich gewesen, und, mit dem habe ich schon etwas anfangen können [...]."* Interview #3). Nicht minder spielt Personen-Wissen beim *Herausfallen* aus dem Charakter eine wichtige Rolle; man kann nicht plötzlich über YouTube-Videos in der Gruppe reden (Interview #5), wenn nicht entsprechend geteiltes Wissen auf der Personen-Ebene vorausgesetzt werden kann.

Das Personen-Wissen wird schliesslich auch für den Umgang mit den anderen Rollenspielern benötigt (Kenntnis und Achtung *sozialer Regeln*), sowie für praktische Belange wie der Umgang mit dem Charakterbogen: Niemand käme auf die Idee, einen Charakterbogen als Papierdokument zu laminieren (Interview #5), wenn er nicht wüsste, dass Papier durch Auskippen von Getränken wüst und unleserlich werden kann, und dass bei einem „Tischgelage" eine gewisse Wahrscheinlichkeit dafür besteht, dass irgendwann einmal ein Glas Tee oder Ähnliches umgeworfen wird.

Spieler-Wissen

Neben dem mit vielen anderen Mitgliedern unserer Gesellschaft geteilten Wissen der Alltagswelt verfügen Rollenspieler als distinkte soziale Gruppe auch ein Wissen, welches nur

Ergebnisse

innerhalb ihrer Gruppe als geteiltes Wissen auftritt, d.h. Wissen, über welches man deshalb verfügt, weil man Rollenspieler ist:

"[D]er Spielleiter hat das Regelwerk, dort drin ist eigentlich der Rahmen von der Welt beschrieben, angefangen von den äh Lebewesen die darin leben, bis hin zu den Regeln, wie man Kämpfe äh ausführt, was für Aktionen man machen kann, was die Aktionen für Effekte haben, äh, auch bis hin zu wirklich elementaren Sachen, wie die Physik die es dort gibt. Also, ja, Sachen, die man halt vielleicht in der normalen Welt voraussetzt, und in deren speziellen Welt, in der das Spiel eben läuft, anders sind. [...] Und, dann haben die Spieler noch Blätter vor sich, das sind die Charakterbögen. Dort drauf ist ihre Spielfigur eigentlich in Zahlen festgehalten, und das in teilweise abstrakten Werten, und teilweise äh ziemlich gut begreifbaren Werten. [...] Kurzum gesagt, äh, es sagt einfach, wie gut äh die Figur, die man auf dem Blatt hat, die Fähigkeiten beherrscht, oder, oder eben nicht beherrscht. Und anhand von dem spielt man dann." (Interview #1)

In diesem längeren Zitat wird konzise zusammengefasst, worauf sich Spieler-Wissen alles wesentlich beziehen kann (diese Elemente finden sich ebenfalls in den anderen Interviews): Die Identifizierung wesentlicher Spielelemente wie Regelwerk (Inhalte, Funktion), Charakterbogen (Aufbau, Umgang), Würfel und Würfe (z.B. verschiedene Arten), die Rolle des Spielleiters und der Spieler, die Operationalisierung von Fertigkeiten und Fähigkeiten des Charakters in regeltechnische Werte usw. Aber auch das Wissen darüber, dass man i.d.R. in einem Rollenspiel mit verschiedenen Völkern oder Rassen konfrontiert ist, aus denen man seinen Charakter auswählen kann, gehört dazu (*"[...] dass du einen Charakter hast, eine Figur, die du selber definiert hast, was das für eine Person ist, also je nachdem in (einer?) Fantasy-Welt, eben halt ein bestimmtes Volk, irgendein Elb oder Zwerg, oder was immer."* Interview #2). Nicht zuletzt die Kenntnis davon, was ein „Powergamer" ist (Interview #1, Interview #4), ist nur durch Spieler-Wissen möglich.

Ein entscheidender, jedoch meist recht impliziter Teil des Spieler-Wissens betrifft das geteilte Wissen, dass der Spielleiter über viele In-game-Belange Autorität besitzt, und dies für einen reibungslosen Ablauf des Spiels anerkannt werden muss. Augenfällig wird dieses Wissen aber weniger beim reibungslosen Spiel, sondern wenn diese Anerkennung zu schwinden beginnt, z.B. weil der Spielleiter zu *ad hoc*-Erklärungen greift, um Lücken in der Story zu überdecken oder eine bestimmte Handlungsweise von den Spielern zu „erzwingen" (siehe Kap. 3.4), oder weil er insgesamt die Rollenspielergruppe nicht kontrollieren kann (Interview #1, Interview #3, Interview #4). An einer Stelle wird dies von einem Interviewpartner unmissverständlich formuliert: *"Das ist dann wirklich schlechtes Rollenspiel, einfach, wenn man am Meister zweifelt schlussendlich."* (Interview #5).

Schliesslich kommt ein sehr spezifisches Spieler-Wissen zu tragen, das sich oft nur als geteiltes Wissen innerhalb einer Spielergruppe begreifen lässt, aber für das Erlebnis des Rollenspieles oft nicht unwichtig scheint: Wissen über „Running Jokes" (Interview #4), die nicht selten später als Anekdoten erzählt werden, die für Aussenstehende meist (völlig) unverständlich bleiben. Hierzu gehört auch das spezifische Wissen über die jeweils beteiligten Spielercharaktere (Volk, Beruf, Hintergrund, worin sie gut und schlecht sind, wie sie sich verhalten usw.; Interview #2).

Spielwelt-Wissen

Dass das Wissen über die je spezifische Spielwelt für das Rollenspiel von Bedeutung ist, dürfte nicht überraschen. Die Meinungen über die Wichtigkeit von Spielwelt-Wissen gehen aber auseinander; für die einen erhöht es nur den Spielspass (Interview #1; schwächer: Interview #4), andere halten es für absolut notwendig (*Nein, nein, es funktioniert gar nicht [ohne Spielwelt-Wissen, Anm. MM]. Man [...] würde dann einfach irgendwie seinen Charakter so spielen, wie man ihn vermuten würde, aber es sind auch wieder Grenzen gesetzt, oder, durch [...] das Wissen das man hat, über den Hintergrund.*" Interview #3; schwächer: Interview #5).

Das Spielwelt-Wissen wird für wichtig dafür erachtet, dem Charakter vorzugeben, wie er sich in dieser Welt zu verhalten hat: *"Hintergrundwissen (macht?) auch Möglichkeiten, also was, was für einen Charakter denn möglich sein kann in dieser Welt, wie er handeln kann in dieser Welt, was ihm vielleicht noch in den Sinn kommt."* (Interview #2); *"Und das ist dann, also das ist schon noch recht wichtig schlussendlich, dass es, dass man's auch kennt, damit man sich rollenspieltechnisch gut verhalten kann, muss man's natürlich kennen, oder."* (Interview #5). Dazu ist es auch entscheidend, z.B. traditionelle Vorurteile zwischen Völkern, Religionen oder Berufen/Archetypen von Charakteren in der jeweiligen Spielwelt zu kennen: *"[...] ja zum Beispiel ein Streuner und ein Krieger sind je nachdem in einer Anfangsphase wahrscheinlich nicht die besten Freunde, weil ein Krieger doch recht ähm recht hohe Werte hat, was also Ehre und so weiter betrifft, und die werden sich eher in die Quere kommen. [...]. Oder äh, es gibt dann halt [...] vom Völkerhintergrund gibt es im DSA so, so gewisse Spannungen einfach zwischen äh Mohas und Novadis. Novadis sind ein Wüstenvolk, Mohas irgendwo im Süden im Busch, und [...] wen man solche Leute in der gleichen Gruppe hat, dann muss man [...] eine saugute Story haben, warum die sich verstehen, [...]."* (Interview #4).

Die naheliegende Verbindung von spezifischem Spielwelt-Wissen und dem Personen-Wissen wird an einer Stelle im Interview #3 erhellt: *"[...] [A]m Anfang, als ich eben das Mers gespielt habe, als ich damit angefangen habe, habe ich im Prinzip noch gar nichts über die Welt gewusst. Dann mit der Zeit habe ich das Mers gekannt, ich habe das Regelwerk kennengelernt, und habe schon recht viel über die Welt erfahren, aber äh erst nachdem ich dann die Bücher auch wirklich gelesen haben, Der Hobbit zum Beispiel, oder Herr der Ringe, nachdem die Bücher einmal durchgeschafft worden waren, hat man natürlich ein, ein massiv gutes Bild on dieser Welt. Man weiss, was ist möglich, was ist nicht möglich, und das hat man sonst nicht, oder."* (Interview #3). Andere Rollenspieler halten es zwar nicht für erforderlich, dass man *"die genaue geschichtliche Abfolge [...] von Ereignissen in Aventurien [Name des wichtigsten Kontintents in der DSA-Welt, Anm. MM] oder an anderen Orten"* kennt, stimmen aber zu, dass besonders der Spielleiter ein gewisses Hintergrundwissen der Spielwelt haben muss, damit die Story authentisch bleibt (Interview #4, ähnlich Interview #1).

Spielregel-Wissen

Das Spielregel-Wissen wird zwischen *generellem* und *spezifischem* Spielregel-Wissen unterschieden. Das generelle Spielregel-Wissen bezieht sich auf die Kenntnis wesentlicher Elemente des Spielablaufs eines Rollenspiels überhaupt, während sich die spezifischen Spielregel-Kenntnisse auf die Spielregeln des jeweiligen Rollenspielsystems (z.B. D&D, Mers usw.) beziehen.

In den Interviews finden sich einige Verweise auf die generellen Spielregeln und damit der Kenntnis von diesen. Ein eher nahe liegendes Beispiel ist der Verweis auf die Funktion des Würfelns im Rollenspiel (*"[F]ür Sachen, bei denen eigentlich entschieden werden muss, ob du sie schaffst oder nicht, also zum Beispiel, wenn du irgendwo hinausklettern möchtest, dass es dann einen Wert gibt, bei dem du würfeln kannst."* Interview #2), oder auch der Verweis darauf, dass der Spielleiter in seiner Funktion „Persönliches draussen lassen" soll (Interview #5). Weniger nahe liegend, aber nicht minder Teil des generellen Spielregel-Wissens sind „Verhaltensregeln" während des Spiels, z.B. nicht eine vom Spielleiter mühsam aufgebaute Spannung durch einen „blöden Witz" zu zerstören, d.h. zu verstehen, dass es eine Regel des Spiels ist, beim Spiel im entscheidenden Moment seriös genug zu sein, um Spannung und Stimmung nicht zu stören (Interview #1).

Auch für spezifische Spielregel-Kenntnis sind in den Interviews Beispiele vorhanden, angefangen von der Spezifität des sog. Schadenbogens in einem Rollenspielsystem (*"Das ist dort, wo man die ganzen Wunden, also alles, was man an, an physischer Beschädigung muss äh aufschreiben, das kommt eben auf den Schadensbogen [...]."* Interview #3) bis hin zur sog. Waffenvergleichs-Regel in einem anderen Rollenspielsystem (*"[W]enn zwei [...] Leute aufeinander treffen, und es kommt zu einem Kampf, dass automatisch [...] die Werte von dem, der zum Beispiel mit einem Dolch herumsteht, im Vergleich zu dem, der mit einem Zweihänder herumsteht, ein wenig schlechter sind, was äh, ja, die Verteidigungsmöglichkeit betrifft, oder auch Angriffsmöglichkeit."* Interview #4). Etwas allgemeiner, aber immer noch deutlich an die Kenntnis spezifischer Spielregeln verschiedener Rollenspielsysteme gebunden, erzählt Interviewpartner #1 ein Beispiel: *"Läuft einer durch eine Gasse, es scheppert etwas. Dann heisst es mal: Ein Wahrnehmungswurf oder Sinnesschärfewurf, oder Aufmerksamkeitswurf, oder, eben, nach Spielsystem, und dann würfelt man halt auf diesen Wert, und je nachdem wie gut man gewürfelt hat, und wie gut der Wert ist, wird dann der Effekt vom Spielleiter gesagt, man sieht was es gewesen ist, man sieht es nicht, oder man kriegt gar nichts mit. Patzer, Glückliche."* (Interview #1).

Charakter-Wissen

Als letzte Kategorie der Wissensinhalte ist das Charakter-Wissen zu berücksichtigen, d.h. Wissensinhalte, über welches der Rollenspieler *als Charakter* in der fiktionalen Spielwelt verfügt. Dies kann zum einen Wissen über eine spezifische Situation sein: *"Talak [Spielercharakter] hat Orks gekannt, aber hat Uruk-hais nicht gekannt, der hat die Unterscheidung vielleicht nicht so genau gemacht, und ist hochmütig geworden, weil das ja vorher äh mal gut geklappt hat mi diesen Orks, oder, und jetzt auf einmal hat es nicht so gut geklappt."* (Interview #3); *"Mein Charakter ist darauf aus gewesen, am Markt eine Melone zu kaufen [...]. Aber egal, er ist davon überzeugt gewesen, es gibt sicher eine gute Melone, hat dann auch an einem Stand eine Probe verpasst, und hat das Gefühl gehabt, ja, ist sicher super Qualität und so [...]"* (Interview #4). Zum anderen kann es auf die Ausrüstung bezogen sein, über die der Charakter momentan verfügt und über die auch der Spieler

„Rechenschaft ablegen" können muss (*„Dämonenschwert, das ich jetzt besitze [...]. [...] [S]o Gegenstände, die man im Lauf des Spiels (dann?) erhält, ein Kompass, oder, (was?) kann der Kompass genau, ist er überhaupt, defekt, wie, wie stark ist er beschädigt, oder. Vielleicht will man ihn ja nach zwei Jahren noch reparieren lassen, dann sollte man das schon wissen."* Interview #3). Schliesslich können damit auch Wissensinhalte gemeint sein, die sich auf die fiktionale Geschichte, das kulturelle Wissen der fiktiven Völker, Namen wichtiger Persönlichkeiten oder Gottheiten in der fiktiven Welt usw. beziehen, über die ein sich gut auskennender Charakter, z.B. ein Gelehrter selbstverständlich verfügt (Interview #5), andere Charaktere aber womöglich nicht verfügen. Damit zusammenhängend gelten auch die Fertigkeiten des Charakters (über den Charakterbogen operationalisiert) als Teil des Charakter-Wissens (dass z.B. ein Schmied im Spiel die Fertigkeit „Schmiedekunst" aufweist und „weiss", wie man bspw. ein Schwert schmiedet, unabhängig vom Wissen des Spielers).

Imaginative Kompetenzen

Bei einem Spiel, bei dem letztlich wesentliche Handlungen „nur im Kopf" bzw. nur verbalisiert in einem Kreis von Kommunikationspartnern Gestalt annehmen, ist Imagination eine entscheidende Kompetenz, die entsprechend für wichtig gehalten wird: *„[...] [I]ch finde, für mich ist das der Reiz vom Rollenspiel, dass es, dass ich mir die Welt vorstellen kann, und [...] dass eigentlich ich Bilder sehe, oder, dass ich, dass ich es wahrnehme, nicht nur irgendwie als Text oder so, sondern dass ich mir das vorstellen kann."* (Interview #2). Diese Fähigkeit, ein „Bild" von den Geschehnissen oder der Umwelt zu gewinnen, ist gerade auch bei Elementen der jeweils spezifischen Spielwelt wichtig: *„Und auf einmal habe ich gesehen, gehört, das sind Orks. Kein Bild gehabt von Orks, oder, nicht. [...] Aber eben, die Hauptschwierigkeit ist mal gewesen, wirklich die Welt im Kopf zusammen zu bekommen. Da hat man natürlich ein (total?) falsches Bild gehabt am Anfang, oder, weil man keine Grenzen gehabt hat, man hat och keine Tipps gehabt, wie man sich das vorstellen muss."* (Interview #3). Erst durch Verwendung von Hintergrundmaterial (Bücher, aber auch Weltkarten der fiktiven Welt) werden „veridikale*" Vorstellungen ermöglicht, die dem Spieler Grenzen vorgeben (*„[...] was mir am meisten geholfen hat, war die Karte. [...] [D]ie Weltkarte von Mittelerde selber, dann habe ich gewusst, da bin ich, so sieht's mal aus, dann habe ich schon mal ein grobes Raster gehabt, mal ein Bild, wo bin ich überhaupt und wie könnte das Ganze aussehen, und wo ist der Anfang und wo ist das Ende, wie kann man hingehen."* Interview #3).

Die („veridikale", „non-veridikale") Vorstellung solcher Elemente hat Einfluss auf die Führung des Charakters und auf die Reaktionen (z.B. Handlungen) des Charakters, sowie auf die Kommunikation zwischen Spieler und Spielleiter (siehe oben *Kommunikatives Abgleichen*): *„[A]m Anfang ist es recht schwer, einzuschätzen äh, einfach das, in Anführungszeichen ‚rollengerechte, realistische Spielen', das man je nachdem, zu wenig nachfragt, oder halt einfach macht, und man hat seine Vorstellungen, und ja, übersieht dabei die wichtigen Details."* (Interview #4). Nicht zuletzt kann die Imagination durch die (spezifischen) Spielregeln des Rollenspiels erschwert werden, wenn sie entweder zu detailliert ausfallen oder aber wenn sie sie zu wenig „realistisch" sind, sodass man sich die Situation nicht mehr richtig vorstellen kann (Interview #5, Interview #2).

Interpretative Kompetenzen

Interpretative Kompetenzen werden sowohl vom Spielleiter wie vom Spieler im Rollenspiel benötigt. Am deutlichsten fallen dabei die regeltechnischen Werte des Charakters (auf dem Charakterbogen) und – damit verbunden – das Würfeln auf; so beschreibt Interviewpartner #3 eine seiner ersten Reaktionen beim Rollenspiel durch eine entsprechende interpretative Überforderung: *„[A]ber ich habe irgendeinen Wert gehabt, irgendeine Nummer habe ich gesehen, und ich habe Würfel gehabt [...]."* (Interview #3). Weder die Werte (Nummern) noch die Würfel und die Verbindung zwischen den beiden konnten ohne die entsprechende spezifische interpretative Kompetenz gedeutet, in einen verständlichen Sinnzusammenhang („Was soll das bedeuten?") gebracht werden. Auch bei solchen interpretativen Aspekten wird ein klarer Bezug zum Führen des Charakters bzw. zur Inkorporation gemacht: *„Das [die Werte, Anm. MM] sagt dann, dass im Zweifelsfalle, wenn ich gerade zögere, ob ich jetzt meinen Charakter wirklich in die gefährliche Situation hineinschicken soll, ich dann mit dem hohen Wert annehmen muss, mein Charakter würde sich tatsächlich in diese Situation hineinbegeben, und das dann so spiele, dass mein Charakter das macht."* (Interview #2). Darüber hinaus sind diese Aspekte beim „Verstehen" eines anderen (Spieler-)Charakters vonnöten und müssen erst in nicht-regeltechnische, abstraktere Sprache „übersetzt" werden, was zu Beginn keineswegs einfach ist: *„[W]enn mich jetzt jemand fragt, o.k., diesen Typ hast du schon mal gesehen, wie ist er? Dann sage ich, ja easy, Kraft 15, äh Geschicklichkeit 12, Jähzorn 13, [...] das ist eine Situation, die kennt man jetzt einfach nicht, sondern man beschreibt's [...] abstrakter. Und dann heisst's, ja, er ist ziemlich stark, [...] allerdings geht er ziemlich schnell hoch, wenn man ihm etwas sagt, und das kann man halt einfach so nicht in Werte, die für ein System geeignet sind, auf dem Papier festhalten. Und aus diesen Werten eigentlich die Bedeutung zu extrahieren ist teilweise etwas schwierig. [Pause] [...]. Wenn man sich einmal eingewöhnt hat, dann werden die Zahlen auf einmal zu Eigenschaften, und Fähigkeiten, (und?) das ergibt sich schon."* (Interview #1).

Ein weiterer deutlicher Aspekt, wo interpretative oder hermeneutische Kompetenz gefragt ist, ist die *Regelinterpretation*, also die sinnvolle Auslegung und Anwendung von Spielregeln. Diese obliegt v.a. dem Spielleiter, der situationsadäquat die Schwierigkeit einer Handlung u.Ä. beurteilen und die anwendbaren Regeln entsprechend umsetzen können muss (Interview #1, Interview #3, Interview #4). Er muss dabei aber zuerst einmal verstehen, für welche Fälle welche Spielregeln angewendet werden können (Interview #4).

Die oben vorgestellten Ergebnisse werden im nun folgenden Kapitel anhand der Fragestellungen und dem in Kap. 1.4 ausgewiesenen theoretischen Rahmen systematisch diskutiert.

5
INTERPRETATION

Die Interpretation ist inhaltlich gegliedert: Zuerst wird theoretisch-spekulativ der *makrosoziologische Hintergrund* gezeichnet, in welchem ein Spiel wie das Pen-and-Paper-Rollenspiel verortet werden muss, sowie Aspekte von *Geschlecht, Beruf und Freizeit* behandelt. Anschliessend folgt die eigentliche *Interpretation der Ergebnisse* (empirische wie theoretische). Aus dieser Diskussion erfolgt die Synthese zu einer *Proto-Theorie* der relevanten Wissenstypen im Rollenspiel.

5.1 MAKROSOZIOLOGISCHER HINTERGRUND

Auf Basis der Interviews und der eigenen lebensweltlichen Erfahrung könnte behauptet werden, dass das Rollenspiel als ein typisch „post-modernistisches" Spiel verstanden werden kann, das mit Entwürfen unterschiedlicher Narrative und ständiger (Quasi-)Selbstkonstruktion operiert. Es ist zumindest stark zu vermuten, dass das Aufkommen des Rollenspiels in den 1970er und 1980er Jahren kein völlig kontingentes* Ereignis gewesen ist, das genauso gut im Mittelalter oder der Renaissance hätte stattfinden können, aber wohl auch nicht in den 1950er-Jahren. Vielmehr ist davon auszugehen, dass der allgemeine soziale Wandel (u.a. Emanzipationsbewegungen verschiedenster Art) in den 1960er-Jahren, parallel zu der zunehmenden Anerkennung der Fantasy- und Sciencefiction-Literatur – vorwiegend als „Trivialliteratur" und Produkte einer *Populärkultur* – und natürlich des zunehmenden Stellenwertes des Films als Unterhaltungsmedium (Entstehung des „Popcorn-Kinos") zur Entwicklung eines solchen Spieles beigetragen haben, bzw. ein solches Spiel nur in der sozial und politisch angespannten Atmosphäre der 1970er-Jahre in den USA (u.a. starke Konflikte zwischen traditionalen und emanzipatorischen Bewegungen usw.) überhaupt bestehen und Interessenten finden konnte.[45] Ob die US-amerikanische Gesellschaft um 1950 herum bereit gewesen wäre, die Existenz eines solchen Spieles ausreichend zu billigen, sodass überhaupt Entwicklungsversuche denkbar gewesen wären, ist zumindest in Hinblick der Reaktionen selbst noch in den 1970er und 1980er Jahren fraglich (siehe Kap. 1.3, Fussnote 11).

Der kontinuierliche Wandel von einer Industriegesellschaft zur Wissensgesellschaft wird für die Akzeptanz und Verbreitung des Rollenspiels womöglich ebenfalls von Bedeutung gewesen sein: Ein Spiel, das zu einem beachtlichen Grad „nur im Kopf" stattfindet und für welches verschiedenste Wissensquellen beansprucht werden müssen, kann sich wahrscheinlich in einer Gesellschaftsform, in welcher die Arbeit an Wissen zur Regel und der Wert von Wissen relativ hoch eingestuft wird, besser behaupten als in einer klassischeren Gesellschaftsform. Geht man ferner davon aus, dass manch andere Charakterisierung unserer modernen westlichen Gesellschaft durch die zeitdiagnostische Soziologie zumindest plausibel ist, können weitere Faktoren der letzten zwei, drei Dekaden genannt werden, die für die zunehmende Akzeptanz und Verbreitung des Rollenspiels mitverantwortlich sein könnten: In einer (teilweisen) *Freizeit*gesellschaft wird Freizeit zum einen für die

---

[45] Es wird hier keine kausale Zuordnung versucht, die nur auf Basis genauerer historischer Untersuchungen – wenn überhaupt – möglich wäre. Rollenspiele und die Akzeptanz von Fantasy-Literatur könnten auch gemeinsame Ursachen haben und/oder durch Interaktionseffekte miteinander verbunden sein.

"grosse Masse" der Mitglieder einer Gesellschaft (nicht nur für die jeweils privilegierten Mitglieder) verfügbarer als in früheren Gesellschaften (z.B. um 1950), zum anderen steigt die gesellschaftliche Akzeptanz der Freizeit als etwas anderes als nur die Erholung nach getaner Berufsarbeit [siehe u.a. OPASCHOWSKI 1994], bis hin zur Identifikation mit den bevorzugten Freizeitaktivitäten (mehr als z.B. „traditionellerweise" mit dem Beruf). Eine zeitintensive und oft mit hohem Identifikationsgrad versehene Freizeitbeschäftigung wie das Pen-and-Paper-Rollenspiel wird (wie andere Freizeitbeschäftigungen auch) in einer solchen Gesellschaft weniger Mühe haben, gesellschaftlich gebilligt und u.a. dadurch auch verbreitet zu werden (z.b. herrscht voraussichtlich kein so hoher sozialer Rechtfertigungsdruck – „Warum spielst du dieses Spiel?" – mehr vor, wie dies bspw. von SCHMID [1995b] noch für die 1980er- und 1990er-Jahre beobachtet worden ist).

Die Frage, welche gesellschaftlichen Bedingungen, welche vorherrschenden Ideologien (auch über das Individuum in der Gesellschaft) und welcher Status der Freizeit eingeräumt wird, für die Entstehung eines Spieles wie das Rollenspiel tatsächlich entscheidend waren oder sein könnten, kann jedoch in dieser Arbeit nicht weiterverfolgt werden. Die oben skizzierten soziologischen Hypothesen müssen als makrosoziologischer Hintergrund genügen.

5.2 GESCHLECHT, BERUF UND FREIZEIT

Für „eingefleischte Rollenspieler" (bewusst männliche Form belassen) ist es kaum eine Überraschung, dass auch in dieser Studie mehr männliche Rollenspieler (nämlich fünf) denn weibliche Rollenspieler (nämlich eine) teilgenommen haben: Es scheint geteiltes Grundwissen innerhalb dieses Hobbys zu sein, dass Frauen bedeutend weniger vertreten sind. Darauf weist auch einer der Interviewpartner hin, der diesen Umstand bedauert: *„Wir sind, [...] sind leider alles Männer, ja, aber das ist ja bei den Rollenspielen meistens so, dass es mehr Männer als Frauen sind [...]"* (Interview # 5). Die Geschlechterverteilung wird statistisch durch mehrere, zum Teil eher amateurmässige oder erheblich von der Befragungstechnik und -Ort abhängige[46] Umfragen belegt:

KATHE [1986] berichtete vor zwanzig Jahren, dass bei seiner Befragung in Deutschland (n=111) nur 14.4% Frauen vertreten seien; SCHMID [1995a] dagegen konnte bei ihrer Umfrage (n=77), ebenfalls in Deutschland, gerade mal 1.3% Frauenanteil verbuchen (d.h. in absoluten Zahlen: *eine* Frau; bei zwei Bogen war keine Angabe des Geschlechts vorhanden). KIM [2005] berichtet von der grösser angelegten *Wizard of the Coast*-Studie (marktorientierte Studie) in den USA von 1999[47], die 19% Frauenanteil bei Pen-and-Paper-Rollenspielen und 21% bei Computer-Rollenspielen belegt (n=~1000). Gemäss einer weiteren von KIM erwähnten Umfrage sei der Anteil der weiblichen Rollenspieler, die auch als Spielleiterinnen tätig sind, nochmals geringer (jedoch dürfte das statistisch nicht überra-

---

[46] Z.B. Befragungen an Conventions oder Auslegung von Fragebögen in Spielläden, die beide möglicherweise ohnehin eher von Männern als von Frauen frequentiert werden, oder Online-Befragungen, bei der alleine schon aufgrund des gender-spezifischen Internetverhaltens statistisch eventuell weniger Frauen als Männer teilnehmen werden [siehe aber auch ROLLENSPIELSTATISTIKER 2008]. Dementsprechend könnten die Zahlen über weibliche Rollenspieler die Realität verzerrt widergeben, dürften aber korroboriert mit der lebensweltlichen Erfahrung als ausreichend valide gelten.

[47] Zugänglich unter http://www.rpg.net/news+reviews/wotcdemo.html (30.10.2008)

schen, insofern der Anteil männlicher Rollenspieler, die auch als Spielleiter tätig sind, ebenfalls geringer ausfallen wird als der Gesamtanteil männlicher Rollenspieler). Der ROLLENSPIELSTATISTIKER [2008] erwähnt neben den bereits genannten Studien weitere Umfragen, bei denen sich der Frauenanteil zwischen 12.4% (n=515; seine eigene Online-Umfrage), 11.9% (n=327), 10.8% (n=2271) und 15.2% (n=1638) bewegen. Offenbar hat sich der Frauenanteil in den letzten zwei Jahrzehnten nicht wesentlich geändert – er ist gering geblieben –, soweit dies auf der Basis der (nicht immer unproblematischen) statistischen Befunde behauptet werden kann.

Über die *Ursachen* dieser Geschlechterverteilung dagegen ist weitaus weniger bekannt.[48] KIM [2005] spekuliert auf Basis anekdotischer (nicht wissenschaftlicher) Evidenz über solche Ursachen; als Auswahl seien drei mögliche Ursachen genannt: (i.) Männlich-dominierte Darstellungen (Bilder) von Frauen in Rollenspiel-Büchern (z.B. die unterdessen in Rollenspielkreisen wohlbekannte spärlich bekleidete Frau im „Chain-Mail-Bikini"), die ein sexualisiertes Frauenbild vermitteln, was Frauen eher abschrecken dürfte.[49] (ii.) Soziale Faktoren wie der *„network effect"*, wo männliche Rollenspieler tendenziell nur andere Männer als neue Spieler „rekrutieren" und so die Geschlechterstruktur des Rollenspiels reproduzieren (was gerade im Jugendalter mit der jeweiligen Freundesclique zusammen fallen kann, die im jungen Teenager-Alter wohl oft eher gleichgeschlechtlich orientiert ist[50]); dies würde auch mit dem Umstand korrespondieren, dass Rollenspieler meistens über Freunde und Kollegen zum Spiel kommen, d.h. über meist durch andere Kontexte entstandene sozialen Netze (z.B. durch Kontakt aufgrund einer gemeinsamen Schulklasse, Freizeitvereine ...). Dies wird konsistenterweise ebenfalls in allen geführten Interviews deutlich. (Zudem kann dies auf Basis der Ergebnisse von KATHE [1986] angenommen werden, insofern 54.9% (n=111) seiner befragten Rollenspieler viel Kontakt mit Mitspielern ausserhalb des Rollenspiels haben, und nur 3.5% keinen bzw. 12.4.% wenig). (iii.) Ablehnung des oft deutlichen und „grafischen" Gewaltanteils bei Rollenspielen durch Frauen.

Neben fehlender Forschung bezüglich der *Ursachen* („erklärende Forschung") der Geschlechterverteilung (siehe Fussnote 48) fehlt meistens ebenso Forschung bezüglich der

---

[48] Dies illustriert vortrefflich den in Kapitel 2 monierten Umstand, dass quantitative Methoden oft nur „oberflächlich" eingesetzt werden. Selbstverständlich darf es als Zugewinn an Erkenntnissicherheit gelten, wenn neben der lebensweltlichen Erfahrung als Rollenspielende die Aussage, dass es wenig *weibliche* Rollenspielende gibt, auch durch verschiedene statistische Evidenzen belegt wird. *Sozialwissenschaftlich* bedeutend spannender und relevanter wäre zu klären, *warum* sich dies so verhält. – Auf die breite Anwendung von quantitativen oder quasi-experimentellen Methoden für solche kausalen/korrelativen oder explanatorischen* statt bloss deskriptiven Fragestellungen wird die Rollenspielgemeinschaft vermutlich noch etwas warten müssen.

[49] Dem stimmt auch KATHE [1986] zu; er weist zudem darauf hin, dass Rollenspiele allgemein von der Marktorientierung her auf ein „männliches Klientel" zugeschnitten seien (wenigstens in den 1990er-Jahren).

[50] Dies kann zumindest mit der lebensweltlichen Erfahrung des einen Autors in Übereinstimmung gebracht werden; es war ihm 1994 (Gymnasialzeit) in dem damals rund zehnköpfigen „Rollenspieler-Club" nur gegen heftigen Widerstand der anderen (*notabene* männlichen) Rollenspielern möglich, weibliche Rollenspieler in die Gruppe einzuführen, bis hin zur Spielverweigerung einzelner Rollenspieler (sodass am Ende die drei weiblichen Rollenspieler eine *eigene* Spielergruppe bilden mussten, wo der Autor die Spielleiter-Funktion übernahm). Die Einstellung zu weiblichen Rollenspielern änderte sich erst mit zunehmendem Alter spürbar.

Interpretation

Bedeutung („verstehende Forschung") dieser Verteilung; u.a. wäre zu klären, ob die Geschlechterverteilung überhaupt signifikant bedeutsam für das sozialwissenschaftliche Verstehen des Rollenspiels ist. Ansonsten müsste ungeachtet der tatsächlichen Ursachen davon ausgegangen werden, dass solche Gender*-Aspekte zumindest eine *methodologische Relevanz* aufweisen, nämlich dass sich ein unvermeidbarer Gender-Bias sowohl bei der empirischen Datenerhebung und -Auswertung, wohl aber auch in der theoretischen Reflexion bemerkbar machen könnte. Empirische Erkenntnisse und davon abgeleitete theoretische Systematisierungen über Rollenspieler oder gar „das Rollenspiel" werden vorwiegend (im ersten Moment) Erkenntnisse über *männliche* Rollenspieler sein. Dies zeitigt freilich auch eine mögliche *wissenssoziologische Konsequenz* – denn es könnte etwas darüber aussagen, *wer* das spezifische Wissen, das im Rahmen des Rollenspiels produziert und verwendet wird, mehrheitlich bestimmt, wer zur Wissensproduktion zugelassen wird und wer marginalisiert wird. Solange nicht bekannt ist, welche Effekte und welche Bedeutung die Geschlechterverteilung aufweist (oder ob weibliche Rollenspieler als Mitglieder einer männlich dominierten Gruppe entsprechend orientierte soziale Rollenverständnisse und -erwartungen übernehmen usw.), d.h. wo geschlechterspezifisch signifikante Unterschiede mit Relevanz für das Rollenspiel (wie es erlebt, gespielt, konstituiert wird etc.) zu verorten sind, kann eine Verzerrung nicht ausgeschlossen werden und *a fortiori** nicht davon ausgegangen werden, dass Erkenntnisse über Rollenspieler nicht primär Erkenntnisse über männliche Rollenspieler und „männliches Rollenspiel" darstellen.

Auch die Berufsverteilung aus den Fragebogen, bei der sich die Hälfte der Befragten (noch, wieder) in einem Hochschulstudium befindet, überrascht vor dem Hintergrund anderer empirischer Daten nicht. Der Anteil an Schüler und Studenten unter den Rollenspielern war bereits vor zwanzig Jahren recht hoch (34% Schüler, davon 84% Gymnasiasten; 33% Studenten, 26% Berufstätige, 7% Auszubildende; n=111; [KATHE 1986]) und wird auch bei aktuelleren Umfragen zum Schulabschluss Rollenspielender noch immer deutlich (42.5% Abitur/Äquivalentes, 29.9% Hochschulabschluss; 1.4% Hauptschulabschluss und 6.8% Realschulabschluss/Mittlere Reife; n=515 [ROLLENSPIELSTATISTIKER 2008]). Natürlich muss methodisch berücksichtigt werden, dass hier eine gewisse Selbstselektion bestehen könnte, insofern Studierende und Hochschulabsolventen eventuell eher an solchen Umfragen teilnehmen als Nicht-Studierende; ausserdem müssen diese Daten vor dem Hintergrund der Altersverteilung und des Beginns des Rollenspielens betrachtet werden, welche voraussichtlich eher in Richtung jugendliches Alter als erwachsenes Alter tendieren wird: Die „Rekrutierung" erfolgt oft im jugendlichen Alter. Das wäre nicht unerwartet, insofern im jugendlichen Alter gerade durch Schule und Freizeitvereine soziale Netze entstehen, die auch eine gewisse Fluktuation aufweisen können. Nach der Einschätzung der ihm vorliegenden Daten geht ROLLENSPIELSTATISTIKER [2008] davon aus, dass Männer im Durchschnitt mit 15 Jahren zum Spiel kommen, Frauen aber erst mit 18 Jahren; dieser Unterschied sei statistisch höchstsignifikant*, die Ursachen für diesen Altersunterschied dürften jedoch wahrscheinlich eng mit den oben angesprochenen Gender-Aspekten zusammenhängen.

Dies erklärt bereits statistisch, warum Schüler oder Studierende einen höheren Anteil ausmachen als Berufstätige (die Betrachtung des Unterschieds zwischen Schüler bzw.

Studierenden und Lehrlingen und Ähnlichem wäre vermutlich aufschlussreicher, auch, um ähnlich wie bei den Gender-Aspekten möglichen Bias bei Datenerhebung und -Interpretation zu vermeiden).

5.3 Theoretische Interpretation der Ergebnisse

Hier werden v.a. die Interview-Ergebnisse vor dem Hintergrund der Ergebnisse aus der Forschung diskutiert. Der Fokus der Interpretation liegt dabei auf dem Identifizieren der Wissenstypen, unter welche die in den Ergebnissen figurierenden Wissensinhalte fallen (siehe Kap. 2.2 zur Erläuterung der Wissenstypen).

Definition des Rollenspiels

Bei den in der Forschungsliteratur vorkommenden Definitionen des Rollenspiels als *gemeinsam verfasste Narration* oder als gemeinsame Konstruktion einer *Diegese* handelt es sich offensichtlich um Interpretationskategorien, deren Angemessenheit als *Real*definitionen* des Rollenspiels sich erst vor dem Hintergrund einer fundierten Theorie des Rollenspiels herausstellen kann. Die explorativ ausgerichtete Diskussion hat folglich nicht zum Ziel, die Angemessenheit dieser Definitionen auszuweisen. Man kann jedoch aus begrifflichen Gründen festhalten, dass es sich bei diesen beiden Charakterisierungen keineswegs um konträre Bestimmungen handelt – es könnte sich durchaus um verschiedene, aber kommensurable* Perspektiven auf dasselbe Phänomen handeln. Die meisten der berücksichtigten Autoren scheinen beide Charakterisierungen zuzulassen. Man verstösst also nicht gegen den Text, wenn man ihnen folgenden Begriff des Rollenspiels zuschreibt: *Das Pen-and-Paper-Rollenspiel ist eine von allen teilnehmenden Rollenspielern auf der Basis von expliziten und impliziten Spielregeln gemeinsam verfasste Narration, die von einer fiktionalen Welt (Diegese) handelt bzw. eine solche konstruiert, in welcher die Spieler als Charaktere agieren.*

Interaktionen

Rollenübernahme Spieler

Eine wesentliche Bedingung dafür, ein Rollenspiel zu spielen, ist es offensichtlich, dass man sich mit anderen Personen *zum Rollenspielen* trifft. Dass dazu neben der physischen Anwesenheit der Personen und bestimmter Spielutensilien auch ein bestimmter Wissensbestand erforderlich ist, wird etwa durch die Aussage deutlich, dass man als Rollenspiel-Neuling der Meinung sein könne, es werde beim Rollenspielen „nichts [...], also nichts Erkennbares" getan (Interview #1). Es ist klar, dass man Rollenspielen weder erkennen noch ausüben kann, wenn man nicht weiss, welche Handlungen wesentlich unter „Rollenspielen" fallen. Um sich mit anderen Personen zum Rollenspiel zu treffen (genaugenommen bereits um sich zum Rollenspiel zu verabreden) muss man zunächst über allgemeine Wissensinhalte zum Spielkontext des Rollenspielens verfügen (z.B. welche Utensilien benötigt werden, wie die Spieler sich anordnen müssen, wann das Rollenspiel beginnt/endet usw.), die man vor dem Start (oder nach dem Ende) einer Spielrunde in entsprechenden Handlungen aktivieren muss (z.B. Mitbringen der Utensilien, Sitzordnung einnehmen, Rollenspiel beginnen/beenden usw.). Man könnte dieses Wissen, das die kontextuellen Bedingungen beschreibt, unter welchen ein Rollenspiel stattfinden kann, *Rollenspielkontext-Wissen* nennen. Dabei handelt es sich mehrheitlich um Normen- oder Zielwissen (Wissen über Sinn und Zweck von Handlungen im Rollenspielkontext, über erlaubte und nicht erlaubte Handlungsweisen usw.), also letztlich um soziale Regeln, die aber vermutlich zugleich als Konstitutionsregeln für die Wissensproduktion innerhalb des Rollenspiels fungieren. Es ist anzunehmen, dass dieses Rollenspielkontext-Wissen üblicherweise nicht theoretisch gelernt, sondern in der sozialen Praxis des Rollenspielens allererst erworben wird – es ist ein Wissen, über das man üblicherweise nur als Rollenspieler verfügt.[51]

Um an einem Rollenspiel teilzunehmen (und nicht nur die Rahmenbedingungen dazu herzustellen), muss man zusätzlich zu diesem Kontext-Wissen auch Kenntnis des allgemeinen Ablaufs und der wesentlichen Elemente des Rollenspiels haben (d.h. solche Informationen wie in Kap. 3 beschrieben, vgl. auch Kap. 4.4 *Spieler-Wissen*). Neben diesem *allgemeinen Rollenspiel-Wissen* ist aber auch ein Mindestmass an *spezifischem Rollenspiel-Wissen* über ein bestimmtes Rollenspielsystem notwendig (z.B. was es für spezifische Spielregeln gibt, in welcher Spielwelt das Abenteuer stattfindet usw.). Ohne diese Kenntnisse wäre man evidentermassen nicht in der Lage, die Spielzüge des Rollenspiels korrekt auszuführen. Auch hier ist zu vermuten, dass es sich bei diesen beiden Wissensbeständen um esoterisches Wissen handelt, welches man für gewöhnlich nur als Teilnehmer eines (bestimmten) Rollenspiels erwirbt. Allerdings dürfte dieses Wissen aufgrund von dessen starken Künstlichkeit vermehrt theoretisch, also durch explizite Erläuterungen der Mitspieler oder durch Lesen des Regelwerkes, erlernt werden (insbesondere das spezifische Rollenspiel-Wissen). Das heisst, dass das Rollenspiel-Wissen ein Konglomerat von impliziten und expliziten Wissensbeständen ist, wobei letztere gerade zu Beginn vom Rollenspiel-Neuling voraussichtlich zuerst nur als Rezeptwissen aufgenommen wird. Die Spielmechanik z.B. stellt für ihn eine „Black Box" dar, die er nicht durchschaut, aber deren (für ihn noch nicht wirklich begreifbaren) Wissensinhalte und Geltung er trotzdem, da er das Spiel spielen möchte, anerkennt; sehr wohl aber kann er zügig sowohl durch explizite Belehrung der anderen Rollenspieler („Jetzt musst du würfeln") wie auch durch Nachahmung und Beobachtung, wie die anderen spielen, sowie dem subjektiven Erleben von Sanktionen („Nein, so geht das nicht, das ist nicht erlaubt") lernen, was er in einem bestimmten Fall im Spiel tun muss, bspw. mit zwei Würfel würfeln und einen bestimmten Zahlenwert, der auf dem Charakterbogen steht, dem Spielleiter mitteilen. Tatsächlich dürfte es für das Spielen des Rollenspiels als *Spieler* möglich sein, mit erheblichen Beständen von Rezeptwissen – welches sich im Bewusstsein des Subjektes mit der Zeit teilweise als

---

[51] In der sozialen Praxis des Rollenspielens ist das vorwiegend normative Rollenspielkontext-Wissen, welches innerhalb der sozialen Gruppe der Rollenspieler geglaubt und akzeptiert wird, auf eine Weise sedimentiert, dass es zu einer *relativ-natürlichen Auffassung* der entsprechenden sozialen Realität führt und die erhebliche Künstlichkeit dieses Wissens zunehmend in den Bewusstseinshintergrund verlagert. Der Erwerb dieses Wissens durch einen Rollenspiel-Neuling wird vermutlich auch durch die Analogiebildung zu inhaltlich vergleichbaren Wissen über den Kontext ähnlicher Spiele erleichtert (z.B. Brettspiele), deren Kenntnis Teil des gesellschaftlichen (damit alltäglicheren) Wissensvorrat sind.

Gebrauchswissen sedimentiert – zu agieren, während das Spielen als *Spielleiter* besonderes explizites, oft auch schlicht propositionales Wissen entscheidend sein dürfte, welches seine Künstlichkeit nie völlig verlieren wird (z.b. die spezifischen Spielregeln als bewusst durch geistige und soziale Prozeduren erschaffenes kognitives System aus Begriffen, Regeln und Aussagen über verschiedene Sachverhalte erkannt werden). Damit wird auch deutlich, dass dem Rollenspieler-Neuling oft kein Erklärungswissen sowie nur marginales Tatsachenwissen über das (spezifische) Rollenspiel zur Verfügung stehen.

Einige Autoren [z.B. WASKUL 2006, HENDRICKS 2006] sprechen vom Rollenspieler als einer *sozialen Rolle*. Dieses Konzept scheint vom wissenssoziologischen Standpunkt aus eine gewisse Attraktivität zu besitzen, insofern man mit dem Begriff der sozialen Rolle die Abhängigkeit dieser Wissensbestände und der darauf basierenden Verhaltensweisen und Erwartungshaltungen von der sozialen Gruppe der Rollenspieler einholen kann. Die soziale Rolle des Rollenspielers wäre in diesem Fall durch einen bestimmten sozio-spezifischen Wissens-*Metatyp* charakterisiert – man könnte ihn *Rollenspieler-Wissen* nennen –, der durch die drei Wissensbestände des kontextuellen, allgemeinen und spezifischen Rollenspiel-Wissens exemplifiziert wird. Dieser Wissens-Metatyp würde die unter ihn fallenden Wissensinhalte hauptsächlich durch die soziale Herkunft und die soziale Zugänglichkeit charakterisieren, nicht aber durch Inhaltstypen (siehe Kap. 2.2).

Wenn man die soziale Rolle des Rollenspielers durch einen solchen Wissens-Metatyp kennzeichnet, lässt sich nach den sozialen Bedingungen fragen, unter welchen die ihn exemplifizierenden Wissensbestände aktiviert werden und in Verhaltensweisen und Erwartungshaltungen implizit zur Anwendung kommen. Hier steht die Forschung noch ganz am Anfang. Es scheint klar zu sein, dass das Aktivieren dieser Wissensbestände mit einer gewissen Ausblendung von Wissensinhalten eines anderen sozio-spezifischen Typs (z.B. Alltagswissen) einhergeht – das wird etwa durch die Aussage verdeutlicht, dass man als Rollenspieler „Persönliches draussen lassen" solle (Interview #5). Andererseits scheint ebenfalls klar, dass diese Ausblendung – wenn überhaupt – nur bis zu einem gewissen Grad gelingen kann; bestimmte kontextübergreifende Verhaltensweisen der Person bleiben unhintergehbar [WASKUL 2006]. Das zeigt sich bereits daran, dass es auch während des Rollenspiels durchaus zu Out-of-game-Gesprächen kommen kann.[52] Damit ist die Frage nach den Bedingungen der Übernahme der Rolle des Rollenspielers jedoch noch nicht beantwortet. Es ist zu vermuten, dass diese Übernahme zum grossen Teil durch die kollektive Intention* initiiert wird, sich mit anderen Rollenspielern zum Rollenspielen zu treffen. Sicherlich spielen aber auch der Habitus und die Erwartungshaltungen, die sich in der sozialen Gruppe der Rollenspieler in Form von (diskursiven) Praktiken verfestigt haben, eine wesentliche Rolle.

---

[52] Der Umfang an diesen „Out-of-game"-Gesprächen ist jedoch unklar: Während TYCHSEN et al. [2006a] nur eine sehr geringe Anzahl feststellen konnten, scheinen die Interview-Daten eine grössere Anzahl solcher Äusserungen nahe zu legen (siehe Kap. 4.4 *Rollenübernahme*). Dieser Kontrast ist wohl durch das künstliche Forschungssetting dieser Spielrunden in TYCHSENS Studie zu erklären, in welchen die Rollenspieler sich vorher nicht kannten und über den Studienkontext informiert waren.

Rollenübernahme Charakter

Alle Interviewpartner unterscheiden zwischen der Person als Rollenspieler und der Person als Charakter. Dass die Übernahme einer Charakter-Rolle – zu Denken, als ob man eine fiktionale Figur wäre – ein wesentlicher Spielzug des Rollenspiels darstellt, gehört offenbar zum allgemeinen Rollenspiel-Wissen eines jeden Rollenspielers. Doch wie hat man sich dieses Verhältnis vorzustellen? Die Forschung hat sich dem komplexen Verhältnis zwischen der Rolle des Rollenspielers und derjenigen des Charakters bisher erst ansatzweise angenommen. Aus einem wissenssoziologischen Blickwinkel betrachtet liegt es nahe, die Charakter-Rolle ebenfalls durch einen bestimmten Wissens-Metatypus zu charakterisieren, der verschiedene Wissensbestände umfasst – Wissensbestände, über die der Rollenspieler *als* Figur einer fiktionalen Spielwelt verfügt (also u.a. Wissen über erlebte oder gegenwärtige Situationen des Charakters in der Spielwelt, Wissen über die Handlungsoptionen des Charakters in der Spielwelt usw., vgl. Kap. 4.4 *Charakter-Wissen*). Das Charakteristische dieses Wissens-Metatyps des *Charakter-Wissens* scheint der spezifische Geltungsbereich und die spezifische Zugangsweise der diesen exemplifizierenden Wissensinhalte zu sein.

Die Frage nach der Geltung (Wahrheit, Begründbarkeit, Zuverlässigkeit) der Wissensinhalte, die unter das Charakter-Wissen fallen, stellt sich *nur innerhalb der fiktionalen Spielwelt*. Dies wird dadurch deutlich, dass der Wechsel zwischen der Position des Spielers und der Position des Charakters von den Rollenspielern als unproblematisch erlebt wird. Der Rollenspieler kann ohne zu zögern abwechslungsweise von sich als Spieler oder von sich als Charakter sprechen – mühelos auch im selben Satz („[D]ieses Dämonenschwert, welches ich [als Charakter, Anm. JS] jetzt besitze, das war eine neue Situation und das Schwierige daran ist, sich [als Spieler, Anm. JS] in den Charakter realistisch hineinzuversetzen [...]", Interview #3; siehe auch HENDRICKS 2006). Man muss daher annehmen, dass die besondere kontextuelle Geltung der Wissensbestände des Charakters jederzeit im Bewusstsein des Rollenspielers bleibt. Man ist sich bewusst, dass diese Wissensbestände nur innerhalb der fiktionalen Spielwelt des Charakters Geltung beanspruchen können und nicht für die Lebenswelt der Person.[53] Bei einem Wechsel der Rollen ist man deshalb nicht mit Geltungskonflikten einander widersprechender Wissensbestände konfrontiert. Die Aktivierung der Wissensbestände des Charakter-Wissens erfordert daher zwangsläufig ein vorläufiges Ausblenden der Geltung bestimmter Wissensinhalte, über welche die Person

---

[53] Dass der Geltungsstatus dieses Wissen dem Rollenspieler „jederzeit bewusst" ist, soll natürlich nicht heissen, dass der Rollenspieler sich explizit und ununterbrochen die Fiktionalität dieses Wissens vor Augen führt. Man kann es sich eher so vorstellen, dass der Rollenspieler diese Unterscheidung des Geltungsbereichs zwischen Charakter- und Spieler-Wissen zu jedem Zeitpunkt des Spiels ohne Umschweife treffen würde, wenn er gefragt würde. Dass eine solche Unterscheidung getroffen werden kann, beruht wahrscheinlich auf dem *reflexiven Wissen*, welches der Rollenspieler als Person von sich selbst hat („Ich weiss, dass ich [als Person] es bin, der vorgibt, eine fiktionale Figur zu sein."); möglicherweise fungiert reflexives Wissen daher gewissermassen als ein Nexus* zwischen den verschiedenen Wissens-Metatypen und dient damit dem Management der jeweiligen Wissensinhalte. Es ist deshalb Vorsicht geboten, wenn man von einer „blended entity" von Spieler und Charakter spricht, wie das HENDRICKS [2006] im Anschluss an TEA/LEE [2004] tut. Bei einer kompletten Vermengung der beiden Wissensbestände würde man nicht mehr *so tun*, als ob man eine fiktionale Figur wäre, man *wäre* die Figur – und würde kein Rollenspiel mehr spielen.

sowohl als Person wie auch als Rollenspieler verfügt: z.B. dass ich jetzt hier an einem Tisch sitze oder dass man seine Mitspieler nicht grundlos beleidigen sollte, oder dass bestimmte Handlungsmöglichkeiten und Ereignisse in der Spielwelt unmöglich in der Alltagswelt vorkommen könnten, also „unrealistisch" sind (sog. *„suspension of disbelief"*[54]).

Der Metatypus des Charakter-Wissens zeichnet sich nicht nur durch einen spezifischen Geltungsbereich aus, sondern auch durch eine spezifische Zugangsweise. Der Rollenspieler scheint nur über das spezifische Rollenspiel-Wissen Zugang zu den Inhalten des Charakter-Wissens zu haben: Erst wenn eine Person *als Rollenspieler* weiss, wie die fiktionale Figur und deren Umgebung beschaffen ist, kann sie wissen, was sie *als Charakter* über sich selbst und ihre Umwelt weiss.[55] Dies hat zur Folge, dass ein Rollenspieler nicht über denselben epistemisch privilegierten Zugang zu den Inhalten des Charakter-Wissens verfügt wie etwa beim Alltagswissen. Denn es ist durchaus denkbar, dass ein anderer Teilnehmer des Rollenspiels über mehr spezifisches Rollenspiel-Wissen über die Spielwelt oder sogar den Charakter verfügt (d.h. Regelwerk und Charakterbogen besser kennt), und somit eher in der Lage ist, zu wissen, was der Charakter weiss. Während eine Person aufgrund ihres privilegierten Zugangs zu ihrem Wissen *als Person* über eine gewisse epistemische Autorität über die eigene Person betreffende Wissensinhalte (u.a. durch reflexives Wissen) verfügt, ist das für ihr Wissen *als Charakter* daher in sehr viel geringerem Masse der Fall. Dies zeigt sich etwa daran, dass die nicht auf dem Charakterbogen fixierten Merkmale des Charakters (also auch seines Wissens) durchaus Gegenstand von Autoritätskonflikten zwischen Spieler und Spielleiter sein können [HENDRICKS 2004].

Anwendung finden die Wissensinhalte des Charakter-Wissens üblicherweise in solchen „In-character"-Aussagen[56], die der Rollenspieler als Charakter in direkter Rede macht [HENDRICKS 2006]. Mit der Anwendung dieser Inhalte ist zudem eine bestimmte Erwartungshaltung auf der Seite des Sprechers verbunden, nämlich dass diese In-character-Sprechhandlungen von den Mitspielern als Aussagen mit spezifischer kontextueller Geltung erkannt werden. Wird der spezifische Geltungsbereich dieser Aussagen von den Mitspielern nicht erkannt, reagieren sie auf die Aussage mit der Anwendung von Wissensbe-

---

[54] „Willentliche Aussetzung der Ungläubigkeit", ein Theoriekonzept von SAMUEL T. COLERIDGE, ursprünglich für die Literaturtheorie und später auch für die Filmtheorie verwendet. Dabei wird davon ausgegangen, dass ein Leser oder Zuschauer bewusst „einwilligt", sich zwecks Unterhaltung vorübergehend auf fantastische, unglaubwürdige oder unlogische Elemente eines fiktiven Werkes einzulassen. Für Rollenspiele muss dieses Konzept um eine *„suspension of belief"*, etwa der erwähnten „Ich-jetzt-hier"-Gedanken, erweitert werden. Die philosophisch geadelte Version dieses Konzeptes ist die „phänomenologische Reduktion" (*Epoché*), dem Sich-Enthalten eines Urteils über die Existenz der Welt und des Subjekts [SCHÜTZ 1971, S.119].

[55] Über den genauen Ablauf dieses Konstitutionsprozesses von Charakter-Wissen geben die in dieser Arbeit vorgestellten Ergebnisse keinen Aufschluss. Es kann vermutet werden, dass hier eine Fähigkeit zur Anwendung kommt, sich vorzustellen, was man in einer solchen Situation wissen würde, wobei diese andere Situation durch das spezifische Rollenspiel-Wissen des Rollenspielers über Charakterbogen und Spielwelt beschrieben wird. Eine solche Fähigkeit umfasst die Fähigkeiten, die LIEBEROTH „Metarepräsentation" und „entkoppeltes Denken" genannt hat (siehe LIEBEROTH [2006]).

[56] „In-character"-Aussagen sind gemäss TYCHSEN et al. [2006a] solche, die sich (in direkter oder indirekter Rede) auf die Handlungen des Charakters beziehen. In dem hier vorgestellten Rahmen sind das Aussagen, deren Gehalt auf den Wissensbeständen des Charakter-Wissens beruht.

ständen eines falschen Typs – die Kommunikation misslingt, obschon der propositionale Gehalt der Aussage verstanden wurde.[57] Dieser Umstand wird etwa durch die anfängliche Sorge eines Interviewpartners herausgehoben, dass er die Mitspieler *als Personen* aufgrund In-character-Aussagen verärgern könnte (Interview #5).

Die Aktivierung und Anwendung der Wissensbestände des Charakter-Wissens scheinen durch folgende Faktoren beeinflusst zu werden: (i.) die Kenntnis der fiktionalen Figur (via Charakterbogen) und der fiktionalen Spielwelt (insbesondere auch spielweltspezifischer Ausdrücke), (ii.) die Norm, den Charakter „kohärent" zu spielen, d.h. bei den In-character-Aussagen nur Wissensinhalte des Charakter-Wissens (und nicht des Rollenspieler-Wissens) zugrunde zu legen[58], (iii.) Interaktionen der Rollenspieler als Charakter, die aufeinander bezogenes Charakter-Wissen involvieren, und (iv.) die Gefühlslage der Person (Laune, Stimmung). Insbesondere die beiden ersten Faktoren verdeutlichen den komplexen Zusammenhang zwischen Rollenspieler-Wissen und Charakter-Wissen: Einerseits ist der Rollenspieler auf Inhalte des spezifischen Rollenspieler-Wissens angewiesen, um allererst auf Charakter-Wissen zugreifen zu können, andererseits ist es für die Anwendung von Charakter-Wissen in In-character-Aussagen konstitutiv, dass er keine Inhalte des spezifischen Rollenspieler-Wissens zugrunde legt. Es ist offensichtlich, dass ein statisches Modell der Rollen im Rollenspiel diesen komplexen Zusammenhang nicht erklären kann. Nach WASKUL [2006] müssen die Teilnehmer eines Rollenspiels die symbolischen Grenzen zwischen der Rolle der Person, des Rollenspielers und des Charakters vielmehr fortwährend aushandeln. Wissenssoziologisch gewendet bedeutet das, dass die Personen fortwährend die verschiedenartigen Wissensbestände (Personen-Wissen, Rollenspieler-Wissen und Charakter-Wissen) aktivieren, anwenden oder ausblenden müssen. Dies scheint ein eigentliches Wissensmanagement zu erfordern – ein Wissensmanagement jedoch, welches nicht bloss die verschiedenartigen Wissensbestände innerhalb einer Person, sondern auch die Vermittlung von Wissensinhalten zwischen den Teilnehmern reguliert.

Narration

In den Interviews wird Rollenspielen als Erzählen einer Geschichte über Ereignisse in einer fiktionalen Welt beschrieben (siehe Kap. 3.1). Diese Beschreibung deckt sich zu grossen Teilen mit den Charakterisierungen in der Forschungsliteratur. Knapp die Hälfte der gesamten Kommunikation während eines Rollenspiels sind Beschreibungen der Handlungen des Charakters in der Spielwelt (24%) oder Beschreibungen der Spielwelt selbst

---

[57] Auf diese Kontextabhängigkeit des Wissens macht etwa der *epistemische Kontextualismus* aufmerksam. Für einen Überblick siehe RYSIEW [2007].

[58] Das ist eine Spielnorm, die für das Rollenspiel als solches konstitutiv ist. Da es ein wesentliches Element des Rollenspiels ist, so zu denken, als ob man eine fiktionale Figur wäre, und dies zwangsläufig die Ausblendung von Inhalten des spezifischen Rollenspieler-Wissens erfordert, ist diese Norm für alle Rollenspieler konstitutiv. Natürlich gibt es Rollenspieler, welche diese inhärente Norm bis zum einem gewissen Grad absichtlich (z.B. „Powergamer") oder unabsichtlich missachten – bei einem vollständigen Verstoss spielen diese entsprechend ein anderes Spiel. Ein solches (i.d.R. nicht-gebilligtes) Spielverhalten wird im Genre zuweilen als *Metagaming* bezeichnet (Spielstrategien in einem Spiel einsetzen, bei denen spezifisches „Out-of-character"-Wissen dazu verwendet wird, „In-character"-Entscheidungen und Handlungen zu beeinflussen).

Interpretation

(22%) [TYCHSEN et al. 2006a]. Das Verhältnis dieser beiden Aussageformen gibt einen Hinweis darauf, dass Spieler und Spielleiter gleichermassen an der Narration beteiligt sind, erstere als massgebliche Autoren der ersten, letzterer der zweiten Beschreibungen.[59] Das gemeinsame Verfassen einer Narration ist also ein zentraler Bestandteils des Rollenspielens.

Dieses gemeinsame Verfassen einer Narration kann als Kommunikationsprozess verstanden werden, in welchem Aussagen von den Rollenspielern eingebracht, bewertet und aufgenommen werden [TYCHSEN et al. 2006b]. Dabei kann zwischen In-game- und Out-of-game-Aussagen und zwischen In-character- und Out-of-character-Aussagen unterschieden werden [TYCHSEN et al. 2006a]. Wie bereits in den vorhergehenden Abschnitten zur Rollenübernahme angedeutet, unterscheiden sich diese Aussageformen durch den Wissenstyp der Wissensinhalte, die diesen Aussagen zugrunde liegen. Out-of-game-Aussagen sind solche, die weder Rollenspieler- noch Charakter-Wissen zum Ausdruck bringen (sondern z.B. Alltags-Wissen). Out-of-character-Aussagen sind solche, die auf Rollenspieler-Wissen beruhen, während In-character-Aussagen auf Charakter-Wissen beruhen. In-game-Aussagen sind entweder In-character- oder Out-of-character-Aussagen. Nach TYCHSEN et al. [2006a] liegt der Anteil der Out-of-character-Aussagen an der Gesamtkommunikation bei 54%, wovon wiederum fast die Hälfte Beschreibungen der Spielwelt ausmachen. Diese Beschreibungen konstituieren die Sinnprovinz einer Vorstellungswelt, die allererst den konkreten Bezugsrahmen für sinnvolle In-character-Aussagen (d.h. die Absichten und Handlungen des Rollenspielers als Charakter) abgibt. Zwar enthalten die mehr oder weniger statischen Wissensinhalte des Regelwerks bereits wesentliche Elemente dieser Vorstellungswelt, doch erst die narrative Konkretisierung dieser Inhalte zu Beschreibungen einer spezifischen Situation aktualisiert diese Inhalte als Bezugsrahmen sinnvoller Handlungsvollzüge der fiktionalen Charaktere. Dieser Umstand erklärt auch den spezifischen Geltungsbereich und die spezifische epistemische Zugänglichkeit der Wissensinhalte des Charakter-Wissens: Da In-character-Aussagen nur in einer konkreten Situation der Spielwelt Sinn machen, stellt sich die Frage ihrer Geltung nur innerhalb der fiktionalen Spielwelt. Die spezifische epistemische Zugänglichkeit geht darauf zurück, dass die Sinnprovinz der fiktionalen Spielwelt, sofern sie einen Bezugsrahmen für die Handlungen mehrerer Spielercharaktere abgeben soll, wesentlich eine *kommunikative* Konstruktion ist. Nun wird klar, weshalb HENDRICKS [2006] richtig liegt, wenn er die „geteilte Vision" einer Spielwelt, ein allen Rollenspielern gemeinsames Set von Wissensinhalten über die Spielwelt, als notwendige Voraussetzung für die Inkorporation des Spielers in den Charakter versteht: Die Handlungen eines Rollenspielers als Charakter stehen in einem objektiven Sinnzusammenhang mit einer konkreten Spielweltsituation wie auch einem intersubjektiven Sinnzusammenhang mit den Handlungen der anderen Charaktere – beides Zusammenhänge, die sich nur auf der Basis eines gemeinsamen, narrativen Kommunikationsprozesses ergeben können.

---

[59] Es ist anzunehmen, dass das Verhältnis der Beteiligung zwischen Spielleiter und Spieler davon abhängt, wie die Rolle des Spielleiters interpretiert wird [siehe TYCHSEN et al. 2005]. Darauf wird etwa in Interview #2 explizit hingewiesen.

Dabei darf aber nicht ausser Acht gelassen werden, dass ein beachtlicher Teil der Wissensinhalte, welche in die gemeinsame Narration eingehen, sich aus anderen Quellen als jenen des Rollenspiels selber schöpft – Deutungsmuster und sogar konkrete Inhalte fiktionaler Welten und ihrer Besonderheiten nähren sich aus gesellschaftlichen Wissensbeständen, so z.b. aus dem (jeweiligen) „Volkswissen" (weshalb anzunehmen ist, dass Rollenspielen auch eine kulturell differenzierte Praxis darstellen kann – Schweizer spielen dieses Spiel möglicherweise etwas anders als Japaner), aber auch aus Sonderwissen, zu denen der Rollenspieler als Person Zugriff hat (z.b. religiöses Wissen, mythologisches Wissen oder wissenschaftliches Wissen). Letzteres wird normalerweise bereits durch die Gestaltung der Spielwelt selber ersichtlich (so greifen bspw. Fantasy-Rollenspiele gerne in die „Trickkiste" verschiedener Mythologien, um ihre Welt zu konstruieren, während Science-Fiction-Rollenspiele natürlich mehr am wissenschaftlichen und technologischen Wissen orientiert sind; nicht unterschätzt werden darf ferner der Einfluss der in Literatur, Film und Computerspielen sedimentierten Wissensinhalten der Populärkultur). Die Sinnprovinz der fiktionalen Spielwelt bleibt bis zu einem gewissen Grad immer an die Lebenswelt der Rollenspieler (an sein „Personen-Wissen") zurückgebunden.

Der Kommunikationsprozess des Rollenspiels hat vermutlich die Form von „Informations-Feedback-Zyklen". Dabei bringt der Spielleiter konkrete Inhalte seines Spielwelt-Wissens ein. Diese Inhalte können durch Rückfragen der Spieler verfeinert werden und werden von den Spielen in ihren Bestand des Spielweltwissens aufgenommen. Auf der Basis dieses konkreten Spielweltwissens und dem bereits vorhandenen Wissen über Spielwelt und Charakter legt der Spieler fest, oft auch in einer Diskussion (in-character und/oder out-of-character) unter den Spielern oder mit dem Spielleiter, welche Wissensinhalte seines Charakter-Wissens er in Form von In-character-Aussagen über die Handlungen des Charaktere in die Kommunikation einbringen will. Aufgrund dieser Beschreibungen der Charakterhandlungen aktualisiert der Spielleiter seine Wissensbestände des Rollenspiel-Wissens und der Zyklus beginn von Neuem (In Anlehnung an TYCHSEN et al. 2006b; siehe auch Abb. 11). Dass das Rückfragen ein zentraler Kommunikationsakt des Rollenspiels darstellt, kann auch empirisch nachgewiesen werden.[60] Dieser Umstand weist auf die zentrale Rolle des Abgleichens der Wissensbestände unter den Rollenspielern hin. Da sich die Charakterhandlungen nicht nur auf die fiktionale Spielwelt, sondern auf die geteilte Wirklichkeit aller handelnder Charaktere sinnvoll beziehen müssen, müssen die Spieler – wie oben bereits erwähnt – ein bestimmtes Set an Überzeugungen über die physikalischen Objekte, Wesen, kulturellen Normen oder Umwelteinflüsse in der Spielwelt teilen. Dies zeigt sich besonders dann, wenn während des Rollenspielens Missverständnisse bezüglich der Vorstellungen der fiktionalen Situation bei Spieler und Spielleiter sichtbar werden. Eine solche Spielsituation zieht immer eine Phase der Konfliktlösung nach sich, in welchen die Wissensinhalte wieder aufeinander abgestimmt werden.

---

[60] Fragen nach Information ist mit 16% der Gesamtkommunikation der dritthäufigste Äusserungstyp im Rollenspiel [TYCHSEN et al. 2006a]. Auch in den Interviews wird auf solches Rückfragen hingewiesen (z.B. explizit Interview #5).

Wirkmächtigkeit und Autorität

Die Frage nach der Legitimation von Wissensinhalten ist in Rollenspielen besonders prekär, da sich die Spieler in den meisten Fällen nicht ohne weiteres auf eine geteilte Alltagswelt beziehen können. Der narrative Kommunikationsprozess des Rollenspiels weist daher eine Reihe impliziter und expliziter Regulierungsmechanismen auf.

Alle drei von HAMMER [2007] genannten Typen der Wirkmächtigkeit (*Agency*) – Rahmen-Wirkmächtigkeit, Teilnehmer-Wirkmächtigkeit und Charakter-Wirkmächtigkeit – lassen sich in den Interview-Daten identifizieren. In dem hier vorgestellten Interpretationsrahmen lassen sich diese Typen der Wirkmächtigkeit als die Fähigkeit einer Person verstehen, auf der Basis ihres spezifischen Wissens als Rollenspieler (Rahmen- und Teilnehmer-Wirkmächtigkeit) oder als Charakter (Charakter-Wirkmächtigkeit) (Sprech-)Akte* auszuführen.[61]

Insbesondere die Teilnehmer-Wirkmächtigkeit (z.B. der Beitrag des Rollenspielers zur gemeinsamen Narration) und Charakter-Wirkmächtigkeit (z.B. der Beitrag des Charakters zum Erfolg eines Abenteuers), in schwächerem Masse aber auch die Rahmen-Wirkmächtigkeit (z.B. die Möglichkeit zur Modifikation der Spielregeln) wird für das Rollenspiel als wichtig erachtet. Das ist wenig erstaunlich in einem Spiel, in welchem es um das gemeinsame Verfassen einer Geschichte auf der Basis von Rollenspieler- und Charakter-Wissen geht – die Fähigkeit, die entsprechenden Wissensinhalte in die Narration einbringen zu können, ist dafür eine konstitutive Bedingung.

Insofern jeder Rollenspieler über Wissensbestände des Rollenspieler- und Charakter-Wissens verfügt, besitzt er (als kompetenter Sprecher einer Sprache und sozialisiertes Mitglied der Gesellschaft) grundsätzlich auch über die Fähigkeit, diese in das Spiel einzubringen. Ob diese Sprechakte jedoch auch tatsächlich im Spiel wirksam werden, d.h. anderes Wissen generieren oder bestehendes Wissen modifizieren (erweitern, verändern, entkräften) können, hängt von verschiedenen Bedingungen ab: (i.) dem spezifischen Rollenspiel-Wissen über den Charakterbogen, die Spielregeln und die Spielwelt, (ii.) der Ausübung der Wirkmächtigkeit des Spielleiters, und (iii.) die Ausübung der Wirkmächtigkeit der Charaktere der Mitspieler. Dass die Wirksamkeit der Sprechakte des Rollenspielers durch das spezifische Rollenspiel-Wissen bedingt ist, ist klar: Damit ein Sprechakt im Spiel narrativ wirksam werden kann, muss er ein gültiger Spielzug im Rollenspiel sein und diese Spielzüge sind durch Charakterbogen, Spielregeln und Spielwelt festgelegt. (Die Äusserung „Mein Klingone beamt sich aufs Raumschiff" ist offensichtlich kein gültiger Spielzug in einem Fantasy-Rollenspielsystem, welches weder Klingonen als Spielcharaktere zulässt noch über Spielregeln zum Beamen oder Beschreibungen über Raumschiffe verfügt; die entsprechende Spielwelt ist nicht denkbar, wenn es keine Populärkultur gäbe, die das fiktive Universum *Star Trek* hinreichend bekannt macht, damit verständlich wird, auf welche fiktiven Entitäten und Handlungen „Klingone" und „beamen" referieren). Dabei ist nicht entscheidend, dass der Rollenspieler selbst über dieses spezifische Rollenspiel-Wissen

---

[61] Es gilt zu beachten, dass mit dem Begriff der Wirkmächtigkeit, wie HAMMER ihn versteht, noch nichts darüber ausgesagt ist, ob diese Äusserungen auch tatsächlich im Spiel wirksam werden.

verfügt; diese Einschränkung kommt bereits zum tragen, wenn irgendein anwesender Rollenspieler dieses Wissen in das Spiel einbringt. Von den interviewten Rollenspielern ebenso klar zu Ausdruck gebracht wird auch die zweite Einschränkung, nämlich dass der Spielleiter die narrative Wirksamkeit einiger Äusserungen eines Spielers durch eine Ausübung seiner eigenen Wirkmächtigkeit aufheben kann. HENDRICKS [2004] und HAMMER [2007] zeigen, dass diese beiden Einschränkungen über differenzierte Aushandlungsprozesse von Autorität bzw. Expertise zur Anwendung kommen.

Dass solche Aushandlungsprozesse eine wichtige Funktion innerhalb des Rollenspiels einnehmen, zeigt schon der Umstand, dass die Sprechakte „Vorschlagen von Charakterhandlungen", „Bestätigen von Charakterhandlungen" und „Befehlen von Handlungen" insgesamt 18% des gesamten Kommunikationsvolumens ausmachen [cf. TYCHSEN 2006a]. HENDRICKS [2004] weist nach, dass es sich dabei tatsächlich um *Aushandlungs*prozesse handelt: Die Expertise ist keineswegs im Vornherein festgelegt und auch nicht dichotomisch verteilt, sondern ist graduell und fliessend – je nach Gegenstand der Aushandlung (Spielwelt, Charakter, Regeln) wird die Expertise unterschiedlich zugewiesen. HAMMER [2007] unterscheidet drei Typen von Autorität – explizite, implizite und eingeführte Autorität –, wobei diese in unterschiedlichen Strategien zur Anwendung kommen können (Kompromiss, Konsens, Hilflosigkeit, Subversion; siehe HAMMER [2007]). Alle drei Arten der Autorität wurden von den Interviewpartnern angesprochen: Die Auflösung von Legitimationskonflikten durch Bezugnahme auf Regeln oder Plausibilitätsabwägungen (explizite Autorität), die Auflösung durch die „natürliche" Autorität des Spielleiters (implizite Autorität) und die Auflösung durch Bezugnahme auf vorgefertigte Szenarien (eingeführte Autorität). Es ist also anzunehmen, dass sämtliche Out-of-character-Wissensbestände (allgemeines Rollenspieler-Wissen über den Ablauf und Regulationsmechanismen des Spiels, spezifisches Rollenspieler-Wissen über explizite Spielregeln und den Charakterbogen und Personen-Wissen über kanonische Texte zur Spielwelt oder darüber, wie Handlungen in der Alltagswelt ablaufen) aktualisiert werden um Legitimationskonflikte aufzulösen.

Unterstellt man ein gemeinsames Interesse am Spiel sowie daran, es korrekt zu spielen, so steht auch die Wissensverteilung im Rollenspiel unter genau diesem Interesse (werden andere, z.B. egoistische Interessen versucht durchzusetzen, stört dies i.d.R. das Spiel, siehe wiederum das Phänomen des „Powergamers"); dass der Spielleiter über bestimmte Wissensinhalte verfügt, über die der Spieler nicht verfügt, ist kein arbiträres Machtverhältnis, sondern Teil des anerkannten Normengefüges innerhalb der Spielsituation. Wenngleich auf einer *konzeptuellen Ebene* der Rollenspielenden dem Spielleiter meist unbegrenzte Macht und Autorität zugesprochen wird (siehe Kap. 4.2, *Macht und Ohnmacht des Spielleiters*), wird hingegen auf *institutioneller Ebene* – wenn Spielleitern als eine Art Institution* im Rollenspiel betrachtet wird – auf Basis der Interviews und der Forschungsliteratur klar, dass die Macht und die Autorität an soziale Anerkennungsprozesse und ein damit zusammenhängendes Normengefüge gebunden ist (z.B. „Respektiere den Spielleiter!"). Dass dies so ist, erkennt man u.a. daran, dass die Wissensverteilung und die damit verbundenen Autoritäten relativ zerbrechlich sind – die Aufhebung oder Nicht-Anerkennung der Spielsituation hebelt unmittelbar die Konstitutionsregeln der Wissensverteilungsregulation und damit zusammenhängenden epistemischen Autoritäten (des Spielleiters) aus.

5.4 Relevante Wissens-Metatypen: Proto-Theorie

Die in den empirischen und konzeptuellen Ergebnissen und v.a. der Interpretation identifizierten und besprochenen Wissens(meta-)typen und -Inhalte lassen sich in einer deskriptiven Proto-Theorie zusammenfassen. Der epistemische Zweck dieser Proto-Theorie ist kein explanatorischer, sondern liegt darin, eine systematische Zusammenfassung der relevantesten Wissenstypen im Rollenspiel bereit zu stellen, die es erlaubt, das Rollenspiel u.a. unter einer wissenssoziologischen Perspektive zu beschreiben (siehe Kap. 1.2).

Wissens-Metatypen	Personen-Wissen	Rollenspieler-Wissen	Charakter-Wissen
Beschreibung	Wissen, über welches die Person als Person verfügt.	Wissen, über welches die Person als Rollenspieler verfügt.	Wissen, über welches die Person als Charakter verfügt.
Wissenstypologische Merkmale	relativ-natürlich[a] exoterisch[a] Bekanntschafts- und Beschreibungswissen implizit oder explizit universal[a] propositional oder non-propositional (insbes. Normen- und Zielwissen)	mittelstark künstlich esoterisch (Rollenspieler) Bekanntschafts- und Beschreibungswissen implizit oder explizit kontextuell propositional oder non-propositional (inkl. Normen- und Zielwissen)	stark künstlich esoterisch (Rollenspieler) mit spezieller epistemischer Zugänglichkeit Beschreibungswissen explizit kontextuell (fiktional) propositional
Wissensinhalte	u.a. alltagsphysikalische, alltagspsychologische, spontansoziologische, laien-historische, (populär-)kulturelle Inhalte (Tatsachenwissen, Erklärungswissen, Verfügungswissen, Organisationswissen, Normenwissen, reflexives Wissen; evtl. Methodenwissen und Transformationswissen)	Rollenspielkontext-Wissen Allgemeines Rollenspiel-Wissen (generelles Wissen über Rollenspiele, generelles Spielregelwissen) Spezifisches Rollenspiel-Wissen (spezielles Spielregelwissen, Spielweltwissen) Rollenspielgruppen-Wissen (ausschliesslich für die eigene Rollenspielergruppe relevantes Wissen) (Tatsachenwissen, Erklärungswissen, Verfügungswissen, Normenwissen, reflexives Wissen)	Selbsterkenntnis, Welterkenntnis (Wissensinhalte über den Charakter selbst oder über seine fiktionale „Lebenswelt") („Tatsachenwissen" und „Erklärungswissen" [auf fiktionale Gehalte bezogen], reflexives Wissen)
Wissensvermittlung / Wissenserwerb	unterschiedliche Institutionen der Gesellschaft, je nach spezifischen Wissenstyp und Wissensinhalt (z.B. Familie, Kirche, Schule, Universitäten, Militär, Sport- und Freizeitvereine, Medien) unterschiedliche Weisen des Wissenserwerbs (in Form von subjektivem Wissen, Erfahrungswissen, Rezeptwissen,	Soziale Gruppe der Rollenspieler (Erwerb in Form von subjektivem Wissen, Erfahrungswissen, Rezept- und Gebrauchswissen) Rollenspiel-Regelwerk (Erwerb in Form von Erfahrungswissen, Gebrauchswissen) Medien über relevante fiktive Welten (Erwerb in Form von Erfahrungswissen, abhängig von entsprechen-	Institution des Charakterbogens („materiale Inkorporation" des Spielercharakters) (Erwerb in Form von Gebrauchswissen) Institution des Spielleiters (Erwerb in Form von Rezeptwissen, Erfahrungswissen) Eigene Narration und Entwurf des Charakters (aus Rollenspieler-Wissen und Personen-Wissen)

Interpretation

	Routinewissen, Gebrauchswissen, Alltagswissen ...)	abhängig von entsprechendem Personen-Wissen)	und Personen-Wissen) Gemeinsam verfasste Narration der Rollenspielergruppe (Erwerb in Form von Erfahrungswissen)
Wissensverteilung	Im Rahmen dieser Arbeit nicht abbildbar, hängt aber von vielen makro- und mesosoziologischen Faktoren (wie z.b. Geschlecht, Schicht, Beruf, Religion, politische Zugehörigkeit, Land-/Stadtregion usw.) und vom jeweiligen Wissenstyp und -Inhalt ab	Alle Teilnehmer: Rollenspielkontext-Wissen, allg. und spez. Rollenspiel-Wissen (unterschiedlich verteilt, bes. nach Erfahrung) Besonders Spielleiter: Spielregelwissen (stark)	Spezifischer Rollenspieler (stark) Andere beteiligte Rollenspieler, inkl. Spielleiter (schwach)
Funktion (relativ zum Rollenspiel)	Konstitution des ersten, gemeinsam geteilten Rahmens (Alltagswelt) Bereitstellung eines subjektiven und gesellschaftlichen Wissensvorrats mit diversifizierten Wissensinhalten verschiedenster Art Beinhaltet makrosoziologische Bedingungen der sozialen Praxis und damit auch Spielens des Spiels (z.B. Geschlechterrollen, Freizeitverfügbarkeit und Bewertung, soziale Freiheiten und deren Bewertung usw.)	Konstitution eines isolierten gemeinsam geteilten Rahmens (Sinnprovinz des Rollenspiels) Abtrennung dieser distinkten sozialen Gruppe von anderen Gruppen (Inklusion/Exklusion) Bereitstellung eines esoterischen/gruppenspezifischen Wissensvorrats	Ermöglichung des eigentlichen Rollenspiels (kein blosses „Würfelspiel") Bereitstellung eines (teil-)fiktionalen Wissensvorrats, aus welchem sich u.a. die ko-verfasste Narration des Rollenspiels nährt (und der seinerseits von der Narration genährt wird)
Autorität / Legitimität	korrespondierende Institutionen der Wissensproduktion und -vermittlung Soziale Position in der Gesellschaft	Institution des Spielleiters Rollenspiel-Regelwerk Konsens/Aushandlung durch die Rollenspielergruppe Soziale Position innerhalb der isolierten sozialen Gruppe (z.B. erfahrener Spieler vs. unerfahrener Spieler)	Institution des Charakterbogens Institution des Spielleiters Subjektivität des Rollenspielers bzw. seiner bevorzugten Konstruktion des Charakters für Verhalten und Handlungsweisen etc. des Charakters als relevant eingestuftes Personen-Wissen
Dominante Regeln	Allgemeine Konstitutionsregeln (z.B. dass es überhaupt soziale Gruppen mit distinkten Wissensvorräten geben kann) Soziale Regeln[b]	Spezifische Konstitutionsregeln Spielregeln (allgemeine und spezifische)	Spielregeln (allgemeine und spezifische)

[a] Der Hauptteil der in das Rollenspiel eingehenden Inhalte des Personen-Wissens weist diese wissenstypologischen Merkmale auf; es handelt sich entsprechend vorwiegend um Alltagswissen (von grundlegenden impliziten Kenntnissen über das Lesen oder Verstehen von Sprache über die Bekanntschaft mit alltäglichen Gegenständen bis zur expliziten Kenntnis von Inhalten der Populärkultur). Es können allerdings auch Wis-

sensinhalte in das Rollenspiel eingehen, die zum Sonderwissen zu zählen sind (z.B. wissenschaftliches oder technologisches Wissen) – diese dürften jedoch einen deutlich geringeren Anteil ausmachen.

[b] Soziale Gesetze (z.B. funktionale) kommen bei allen drei Wissens-Metatypen vor; diese Systematisierung als Proto-Theorie versucht im Grunde, solchen sozialen Gesetzen auf die Spur zu kommen.

6
ANWENDUNG DER PROTO-THEORIE

Die im letzten Kapitel erstellte Proto-Theorie kommt in diesem Kapitel bei drei verschiedenen Medien (Mitschnitt, Interview-Erzählung und Kunstform) exemplarisch zur *Anwendung*.

6.1 MITSCHNITT

Die oben entwickelte Proto-Theorie soll nun versuchsweise exemplarisch an selektiven Ausschnitten aus dem Mitschnitt (siehe Kap. 2.3) angewendet werden. Das Rollenspielsystem im Mitschnitt[62] ist ein von den Autoren regeltechnisch erheblich modifiziertes *Mers*, d.h. das System beruht auf einer Fantasy-Spielwelt, nämlich jener von J.R.R. TOLKIENS Mittelerde (*Der kleine Hobbit*, *Herr der Ringe* u.a.). Das Setting ist ein in sich abgeschlossenes Abenteuerspiel, d.h. keine weitergeführte Kampagne.

Beispiel A: Dieser Ausschnitt demonstriert einen wahrscheinlich typischen Anfang eines Rollenspiel-Abenteuers: der Spielleiter eröffnet die Erzählung in einem Monolog mittels einer Ausführung des fiktionalen historischen Hintergrundes, der gegenwärtigen politischen Situation, in der sich die Welt befindet, so weit sie für die Erlebnisse der Charaktere von Bedeutung sein dürfte. Dabei wird sehr deutlich spezifisches *Rollenspieler-Wissen* in Anschlag genommen, v.a. das *Spielweltwissen*.

Im zweiten Abschnitt kontextualisiert der Spielleiter die allgemeine Erzählung mit der Situation der Charaktere („wir"). Hierbei muss er auch eine Erklärung bereitstellen, warum die Charaktere sich gerade in *dieser* Gegend befinden. Hier wird *Charakter-Wissen* aktiviert, das stark genug ausgeprägt ist, um sinnhafte Verknüpfungen zwischen Charakter, Umgebung und Situation herzustellen. Gegen Ende der Erzählung wird auf fiktive Landkarten der relevanten Umgebung zurück-

|A| – *Mitschnitt #1, aus Passage 00:00 bis 02:48*

SL: Also ihr müsst euch jetzt vorstellen, äh, ihr befindet euch am Anfang, also vielleicht im Jahre 1300 des dritten Zeitalters. Das ist die Zeit der grossen Wirrungen, es besteht im Norden noch äh, neben Gondor im Süden, noch ein weiteres menschliches Reich, äh, nämlich Arnor, das ist hier [zeigt auf eine bereit liegende Karte]. Arnor ist in drei Reiche geteilt, nämlich Arthedain, das ist im Westen, Cadorlan, das ist im Zentrum, und Rhudaur, das ist im Osten. Äh, das sind drei menschliche Reiche, und es ist so, die Situation, äh ist die folgende, im Norden, in Angmar, äh, hat sich der Hexenkönig eingenistet, und äh ist daran, Krieg zu führen gegen das grosse menschliche Reich. Das ist ungefähr (so?) die historische Situation. Und wir befinden uns relativ nahe an Angmar, es ist so, äh, dein Charakter, äh Talak, ist ja Beoringer, das heisst, in den nördlichen Wäldern, eigentlich der Abstammung her, äh, das heißt, das passt eigentlich ganz gut, du bist eigentlich so äh, äh, vielleicht so dein, dein, dein Geburtsort ein wenig am auskundschaften, rundherum, und bist gestrandet in Delftal. Das ist eine kleine Stadt, das ist eigentlich mehr, also mehr eine Festungsmauer als eine Stadt. Im Süden von Angmar und im Norden von Rhudauer, befindet sich ungefähr hier (..). [zeigt auf die Karte]. (Ich habe hier noch?) eine Karte, die es ein wenig genauer zeigt [nimmt andere Karte hervor]. (...)
S2: Genauer? [lacht]
SL: Ja [lacht] Ja, vielleicht etwas detaillierter, vielleicht.
S2: Ist das ein Satellitefoto oder was? [lacht]
S1: [lacht]
SL: Genau, das ist ein Satellitefoto. [lacht]
S1: Das hat es früher gegeben, he (?). [lacht] [...]

---

[62] Erläuterungen: SL = Spielleiter (Charakter: Kiredhel, Mönch, Halbelbe), S1 = Spieler 1 (Charakter: Talak, Meuchelmörder, Nordmensch), S2 = Spieler 2 (Charakter: Saqib, Wahrer Krieger/Mystiker/Adliger, Südmensch); runde Klammern markieren Sprechpausen „(...)" und problematische Transkriptionselemente (z.B. unverständliche Elemente); eckige Klammern markieren entweder weitere Handlungen der Rollenspieler, Auslassungen „[...]" oder aber Erläuterungen der Autoren zwecks besserer Nachvollziehbarkeit des Geschehens.

gegriffen und damit *Personen-Wissen* verwendet (darüber, dass Karten hilfreich sein können, sich eine Gegend vor Augen zu führen, wie auch, wie überhaupt eine Karte „gelesen" werden muss; solches Wissen wird in dem Kontext als geteilt vorausgesetzt). Dabei kommt es zu einer Out-of-game-Bemerkung der Spieler, die die gezeigte Karte aufgrund des Detailgrades spasseshalber als „Satellitenfoto" bezeichnen. Hierbei wird erneut auf *Personen-Wissen* zurückgegriffen, nämlich darüber, was ein Satellitenfoto ist, aber ebenso auf das historische Wissen, dass, wie S1 am Ende des Ausschnittes kommentiert, Karten mit solchem Detailgrad nicht „historisch akkurat" für eine mittelalterliche Welt wären – jedoch scheinen die Rollenspieler zu akzeptieren, dass diese Karten nicht auf der Ebene des *Charakter-Wissens* sondern im Rahmen der Konstitutionsregeln auf Ebene des *Rollenspieler-Wissens* zu verstehen sind (sie sollen den Spielern helfen, sich vorzustellen, wie die Gegend aussieht, d.h. die Karten sind Teil der gemeinsamen Wissensproduktion darüber, wie die ein bestimmter Teil der Spielwelt gestaltet ist).

Beispiel B: In diesem Ausschnitt wird ein weiterer typischer Aspekt des Rollenspiels illustriert, nämlich der Einsatz der Regeln und der Würfel. „Kraft seines Amtes" verlangt der Spielleiter von den Spielern einen sog. „Milieuwurf" (*Rollenspieler-Wissen: spezielles Spielregelwissen*). Die Spieler teilen das damit verbundene Wissen, der Sprechakt des Spielleiters löst keine Konsternation aus, sondern eingespielte Routinen (*Normen-/Zielwissen*). Spieler #2 schlägt das Würfeln in einer anderen Fertigkeit („Etikette") vor, da sein Charakter darin besser ist (hier wird sowohl *Spielregelwissen* wie auch *Charakter-Wissen* relevant). Er wartet dabei die explizite Zusage des Spielleiters ab (Anerkennung der Institution des Spielleiters und dessen Autorität). Währenddessen kämpft Spieler #1 mit dem Charakterbogen, als er den Zahlenwert für „Milieu" sucht (temporäre Schwäche des *Rollenspieler-Wissens* bzw. *spezielles Spielregelwissens*). Es löst wiederum keine Konsternation aus, dass der Spielleiter den Spieler mit dem Namen von dessen Charakter anspricht, wie auch dass Spieler #2 bemerkt, dass „Talak"

B – *Mitschnitt #1, aus Passage 11:54 bis 15:04*
SL: Ja, ihr dürft mal einen Mi-, Milieuwurf machen.
S1: Milieu (?).
S2: Können wir nicht, können wir nicht Etikette machen, da bin ich hundert mal besser.
SL: Hm, ja, o.k.
S2: Darf ich Etikette machen (?)
SL: Kannst du machen, ja.
S2: Oh, das ist gut. [Würfelgeräusche] 9 Gewinn. (...)
SL: Hm. Talak (?)
S2: Er ist am suchen.
S1: (gleichzeitig) Ich bin noch am suchen. Ich dachte, wir hatten mal –
S2: Ist bei den Charismatische-/Interaktionsfertigkeiten.
S1: Ja. Wenn man schon auswählen kann. Ja äh –
S2: Ungefähr gleich gut ungefähr nehme ich an (?).
SL: Nein, nein, du machst Milieu.
S1: [Lacht] Hm.
S2: [Lacht]
SL: Ich nehme es auch nicht an, dass du in Etikette (eigentlich?) besser (bist?), ehrlich gesagt.
S1: Doch, bin ich, habe dort einmal ein AG [= Ausbildungsgrad], AG 0.
SL: He-he, einfach mal eine (...) eine Laienprobe geschafft (?) [Würfelgeräusche]
S1: Ah, doch. (..) Ja, 3, geschafft.
SL: 3 Gewinn (?).
S2: (gleichzeitig) 3 Gewinn (?).
S1: Hm-hm. Also dann kann ich auch noch einen AG 0 aufschreiben, oder (?)
SL: Ja.
S2: In diesem Fall schon, ja. (..)
SL: Ja, äh, Saqib –
S1: Ah nein, ist ein inoffizielles. (..)
S2: Stimmt, sorry. [Lacht]
S1: Ja, ganz vergessen. Das wird, das wird noch schwer heute.
S2: (gleichzeitig, unverständlich) vergessen. (..) Wir haben schon so lange nicht mehr inoffiziell gespielt, wir sind uns das gar nicht mehr gewohnt.

(der Charakter) am Suchen sei, und nicht der Spieler (~ „*blended entity*"). Spieler #2 als erfahrenerer Spieler in diesem Rollenspielsystem hilft Spieler #1 mit dem Hinweis, wo auf dem Charakterbogen die gesuchte Information gefunden werden kann; diese Expertisenfähigkeit wird nicht angefochten (*soziale Position* innerhalb der Rollenspielergruppe). Der Spielleiter verbietet Spieler #1 anschliessend, zwischen „Milieu" und „Etikette" zu wählen und legt fest, dass nur „Milieu" zugelassen ist (gerechtfertigt wird dies implizit durch den Hintergrund des Charakters – u.a. ein Meuchelmörder –, über welchen dem Spielleiter entsprechendes *Charakter-Wissen* vorliegt). Für die Interpretation der Würfelergebnisse und dem Verstehen des rollenspielsystemspezifischen Jargons (z.B. „Ausbildungsgrad") ist wiederum *spezifisches Spielregelwissen* bei allen Beteiligten vonnöten, sowie auch *allgemeines Spielregelwissen* (dass grundsätzlich in Rollenspielen mit Würfeln entschieden wird, ob der Einsatz einer Fertigkeit z.b. gelingt oder nicht). Obwohl die ganze Passage mit In-character-Ereignissen zu tun hat, fällt auf, wie stark die Kommunikation dennoch out-of-characterorientiert ist (möglicherweise daher der „Anker" mit den Namen der Charaktere). Gegen Ende des Ausschnittes tritt eine weitere Out-of-game-Bemerkung von Spieler #1 auf, die auf ein spezifisches *Rollenspielkontext-Wissen* Bezug nimmt, nämlich, dass dies nur ein sog. „inoffizielles Spiel" sei (was durch *Konsens innerhalb der Rollenspielergruppe* bestätigt wird und auch so eingeführt wurde), wo bestimmte regeltechnische Ereignisse nicht gültig sind.

> **C** – *Mitschnitt #2, aus Passage 15:10 bis 19:26*
> SL: Ja, selbstverständlich, (unverständlich), ein Zimmer in dieser Taverne organisiert. Äh, als du hinauf läufst, äh, (..), äh siehst du immer noch einen solchen äh (..) diesen älteren Mann, den du vorher wahrgenommen hast in der, in der Menge drin.
> S1: Hm-hm.
> SL: (unverständlich) der herum-, herumerzählt hat. Der liegt irgendwie schlafend oder bewusstlos, jedenfalls, irgendwie betrunken, merkst du an der Fahne, (unverständlich) auf einem Tisch, äh, also so ein bisschen, so bisschen so. (Unverständlich)
> S1: Ja. Ich gehe mal zu ihm hin. (..) Probier hier mal ein bisschen wieder in den Gang zu bringen. Schüttle ihn (unverständlich).
> SL: Ja, (als du ihm?) so schüttelst, äh, (kommt?) die Serviertochter von hinten: Ja, ich habe auch schon versucht, ihn aufzuwecken. Aber der ist irgendwie sturzbetrunken.
> S1: Soll ich ihn rausschmeissen, das würde ihm schon gut tun.
> SL: Ja, vielleicht die Kälte wird ihn vielleicht aufwecken, ja.
> S1: Eben.
> SL: Wär ich froh, wenn sie mir da Hand bieten könnten, ja.
> S1: Ja, das mache ich doch gleich selbst. (unverständlich)
> SL: O.k.
> S1: Wahrscheinlich auch nicht allzu schwer sein, oder (?)
> SL: Nein.
> S1: Ja, dann tue ich ihn mal raus, tue noch ein wenig, nicht allzu unsanft, aber auch nicht allzu sanft so in den Schnee hinein.
> SL: Ja o.k., ja er, schüttelt sich so: [SL Stimme verstellt] Hrr, was, hm (?)
> S1: Alter Mann, wo gehörst du hin (?)
> SL: [SL Stimme verstellt]. Hm. Bin in dieser Taverne hier gewesen.
> S1: Ja, das weiss ich, das haben wir gesehen.

Beispiel C: In diesem Beispiel wird eine Situation in einer Taverne beschrieben, mit welcher der Charakter von Spieler #1 konfrontiert ist: ein halb eingeschlafener Trunkenbold (für die Darstellung und das Verständnis dieser Situation ist *Alltagswissen* und *alltagspsychologisches Wissen* in Form von *Tatsachen-* und *Erklärungswissen* vonnöten, z.B., was das Verhalten einer betrunkenen Person betrifft; dieses Wissen geht *relativ-natürlich* in die Erzählung ein). Deutlich kann hier der routinemässige und unproblematische Wechsel von Out-character-Aussagen zu In-character-Aussagen beobachtet werden: Spieler und Spielleiter wissen „automatisch", wann welche Wirklichkeit gemeint ist (Wechsel zwischen *Charakter-Wissen* und *Rollenspieler-Wissen*, z.B. als Spieler #1 zwischen In-character-Aussagen selbstverständlich nicht den Serviertochter-Charakter, sondern den Spielleiter als Person in seiner sozialen Rolle und Funktion fragt, ob der betrunkene Mann schwer sei oder nicht). Dass der Spielleiter sowohl die Serviertochter wie auch den betrunkenen Mann in der Situation darzustellen hat und dies vom Spieler mühelos verstanden wird (wenn auch der Spielleiter als dramatischer Stil und eventuell zur Hilfestellung bei der Darstellung des Mannes seine Stimme verstellt) ist nur durch Aktivierung von *Rollenspielkontext-Wissen* möglich. An diesem Beispiel kann zudem veranschaulicht werden, dass die *Wissensverteilung* des *Charakter-Wissens* der Nichtspielercharaktere deutlich zugunsten des Spielleiters ausfällt (die Spieler wissen nur über die Erzählung des Spielleiters etwas über diese Charaktere, was diesen zugleich in eine Position der *Wissensvermittlung* und deren Regulierung versetzt – er teilt den Spielern z.B. nur das mit, was aus dramatischen Gründen notwendig ist).

Beispiel D: Als Beispiel D werden zwei kurze Passagen (D1 und D2) betrachtet, die beide stark auf Regeltechnik und die Out-character-Aussagen darüber ausgerichtet sind und somit diesen Aspekt des

> **D1** – *Mitschnitt #2, aus Passage 11:33 bis 14:51*
> **SL:** Hast du noch den *Appendix* (?) [Appendix = ein Regelbuch]
> **S2:** Das sollte eigentlich nicht im *Appendix* sein, das sollte eigentlich (..) im *Pop* sein eigentlich. [Pop = Abkürzung für ein anderes Regelbuch]
> **SL:** Prophezeien (?)
> **S2:** Es ist in der Fertigkeitserklärung. (..) Also nein, eine Tabelle gibt es nicht, aber äh.
> **SL:** (gleichzeitig) Ach so. (unverständlich) o.k.

Rollenspiels illustrieren. In D1 fragt der Spielleiter nach der Verfügbarkeit eines materialen Regelbuches („*Appendix*"), um etwas Regeltechnisches (Einsatz der Fertigkeit „Prophezeien") nachzuschlagen. Hierfür ist *Rollenspielkontext-Wissen*, *allgemeines Spielregelwissen* und *spezielles Spielregelwissen* notwendig (dass es im Rollenspiel Regelwerke gibt, dass bei einer Spielrunde diese normalerweise material vorliegen, dass in ihnen z.B. der Einsatz von Spielregeln festgehalten ist, und dass dies auch in diesem Rollenspielsystem für die Fertigkeit „Prophezeien" gilt). Ferner ist dafür *Personen-Wissen* unabdingbar, nämlich insofern, dass es erlaubt ist, andere Personen nach etwas zu fragen, und wie dies als (diskursive) Praxis vorzugehen hat. Spieler #2 antwortet, dass sich diese Regel in einem anderen Regelbuch des Regelwerks befindet, und wo in diesem Buch in etwa. Sowohl für das Verstehen, was „Pop" ist (eine in der Rollenspielergruppe eingebürgerte Abkürzung für ein Regelbuch) und worauf genau sich das bezieht, wie auch für den Hinweis, dass es keine Tabelle für die diskutierte Fertigkeit gibt (und was das für regeltechnische Folgen hat), ist spezifisches *Rollenspieler-Wissen* entscheidend.

In D2 wird auf eine Eigenschaft des Charakters von Spieler #2 aufmerksam gemacht („Gefahrensinn"). Der Spielleiter fragt bei Spieler #2 nach, was für regeltechnische Auswirkungen diese Eigenschaft hat, und Spieler #2 fasst das Wesentliche zusammen, wenngleich er zuerst eine Unsicherheit über seinen eigenen Wissensstand zum Ausdruck bringt.

In beiden Ausschnitten ist einerseits die Aushandlung der regeltechnischen *Expertisenfähigkeit* auszumachen (Spieler #2

> **D2** – *Mitschnitt #2, aus Passage 50:58 bis 51:14*
> **S2:** Apropos Gefahr. Ich möchte einfach darauf hinweisen, ich habe Gefahrensinn.
> **SL:** O.k. Was, was, was ist (..). Was hat das regeltechnisch für Auswirkungen (?)
> **S2:** Äh. (..) Gute Frage. Äh. (...) Es hätte glaube ich zwei Möglichkeiten, also die eine ist irgendwie das strikt regeltechnische, dass ich äh bei einem Überraschungsangriff, (wogegen?) definiert ist (ich?) darf, irgendwie würfeln, ob ich diesen noch rechtzeitig erkenne. Und das andere ist einfach auf allgemeine Gefahren, die unmittelbar sind, natürlich nicht irgendwelche die weit entfernt liegen, oder, bei welchen es irgendeine Chance gibt, das irgendwie rechtzeitig zu erkennen.
> **SL:** Da darfst du dann würfeln (?)
> **S2:** Dann darf ich würfeln.
> **SL:** O.k.
> **S2:** (Habe auch?) einen Wert für Gefahrensinn. [...]

scheint trotz seines Spielerstatus in diesen Hinsichten höhere Expertise zugesprochen zu bekommen als der Spielleiter), andererseits liegt hier die *Wissensverteilung* zugunsten des Spielers #2 (er verfügt offenbar hinsichtlich des Wissens über die Regelwerke des Rollenspielsystems und ihrer Inhalte über einen grösseren Wissensvorrat als der Spielleiter, was von diesem anscheinend implizit anerkannt wird). Zugleich übernimmt Spieler #2 in dem Moment eine Funktion der *Wissensvermittlung*, die über seine höhere Expertise legitimiert sein dürfte.

Beispiel E: Der letzte exemplarische Ausschnitt kann dazu herangezogen werden, die Abhängigkeit gewisser Spielsituationen von bestimmtem *Personen-Wissen* und *Rollenspieler-Wissen* in Form von *Spielwelt-Wissen* aufzuzeigen. Der Spielleiter eröffnet diese Situation durch einen nicht ernst gemeinten Hinweis, sein Charakter (Kiredhel) würde auf dem Schnee laufen, worauf einer der Spieler spasseshalber entgegnet, da der Charakter kein Elbe, sondern ein Halbelbe sei, würde er zumindest teilweise im Schnee versinken. Diese Situation ist nur zu verstehen, wenn *Populärkultur-Wissen* als Teil des *Personen-Wissens* vorliegt (nämlich die Kenntnis der *Lord of the Rings*-Filme oder -Bücher, in denen der Elbe Legolas in einer Szene ohne einzusinken auf dem Schnee läuft). Für den Einwurf, dass ein Halbelbe „halb einsinken" müsste, ist zum einen *Spielwelt-Wissen* nötig (Kenntnis davon, dass es in dieser Spielwelt Halbelben gibt), zum anderen *Rollenspieler-Wissen* in Form von *Rollenspielgruppen-Wissen*, dass der Charakter „Kiredhel" ein Halbelbe ist. Ernsthafter

E – *Mitschnitt #2, aus Passage 54:00 bis 56:15*
SL: Kiredhel läuft so auf dem Schnee. [lacht] Nein.
S1: Was (?)
S2: Stimmt, er ist - ja aber, gut, ich würde sagen, ein Halbelb ist, 15 cm kommt er schon hinein, so in die Hälfte.
SL: Nein, nein.
S1: (gleichzeitig) Auf einem Bein sinkt er ein, auf dem anderen nicht. [lacht]
S2: (unverständlich) [lacht] [...]
S1: [zum Spielleiter gewandt] Oder du sinkst ja gar nicht ein, oder (?) Also eigentlich (?)
SL: Doch, also schon im Fall, (oder?).
S2: Er ist kein Elb, er ist nur Halbelb.
SL: (gleichzeitig) (Bin?) nur ein Halbelb erstens, und zweitens ja also, ist es irgendwie nicht so ganz realistisch, als ich meine (unverständlich) irgendwie auch 60, 70 Kilo, also.
S2: Wir haben uns, wir haben beschlossen, dass aus dem Film nicht zu kopieren, das ist zu – [Film: Lord of the Rings]
SL: (gleichzeitig) Das ist irgendwie magisch. Ja, ich meine es könnte auch irgendwie, irgendwie so eine implizit-äh, Waldläuferspruch sein, irgendwie so, so ein Tool. So magische Stiefel oder so.
S2: Oder ich glaube das gibt es ja so, so auf Ästen wandeln und so, oder auf dem Schnee wandeln wahrscheinlich auch. Also wir gehen davon aus, dass auch ein Elb im Schnee versinkt.
SL: Genau, wobei ich, ich habe glaub so ein Ding äh, es gibt schon ein solches, muss schnell äh Appendix. (Unverständlich).
S1: Wenn man ein Zauberer ist, da gibt's, gibt's dann noch irgendwie Spruchlisten oder (?).
S2: Natürlich.
S1: Speziell herausgearbeitet (?)
S2: Ja, (wir?) schauen jetzt gerade da rein.
S1: Habe gar nicht geschaut. Du hast mir dieses Zeug ja alles mal geschickt. (unverständlich) [...]

wird in der Situation anschliessend darauf aufmerksam gemacht, dass diese Szene aus dem Film nicht akzeptiert wird (für die Umsetzung von Elben, die auf dem Schnee laufen), d.h. hier wird über *Konsens/Aushandlung* und z.T. auch *Spielleiter-Autorität* festgelegt, was im Rollenspiel bzw. der Spielwelt „sein kann und was nicht" – jedoch offenbar eher nur zwischen Spielleiter und Spieler #2, mit stiller Akzeptanz von Spieler #1, was auf die *soziale Position* von Spieler #1 in der Rollenspielergruppe hinweisen könnte. Die Szene aus dem Film wird anschliessend alternativ zu erklären versucht, nämlich dass nicht die Eigenschaft, ein Elbe zu sein, dazu führt, auf dem Schnee laufen zu können ohne einzusinken, sondern magische Gegenstände oder Zaubersprüche, die in dieser Spielwelt möglich sind. Hierfür wird wiederum *Spielwelt-Wissen*, aber auch *spezielles Spielregelwissen* abverlangt, insofern bekannt sein muss, dass es solche magischen Elemente in der Spielwelt gibt, und dass entsprechende Zaubersprüche im Regelwerk zu finden sind (die dann tatsächlich in der abgebildeten Situation vom Spielleiter in einem Regelwerk gesucht werden). Der Ausschnitt endet mit der klaren Out-of-game-Frage von Spieler #1, ob diese Zaubersprüche ausgearbeitet seien (also im Regelwerk material vorliegen und beschrieben sind), was er, wie er nahe legt, selber hätte wissen können, da er über alle Regelwerke verfügt (sie ihm von Spieler #2 elektronisch geschickt wurden). Für diese kurze Kommunikation ist u.a. *Rollenspielkontext-Wissen* notwendig: Es muss z.b. bekannt sein, dass in dieser Rollenspielgruppe die Regelwerke des gespielten Rollenspielsystems elektronisch vorliegen.

6.2 FIKTIVE ERLEBNISSE (INTERVIEW)

Neben den Mitschnitten kann die Proto-Theorie auch auf Schilderungen fiktiver Erlebnisse im Rollenspiel, wie sie z.t. in den Interviews vorgekommen sind, angewendet werden. Dies überrascht nicht, insofern solche Schilderungen nichts anderes sind als (wenn auch subjektiv-perspektivengebundene und damit selektive) *Nacherzählungen* der Abläufe und Interaktionen[63], die besonders bei den Mitschnitten herausgearbeitet werden können. Ein Beispiel:

„Jedenfalls, der äh mein Charakter ist darauf aus gewesen, am Markt eine Melone zu kaufen, und äh das Abenteuer ist irgendwo im Norden gewesen, oder nördlich. Melone eher Süden. Sprich, Qualität davon wird dementsprechend hoch sein. Aber egal, er ist davon überzeugt gewesen, es gibt sicher eine gute Melone, hat dann auch an einem Stand eine Probe verpatzt, und hat das Gefühl gehabt, ja, das ist sicher super Qualität und so, und äh, ja dann, hat er die essen wollen, in dem Moment aber sind Bettler gekommen, und fanden, wie wollen essen. Dann haben sie ihm die Melone weggefressen, und ähm noch ein kleines Stück übriggeblieben, reingebissen, hm, nicht gut, wegschmeissen. Aber die Bettler haben's gegessen. Dann ist ein Spieler ist zu spät gekommen, ist nicht von Anfang an dabei gewesen, und äh ist dann so, hat das Ganze nicht mitgekriegt, und äh, dann hat er auch irgendwie, ist an ein Melonenstück gekommen, ich weiss nicht, ob er's gekauft hat oder irgendwie gekriegt hat, und dann Seitengasse, ähm, ja hat er die Melone gehabt, und dann hat er so die Bettler auf sich zukommen gesehen, und, sie sind etwas gekrümmt gegangen. Aber der, also er hat nicht nachgefragt, wie gekrümmt, warum, er fand einfach, ja, hm, Bettler, arm, fand: Ich wirf ihnen die Melone hin. Und die haben dann in dem Moment geschrien: Nochmals so einer, und haben ihn angegriffen [lacht]." (Interview #4)

---

[63] Sich bei einem Treffen solche Nacherzählungen auszutauschen ist in Rollenspielerkreisen nicht unüblich und gehört vermutlich zum Habitus des Rollenspielers, d.h. zu einer Verhaltensweise, die auf „Outsider" u.U. befremdlich wirken kann, besonders, wenn sie *keinerlei* Wissen über Rollenspiele verfügen – man vergegenwärtige sich die wahrscheinlich erste Reaktion einer Person, wenn sie eine andere hört, die etwas sagt wie „Letzten Samstag mussten wir gegen eine Diebesbande kämpfen, der eine von denen hätte mir fast einen Arm abgeschlagen!". Ohne auf den für die Erzählsituation adäquaten Rahmen (*framing*) zurückgreifen zu können, können solche Situationen beinahe zu regelrechten GARFINKEL'schen „Krisenexperimenten" für Nicht-Rollenspieler werden (insofern eingespielte und anerkannte Situationsdeutungen und Erwartungen der sozialen Umwelt in dem Moment erschüttert werden).

In dieser (eher kurzen) Nacherzählung können viele verschiedene Wissenstypen und Verhältnisse zwischen ihnen (gemäss Proto-Theorie) identifiziert werden, die allesamt benötigt werden, um einerseits die Situation im Spiel überhaupt herzustellen und andererseits, sie nun kohärent nacherzählen zu können. So wird zum einen *Rollenspielkontext-Wissen* abverlangt, um überhaupt zu verstehen, dass dies eine Nacherzählung eines fiktiven Ereignisses ist, welches aber für diese Nacherzählung sowohl In-game-Schilderungen wie auch Out-of-game-Schilderungen verwenden muss, um eine adäquate Nacherzählung eines Ereignisses im Rollenspiel (!) darstellen zu können. So muss z.B. erwähnt werden, wenn schlecht gewürfelt worden ist, weil nur so verständlich wird, warum bspw. der Einsatz einer bestimmten Fertigkeit nicht gelingen konnte und warum sich die Geschichte dann entsprechend weiterentwickelt hat – dass im konkreten Fall der Charakter überzeugt davon gewesen ist (*Charakter-Wissen*), eine Melone mit hoher Qualität zu erwerben, obwohl der Spieler durchaus im Klaren darüber war, dass dies nicht der Fall sein wird; nur so wird zudem der intendierte Witz der Erzählung nachvollziehbar. *Rollenspieler-Wissen* u.a. in Form von *Spielwelt-Wissen* ist nötig, um sich den Ort des Ereignisses vorstellen zu können (in dem Fall die Fantasy-Welt des Rollenspielsystems *DSA*). *Personen-Wissen* (*Alltagswissen, historisches Wissen*) ist unabdingbar, um zu verstehen, dass Melonen, die aus dem Süden stammen, in einer mittelalterlichen Welt im Norden angekommen kaum von der besten Qualität sein werden. Ferner ist es für die Anerkennung der Existenz und der möglichen Verhaltensweisen von Bettlern relevant. *Spielregelwissen* (allgemeines wie spezielles) wird benötigt, um die Folgen eines „verpatzten" Wurfes und der damit verbundenen Folgen in der Spielwelt nachvollziehen zu können. Schliesslich ist *Rollenspielgruppen-Wissen* nötig (höchst esoterisches Wissen), damit die Nacherzählung gelingt (man muss wissen, dass ein Spieler zu spät gekommen ist und dieser deshalb die Melonen-Vorgeschichte nicht mitbekommen hat; hier fallen *Spieler-* und *Charakter-Wissen* zusammen).

6.3 KUNSTFORMEN

Die jeweiligen Out-of-character-Korrelate des In-character-Geschehens, besonders hinsichtlich der Spielregeln, werden nicht selten von Fanprojekten satirisch parodiert. Da sich gemäss der vorausgesetzten wissenssoziologischen Positionierung geteilte Wissensbestände und Konstitutionsregeln der Wirklichkeitskonstruktion in allen möglichen sozialen Interaktionen und Institutionalisierungen sowie kulturellen Praktiken und Erzeugnissen niederschlagen können, können solche Fanprojekte *qua* Kunstformen ebenfalls in den Blick genommen werden.

Webcomic „The Order of The Stick"

Der mehrfach preisgekrönte Webcomic *The Order of the Stick* von RICH BURLEW kann als Beispiel einer solchen Kunstform herangezogen werden. Bei dem von den Autoren ausgewählten Beispiel-Comicstrip (siehe Abb. 12) kämpft die Gruppe Abenteurer (d.h. die Spielercharaktere) gerade in klassischer *D&D*-Manier – der Comic bezieht sich vorwiegend auf dieses Rollenspielsystem – in einem *Dungeon* gegen sog. Goblins (Nichtspielercharaktere). Mit seinem Comic stellt BURLEW den komplexen Sachverhalt der Interaktion

Anwendung der Proto-Theorie

von *Rollenspieler-Wissen*, *Spielregelwissen* und *Personen-Wissen* mit dem Geschehen in der Spielwelt beim Rollenspiel mit wenigen Bildern treffend dar[64]:

Der Spielercharakter „Durkan" verfehlt zweimal seinen Gegner (Bilder 2 und 3), worauf ein anderer Spielercharakter („Roy") in Bild 4 erscheint und ihn darauf hinweist, dass der magische Gesang des Barden „Elan" (ein weiterer Spielercharakter, in Bild 1 links am Rand zu sehen) einen Bonus auf den Angriff gibt, der einberechnet werden muss (*Spezielles Spielregelwissen*). Durkan stimmt dem zu, und unvermittelt hat er den Goblin beim ersten Angriff getroffen, was in der Spielwelt sofort aktualisiert wird (Bild 5) (*Rollenspielkontext-Wissen*, dass solche nachträglichen Aktualisierungen – engl. als Konzept unter der Bezeichnung *retroactive continiuity* bzw. informell *retcon*[65] bekannt –, wenn z.B. bei einem regeltechnischen Verfahren etwas übersehen worden ist, durchaus im Spiel vorkommen können; das *Personen-Wissen*, dass solches „retconning" eigentlich die Glaubwürdigkeit der Narration in Frage stellt, wird wahrscheinlich mittels „*suspension of disbelief*" ausgeblendet). Roy erinnert Durkan weiter daran, dass er als Zwerg aufgrund seines tiefsitzenden Hasses auf „Goblinoide" einen zusätzlichen +1-Bonus erhält (Bild 6) (*Spielwelt- und Spielregel-Wissen*), was dazu führt, dass auch der zweite Angriff, der vorhin angeblich verfehlt hat, nun doch noch trifft (Bild 7). Der Goblin steht aber immer noch, sodass Roy erneut auf einen vergessenen Bonus hinweist, nämlich darauf, dass der Bardengesang zusätzlich +1 Schaden bei einem Angriff anrichtet

Abb. 12: Beispiel Webcomic *The Order of the Stick* von RICH BURLEW (2004)

---

[64] Sämtliche Comicstrips (zum Zeitpunkt der Zitierung: 603!) sind erhältlich unter http://www.giantitp.com/comics/oots0001.html (30.10.2008)

[65] Damit ist gemeint, dass bewusst und absichtlich bereits etablierte Fakten einer fiktiven Welt (z.B. Ereignisse in dieser Welt) bzw. fiktiven Geschichte abgeändert werden, um vor allem die Kontinuität zwischen neu eingeführten Elementen und der „Vergangenheit" herzustellen, wenn diese sich im Widerspruch befinden; somit wird die Geschichte umgeschrieben, die „Vergangenheit" verändert, *retroaktiv* Kontinuität hergestellt (siehe Kap. 4.3, *Ablauf des Rollenspiels, Narration*).

(Bild 8) (*Spezielles Spielregelwissen*). Da auch dieser Effekt in der Spielwelt aktualisiert wird, fällt der Goblin unvermittelt um (Bilder 9 und 10). Während Durkan sich freut, seinen Gegner nun doch wider Erwarten erschlagen zu haben, durchbricht Roy die vierte Wand und sagt (Bild 11): „Wissen Sie, er wäre ein ziemlich guter Krieger, wenn er besser mit Zahlen umgehen könnte" (frei übersetzt MM), was wohl für viele erfahrene Rollenspielende eine implizit gewusste „Binsenweisheit" sein dürfte (*Rollenspieler-Wissen*), insofern gerade Kämpfe im Rollenspiel massgeblich durch Spielregeln und Zahlenwerte reglementiert sind.

Film „The Gamers"

Ein weiteres Beispiel einer Kunstform wäre der Low-Budget-Film *The Gamers* [2002; Dead Gentleman Productions]. Dieser Fan-Film parodiert gekonnt durch ein stetiges Hin- und Herwechseln zwischen „Out-of-Character"/„In-Game"-Passagen (Abbildung der Schauspieler als Rollenspieler, die u.a. am Tisch sitzen, würfeln im Charakterbogen Informationen nachschauen usw.) und „In-Character"/„In-Game"-Passagen (Abbildung der Schauspieler als Charaktere, die von den Rollenspielern geführt werden, inklusive der Handlungen der Charaktere und den damit verbundenen Wirkungen) typische Spielsituationen, die den meisten erfahrenen Rollenspielern auf Anhieb geläufig sind; z.B. Absurditäten aufgrund der Regelauslegung, Diskussionen über die Regelauslegung, Folgen von Würfelpech, Inkonsistenzen in der erzählten Story mit anschliessendem „*retconning*", „unrealistisches" Verhalten der Charaktere usw.[66]

Nicht-Rollenspieler dagegen werden den Film – ähnlich wie den oben dargestellten Comic – kaum amüsant finden, während er bei Rollenspielern Kult-Status erreicht. Sozialwissenschaftlich spannend ist natürlich nicht so sehr, *dass* sich dies so verhält (was lebensweltlich ausreichend abgesichert ist), sondern vielmehr, *warum* dies überhaupt „so sein kann". Zumindest ist klar, dass eine solche Parodie nur dann gelingt, wenn die angesprochenen Situationen tatsächlich bestehen können und das Publikum von ihnen und den „dahinter" liegenden Gründen Kenntnis hat, d.h. das Publikum in dem Fall u.a. über *Rollenspieler-Wissen* (v.a. *Rollenspielkontext-Wissen*) verfügt, die Lebenswelt des Rollenspielers teilt.

6.4 Zusammenfassendes Ergebnis der Anwendung

Die Proto-Theorie weist empirische und begriffliche Adäquatheit und Ergiebigkeit bei den verwendeten Beispielen auf. Die erarbeiteten Wissenstypen und Metatypen lassen sich im empirischen Material wiederfinden und dokumentieren die zahlreichen verschiedenen Wissenstypen und Wissensinhalte, die benötigt werden, um Rollenspiel zu spielen und die damit verbundene fiktive Wirklichkeit aufrecht zu erhalten.

In allen Anwendungen fällt aber auch eine *Situationsabhängigkeit* von der „ganzen Welt" auf – die „ganze Welt" (d.h. vor allem soziale Welt, inklusive historische und politische Si-

---

[66] Dennoch kann der Film einen Einblick in das Rollenspiel und dessen Ablauf geben.

tuation) ist eine Bedingung der Möglichkeit für das Bestehen einer Situation im Rollenspiel: Mitschnitte, die Erzählung fiktiver Erlebnisse im Rollenspiel und parodistische Kunstformen funktionieren nur vor dem Hintergrund einer (bestimmten) Gesellschaftsstruktur und Zeitepoche (siehe Kap. 5.1) mit allen ihren Wissensformen und -Vorräten, welche derlei ermöglichen und zugleich (selbst-)verständlich machen, d.h. als Teil der (eigenen) Lebenswelt interpretieren lassen. Darauf verweisen die Momente, wo Alltagswissen und andere geteilte Wissensinhalte und -typen der „realen Welt" unabdingbar sind, um die fiktiven Handlungen im Rollenspiel zu ermöglichen und zu verstehen.

Im folgenden Kapitel werden die Schlussfolgerungen aus der oben geführten Interpretation und Anwendung angestellt, Hypothesen vorgestellt und die Studie mit einem Schlusswort beendet.

7
SCHLUSSFOLGERUNGEN

Das Schlussfolgerungskapitel stellt zuerst *methodische Schlussfolgerungen* für weitere Untersuchungen im Bereich Pen-and-Paper-Rollenspiel vor. Danach folgen die *inhaltlichen Schlussfolgerungen*. Die damit verbundenen *Hypothesen* werden anschliessend vorgestellt und das Kapitel mit einem *Schlusswort* beendet.

7.1 METHODISCHE SCHLUSSFOLGERUNGEN

Interne und externe Theorien: Es ist zwischen *internen Theorien* bzw. theoretische Ansätzen des Rollenspiels und *externen Theorien* bzw. theoretische Ansätzen und den damit verbundenen Untersuchungen zu unterscheiden. *Interne Theorien* bzw. „RPG Theory" (siehe Kap. 1.3) stellen i.d.R. *normative* und rein konzeptuelle/reflektierende Theorien dar, die ausschliesslich von Rollenspielern selber betrieben werden, und die meistens praktische Ziele verfolgen (z.B. Verbesserung der Spielleitung oder des Rollenspielens allgemein). *Externe Theorien* des Rollenspiels dagegen sind akademisch betriebene sozial- oder kulturwissenschaftliche Herangehensweisen an das Rollenspiel. Sie stellen i.d.R. *deskriptive* Theorien dar, die sowohl empirisch wie auch konzeptuell vorgehen können und insbesondere von bestehendem wissenschaftlichen Wissen (z.B. Theorien sozialen Handelns) ausgehen. (Freilich sind „Mischformen" interner und externer Theorien denkbar).

Forschungssetting: Es hat sich gezeigt, dass die Schilderungen von Erlebnissen im Rollenspiel (Fiktionen) und v.a. der Mitschnitt der Spielsitzung am Gewinnbringendsten waren, was die Analyse von Wissenstypen im Rollenspiel betrifft. Dieser Aspekt hätte intensiver verfolgt werden müssen und sollte bei weiteren Untersuchungen zentralen Stellenwert einnehmen. Die Intensivierung ethnografischer Studien wäre für weitere Forschung gewinnbringend, zudem wäre die vermehrte Berücksichtigung von literaturwissenschaftlicher und erzähltheoretischer Forschungsliteratur zu Fragen der Fiktionalität in der Erzählung erstrebenswert.

Weiterentwicklung und Prüfung der Proto-Theorie: Weitere Forschung könnte dahingehend ausgerichtet sein, die vorgestellte Proto-Theorie zu prüfen und zu präzisieren. Dazu könnte die Proto-Theorie auf verschiedene empirische Daten (Interviews, Mitschnitte, Kunstformen ...) angewendet und ihre mögliche Reichweite abgesteckt werden. Damit könnte ein Schritt in Richtung einer eigentlichen wissenstypologischen und eventuell auch wissenssoziologischen Theorie des Rollenspiels geleistet werden.

Sekundäranalysen: Die durchgeführte Studie enthält deutlich mehr (empirisches und konzeptuelles) Datenmaterial als im Rahmen dieser Arbeit ausgewertet werden konnte. Entsprechende Sekundäranalysen wären angebracht.

Weitere Forschungsgegenstände: Neben einer Untersuchung der Rollenspielenden selber durch Fragebogen, Interviews oder teilnehmende Beobachtung deuten die in der vorliegenden Arbeit exemplarisch verwiesenen Satiren wie der Film *The Gamers* und der Webcomic *The Order of the Stick* darauf hin, dass eine genauere Betrachtung solcher Kunstformen ebenfalls gewinnbringend sein könnte: Gerade Satiren können voraussichtlich durch ihre Überzeichnung und durch die für das Verständnis notwendigen Kenntnisse der parodierten Sachlage oder Geschehnisse entscheidende Konzepte, Deutungs- und

Schlussfolgerungen

Begründungsmuster sowie v.a. „sedimentiertes" und geteiltes Wissen „isolierter" sozialer Gruppen transportieren, die mit adäquaten Methoden analytisch herausgearbeitet werden könnten. Dies würde einen weiteren, methodisch anders ausgerichteten Beitrag zu einer wissenssoziologischen Betrachtung des Rollenspiels liefern und Erkenntnisse durch andersartig ausgerichtete Forschung (z.b. Interviews, Umfragen) korroborieren*.

7.2 INHALTLICHE SCHLUSSFOLGERUNGEN

Wissens-Metatypen: Die Studie hat deutlich gemacht, dass das Pen-and-Paper-Rollenspiel im Wesentlichen durch die drei Wissens-Metatypen (Proto-Theorie) *Personen-Wissen*, *Rollenspieler-Wissen* und *Charakter-Wissen* und ihren Merkmalen wissenstypologisch beschrieben und verständlich gemacht werden kann. Die Proto-Theorie zeigte eine angemessene empirische und begriffliche Adäquatheit und Ergiebigkeit innerhalb ihrer exemplarischen und selektiven Anwendung. In der Kommunikation der unter dieser drei Wissens-Metatypen fallenden Wissensinhalte werden zwei eigenständige Spielwirklichkeiten konstruiert (die soziale Wirklichkeit des Rollenspielens und die fiktive Wirklichkeit der Spielwelt), die als Bezugsrahmen für sinnvolle Handlungen der Rollenspieler als Rollenspieler und als Charakter fungieren und mithin Rollenspielen überhaupt erst möglich machen.

Wissensmanagement: Im Rollenspiel nehmen die Teilnehmenden an einem komplexen Kommunikationsprozess teil, welcher das Aktivieren, Bewerten und Ausblenden verschiedener Wissensinhalte – ein eigentliches Wissensmanagement sowohl des Einzelnen wie aber auch der ganzen Rollenspielergruppe – erfordert. Dabei spielen sowohl implizite wie auch explizite Regulierungen auf Basis „gewachsener" und zugesprochener Autorität und damit verbundener Legitimität des eingesetzten Wissens eine entscheidende Rolle, was eine hohe Relevanz von (internalisiertem) Normenwissen nahe legt. Dieses wird durch Mitgliedschaft in der Rollenspielergemeinschaft erworben und verdeutlicht so die Abhängigkeit des Spiels von (mikro-)soziologischen Prozessen.

Makrosoziologischer Rahmen: Hinweise aus den verschiedenen Daten der Studie legen die starke Vermutung nahe, dass das Rollenspiel zwangsläufig vor dem Hintergrund makrosoziologischer Rahmenbedingungen – der „ganzen Welt" als Bedingung der Möglichkeit von Situationen des Rollenspielens und Rollenspiels – betrachtet werden muss. So ist das Rollenspiel wahrscheinlich nur in bestimmten Gesellschaftsformen überhaupt eine reelle soziale Möglichkeit. Die mikrosoziologischen Prozesse, die im Mittelpunkt der Studie standen, sind auf vielfältige Weise an die Wissensinhalte, aber auch an die Wissensvermittlung der Alltagswelt und unserer modernen Wissensgesellschaft zurückgebunden und können unter Absehung dieser Inhalte voraussichtlich nicht ausreichend verstanden werden.

7.3 HYPOTHESEN

Die folgenden Hypothesen beruhen auf den Fragestellungen und den Ergebnissen der Studie:

Schlussfolgerungen

- Die drei Wissens-Metatypen (Personen-Wissen, Rollenspieler-Wissen und Charakter-Wissen) sind a) hinsichtlich ihrer wissenstypologischer Merkmale zutreffend charakterisiert und b) können für die Beschreibung des Rollenspiels anhand verschiedener Medien valide verwendet werden. *(Zentral zu prüfende Hypothese zwecks Theoriebildung)*

- Alle drei Wissens-Metatypen sind für die Konstruktion von Wirklichkeit im Rollenspiel notwendig und hinreichend: a) Die soziale Wirklichkeit des Rollenspielens wird hauptsächlich durch Rollenspielkontext-Wissen und allgemeines Rollenspiel-Wissen konstruiert; b) die fiktive Wirklichkeit wird hauptsächlich durch spezifisches Rollenspiel-Wissen (Spielwelt-Wissen, Spielregel-Wissen) und Charakter-Wissen; c) Personen-Wissen ist für die Konstruktion beider Wirklichkeiten unabdingbar.

- Das Rollenspiel besteht wesentlich aus einem Kommunikationsprozess, die ein Aktivieren, Bewerten und Ausblenden der drei Wissens-Metatypen beinhaltet. In diesem Kommunikationsprozess findet ein Abgleichen von verschiedenen Wissensinhalten zwecks Herstellung einer gemeinsam verfassten Narration statt. Dabei verfügt der Spielleiter v.a. über (spezifisches) Spielregel-Wissen sowie über Spielwelt-Wissen, der Spieler v.a. über Charakter-Wissen.

- Das Rollenspieler-Wissen hängt massgeblich vom Personen-Wissen und den dort zu verorteten Konstitutionsregeln ab (z.B. Bildung isolierter sozialer Gruppen mit Sonderwissen); das Charakter-Wissen dagegen hängt massgeblich vom spezifischen Rollenspieler-Wissen (Spielwelt und Spielregeln, u.a. Charakterbogen) und den dort zu verortenden esoterischen Wissensbeständen ab (das Verhältnis zwischen den drei Metatypen ist nicht transitiv).

7.4 SCHLUSSWORT

In dieser Studie wurden zwei Teilstudien (eine empirische und eine konzeptuelle) zum Thema Pen-and-Paper-Rollenspiel durch- und zusammengeführt. Ausgehend von wissenssoziologischen und wissenschaftstheoretischen Ausgangslagen wurde eine allgemeine Wissenstypologie erstellt, die als theoretisches Instrument der Datenanalyse eines konkreten Gegenstandes zur Verfügung stand. Zuvor wurde auf phänomenologischer Basis versucht, die wesentlichen Elemente des Rollenspiels zu beschreiben. Die interpretierten und diskutierten Ergebnisse bildeten die Grundlage für eine systematisierende, deskriptive Proto-Theorie. Die Studie verdeutlicht den weiteren Forschungsbedarf und schlägt spezifische Forschungssettings, Forschungsgegenstände und leitende bzw. zu prüfende Hypothesen vor.

Bezüglich der Validität und Verallgemeinerbarkeit der (empirischen) Aussagen der Studie ist dreierlei zu berücksichtigen: (i.) das insgesamt explorative Setting; (ii.) der mögliche Gender-Bias (Aussagen über das Rollenspiel könnten eher Aussagen über die Weise, wie *Männer* Rollenspiel verstehen und spielen darstellen; siehe Kap. 5.2), Alter-Bias (keine Jugendlichen befragt) oder andere Verzerrungen aufgrund des Befragens von Personen einer bestimmten Kultur, Sprache und Zeitepoche (möglicherweise würden US-amerikanische oder japanische Rollenspieler aufgrund ihres kulturellen Rahmens inhaltlich

Schlussfolgerungen

andere Antworten geben); (iii.) ein möglicher Bias aufgrund der drei dominierenden Rollenspielsystemen, die von den Interviewpartnern primär gespielt werden (*Das Schwarze Auge*, *Réanaith* und *Mers*; siehe Kap. 4.1) und die eventuell ein bestimmtes Verständnis von Rollenspiel transportieren (das Rollenspielverständnis von *Paranoia* z.B. unterscheidet sich vermutlich ein wenig von jenem, das in *Réanaith* vertreten werden würde).

Das wissenstypologische und durchaus auch wissenssoziologische Potential, welches im Pen-and-Paper-Rollenspiel ruht, ist bei weitem noch nicht ausgeschöpft. Aufgrund der kommunikativen Komplexität dieses möglicherweise für unsere Epoche und Gesellschaft typische Spiel und der dem Rollenspiel eigenständigen Wirklichkeitskonstruktion lässt sich exemplarisch aufzeigen, wie Wissensbestände verschiedener Wissenstypen in Aushandlungsprozessen zur Herstellung von (spezifischer) Wirklichkeit verwendet werden. Da sich diese kommunikative Komplexität erst in der Praxis des Rollenspiels selbst erschliessen lässt, gilt vermutlich für alle weiteren Forschungsbemühungen das letzte Wort von Interviewpartner #1:

„*Probiert es mal aus [lacht]. Das ist eigentlich das einzige.*"

DANKSAGUNG

Wir danken Prof. Dr. SABINE MAASEN (Programm Wissenschaftsforschung, Philosophisch-Historische Fakultät, Universität Basel) für die Betreuung unserer Arbeit und für ihre kritischen Anregungen.

Ferner möchten wir den teilnehmenden Rollenspielerinnen und Rollenspieler unseren Dank aussprechen, sich für die Studie Zeit genommen zu haben.

8
GLOSSAR

Glossar

a fortiori – nach dem stärker überzeugenden Grund; erst recht, umso mehr (von einer Aussage).

a posteriori – (i.) Ein Satz ist abhängig von Erfahrung, was Entstehung und/oder Geltung betrifft; (ii.) nachher (lat. a posteriori „von dem, was nachher kommt").

a priori – (i.) Ein Satz ist unabhängig von Erfahrung, was Entstehung und/oder Geltung betrifft; (ii.) vorher (lat. a priori „von dem, was vorher kommt").

ad hoc – „für diesen Augenblick", „für diese Sache" gemacht; improvisiert.

Axiom, axiomatisch (adj.) – *hier:* Ein Axiom ist ein vorausgesetzter, weder deduktiv (s.u.) noch induktiv (s.u.) abgeleiteter resp. (empirisch) gewonnener Ausgangssatz. – Entsprechend *axiomatisch*: auf vorausgesetzten, nicht logisch abgeleiteten oder empirisch gestützten Sätzen beruhend.

Chronologie, chronologisch (adj.) – *hier:* zeitliche Abfolge von Ereignissen (griech. „Zeitrechnung"). – Entsprechend *chronologisch:* nach der zeitlichen Abfolge geordnet.

Deduktion, deduktiv (adj.) – (i.) Deduktion ist eine (grundlegende) logische Schlussfolgerungsform, bei der wenn die formale Struktur gültig und die Prämissen wahr sind, die Konklusion *notwendigerweise wahr sein muss* (so ist z.B. folgende Struktur gültig, ungeachtet des Inhaltes der Prämissen: „Wenn x, dann y. Es gilt x. Also gilt y"; inhaltlich gefüllt könnte dies z.B. lauten: „Wenn es regnet, dann ist die unüberdeckte Strasse nass. Es hat geregnet. Also ist die unüberdeckte Strasse nass"); (ii.) Logische Ableitung oder Gewinnung von Einzelaussagen aus einem bestehenden (umfassenderen) Satzsystem (z.B. Theorie, Prämissen-Menge, Hypothesen-Set usw.). – Entsprechend *deduktiv*: (i.) verkürzt für „deduktiv geschlussfolgert" oder (ii.) aus bestehendem Aussagenmaterial (z.B. Theorie) abgeleitet/gewonnen.

Definition, Nominaldefinition – Bei einer Nominal- bzw. Wortdefinition – definitionstheoretisch oft als „eigentliche Definition" betrachtet – wird eine Gruppe bereits bekannter Wörter ein neues, bislang unbekanntes Wort oder ein zusammengesetztes Wort per Konvention gleichgesetzt (z.B. „weisses Pferd = Schimmel"). Nominaldefinitionen können aufgrund ihres Konventionscharakters nicht wahr oder falsch sein, wohl aber zweckmässig/unzweckmässig, präzise/unpräzise, erfüllend/nicht-erfüllend, verständlich/unverständlich usw. Im wissenschaftlichen Gebrauch dienen Nominaldefinitionen meist dazu, eine Terminologie (Sprachgebrauch) festzulegen, um Vieldeutigkeit und Missinterpretationen zu vermeiden.

Definition, Realdefinition – Gegenüber der Nominaldefinition (s.o.) sind Realdefinitionen bzw. Sachdefinitionen (z.B. die Definition des Wassers als H_2O) wahre Aussagen über Sachverhalte (bzw. beanspruchen, solche zu sein), die im Aufbau einer wissenschaftlichen Theorie eine zentrale Stellung einnehmen können.

deskriptiv (adj.) – beschreibend, sich einer Bewertung enthaltend.

Diskurs, diskursiv (adj.) – (i.) Die Form einer Kette von Aussagen oder Ausdrücken und damit die Art und Weise, auf welche sie entstanden sind (z.B. wissenschaftlicher Diskurs), (ii.) Regelgesteuerte Praxis, die eine Kette oder ein zusammenhängendes System von Aussagen, also Wissensformen, hervorbringt (z.B. Medizin), (iii.) Diskussion und Infragestellung von Gültigkeitskriterien mit dem Ziel, einen Konsens unter den Diskursteilnehmern herzustellen. – Entsprechend *diskursiv*: (i.) begrifflich, nicht anschaulich; (ii.) in systematischen Diskussionen vorgehend; (iii.) einen Diskurs betreffend.

Empirie, empirisch (adj.) – (i.) sinnlich erfahrbare und untersuchbare natürliche und soziale Welt; (ii.) wissenschaftliche, d.h. kontrollierte, systematische, theoriegestützte Erfahrung. – Entsprechend *empirisch*: auf (wissenschaftliche) Erfahrung bezogen (sinnliche Wahrnehmung, kontrollierte Beobachtung, Datenerhebung, Experiment).

Entität – etwas, das ist; Existierendes.

epistemisch (adj.) – *hier:* auf (wahres) Wissen, Erkenntnis, Erkenntnissicherheit u.Ä. bezogen (z.B. „epistemischer Status": Status einer oder mehrerer miteinander verbundenen Aussagen hinsichtlich ihres Erkenntnisgrades, ihrer Gewissheit u.Ä., also z.B. eher Meinung oder gut begründete Aussagen mit Anspruch auf wahres Wissen usw.).

Epistemologie, epistemologisch (adj.) – *hier:* Epistemologie (Erkenntnistheorie) ist die philosophische Disziplin, die sich mit den Fragen der Möglichkeit, Art, Begründbarkeit und Grenzen von Erkenntnis und Wissen auseinandersetzt. („Was können wir wissen, was ist ‚Wissen' überhaupt, und wie gut ist das, was wir als ‚Wissen' beanspruchen?"). – Entsprechend *epistemologisch*: auf die Theorie bzw. wesentliche Aspekte der Theorie des Erkennens oder Wissens (Epistemologie) bezogen.

Glossar

Erkenntnistheorie – siehe *Epistemologie*.

esoterisch (adj.) – *hier:* einer begrenzten sozialen Gruppe zugänglich.

Evidenz, anekdotische – Subjektive, manchmal lebhafte Erzählungen („Anekdoten") über (angeblich) stattgefundene Ereignisse, bestehende Sachverhalte oder Kausalzusammenhänge. Gegenüber wissenschaftlicher Evidenz gilt anekdotische Evidenz i.d.R. als epistemisch problematisch, da sie verhältnismässig unzuverlässig ist (Erinnerungen können trügen und werden nachträglich verändert, subjektive Aufmerksamkeit ist grundsätzlich selektiv, sodass manche Details verloren gehen; andere Details können übertrieben dargestellt werden; bestehende Überzeugungen und Vorurteile beeinflussen die Anekdoten und ihre Darstellung usw.).

exoterisch (adj.) – *hier:* einer breiten Öffentlichkeit zugänglich.

explanatorisch (adj.) – erklärend, auf Erklärung bzw. auf das Ziel einer Erklärung bezogen.

Expertise – *hier:* (Anerkanntes) Expertenwissen in einer bestimmten Domäne.

Exploration, explorativ (adj.) – Erkundung; versuchsweise, „vortastende" Untersuchungsstrategie. – Entsprechend *explorativ:* auf Erkundung und damit zusammenhängende Untersuchungsstrategien bezogen.

Fallibilität, fallibel (adj.) – Epistemologischer Zustand, in welchem sich (angebliche) Erkenntnis bzw. gut begründetes Wissen durch weiteren Erkenntnisfortschritt als falsch, problematisch oder widerlegt herausstellen kann, d.h. nur vorläufiges, stets kritisierbares Wissen zur Verfügung stehen kann (die damit verbundene wissenschaftstheoretische Position, Fallibilismus, ist die gegenwärtige Standardauffassung moderner Wissenschaften). – Entsprechend *fallibel:* kann sich als falsch, als Irrtum herausstellen, ist prinzipiell widerlegbar, wenngleich möglicherweise im Moment gut begründet.

Forschungspragmatik, forschungspragmatisch (adj.) – Der tatsächliche Ablauf bzw. das tatsächliche (zeitliche) Vorgehen einer wissenschaftlichen Forschung, inklusive sämtlicher Handlungen und Vorbereitungen, die anschliessend i.d.R. im wissenschaftlichen Produkt (z.B. Publikation, Bericht) nicht (mehr) „sichtbar" sind (nicht verschriftlicht werden); dies können bspw. die zahlreichen formellen Besprechungen eines Forschungsteam sein oder informelle Besprechungen beim gemeinsamen Mittagessen etc. – Entsprechend *forschungspragmatisch:* auf den tatsächlichen Ablauf einer Forschung bezogen.

Gender – Geschlechtsidentität des Menschen als soziale Kategorie (z.B. im Hinblick auf Selbstwahrnehmung, Selbstwertgefühl, Rollenverhalten).

Habitus – Das Auftreten eines Subjekts, d.h. inklusive der Gewohnheiten im Denken, Sprechen, Fühlen und Handeln, insofern sie der sozialen Gruppe, die der Person zugehörig ist, hinreichend gemeinsam sind.

Hermeneutik, hermeneutisch (adj.) – Kunst des Auslegens und Verstehens sinnhaltiger menschlicher Produkte, die aktuelle Vollzüge (z.B. alltägliche Interaktions- und Kommunikationsformen) oder Objektivierungen (z.B. Texte, Kunstwerke, Bauten) sein können. Die sog. philosophische Hermeneutik vertritt die Auffassung, dass sich der Mensch immer schon in Verstehenssituationen befindet, die er in einem geschichtlichen Verstehensprozess auslegen und korrigieren muss. – Entsprechend *hermeneutisch:* (i.) einen Text o.Ä. auslegend, eine Situation deutend; (ii.) die (philosophische) Hermeneutik betreffend.

Heuristik, heuristisch (adj.) – *hier:* Als Heuristik wird eine Strategie bezeichnet, die das Streben nach Erkenntnis und/oder das Finden von Wegen zu einem gegebenen Ziel planvoll gestaltet. – Entsprechend *heuristisch:* Hilfsmittel, Vorgehensweisen bzw. vorläufige Annahmen einer Forschung, von denen man sich Wege zu neuen Erkenntnissen erhofft.

idiografisch (adj.) – Eine Zielsetzung wissenschaftlicher Arbeit, bei der die Gewinnung von Erkenntnissen über zeitlich und räumlich einzigartige Sachverhalte (z.B. historische Ereignisse, Kulturobjekte) im Zentrum steht (traditionellerweise v.a. mit den Geisteswissenschaften identifiziert).

Induktion, induktiv (adj.) – (i.) Induktion ist eine logische Schlussfolgerungsform, bei der aus einer endlichen Anzahl von Einzelfällen (z.B. Beobachtungen) auf einen Allgemeinfall geschlossen wird (generalisiert wird, sog. induktive Generalisierung). Da es sehr selten möglich ist, alle Fälle zu berücksichtigen, ist die Konklusion nie mit Gewissheit erreichbar (wie mit der Deduktion, s.o.), sondern nur probabilistisch, d.h. wahrscheinlichkeitsgestützt (die Konklusion folgt wahrscheinlich, nicht aber notwendig); (ii.) Gewinnung von Einzelaussagen aus empirischem Material (z.B. Sinnesdaten, wissenschaftliche Daten) heraus, nicht aber durch Ableitung aus bestehenden Theorien u.Ä. – Entsprechend *induktiv:* (i.) verkürzt für „induktiv geschlussfolgert"; (ii.) aus der Betrachtung empirischen Datenmaterials heraus gewonnen.

Glossar

Institution – *hier:* Als soziologischer Grundbegriff wird Institution hier rollentheoretisch als ein relativ stabiles Set von Rollenerwartungen definiert, welches sich auf ein bestimmtes, durch Muss-Erwartungen (= soziale Regeln) festgelegtes Verhalten der Mitglieder einer Gruppe bezieht.

Intention – Absicht, Vorhaben.

Intersubjektivität, intersubjektiv (adj.) – (i.) Gemeinsamkeit mehrerer oder aller Personen, (ii.) Zugänglichkeit, Erkennbarkeit, Nachprüfbarkeit durch mehrere oder alle Personen. – Entsprechend *intersubjektiv*: (i.) mehreren oder allen Personen gemeinsam; (ii.) mehreren oder allen Personen zugänglich, erkennbar oder nachprüfbar.

Introspektion, introspektiv (adj.) – nach innen, auf das eigene Bewusstsein, die geistigen Vorgänge gerichtete Beobachtung; Selbstbeobachtung. – Entsprechend *introspektiv*: auf dem Weg der Innenschau, der Selbsterkenntnis.

Iteration, iteriert (adj.) – Wiederholung (z.b. eines Prozesses), bei der jeweils der „Endpunkt" der letzten Iteration als neuer „Anfangspunkt" gewählt wird. Iterative Prozesse können mehrere solcher Wiederholungen durchlaufen. – Entsprechend *iteriert*: im Sinne von Iterationen wiederholt.

Kausalität, kausal (adj.) – Zusammenhang von Ursache und Wirkung; Ursächlichkeit. – Entsprechend *kausal*: ursächlich, das Ursache-Wirkungs-Verhältnis betreffend, dem Kausalgesetz entsprechend.

kommensurabel (adj.) – mit gleichem Mass messbar; vergleichbar.

kontingent (adj.) – zufällig (im Gegensatz zu notwendig).

Korroboration, korrobieren (verb.) – Wissenschaftstheoretischer Begriff v.a. aus dem angelsächsischen Raum (engl. „corroboration", „corroborating evidence") welcher die Ansammlung von i.d.R. aus verschiedenen Quellen stammenden (wissenschaftlichen) Evidenzen (meistens empirische Ergebnisse) meint, die eine Proposition (Aussage) stützen bzw. begründen (nahe legen, dass sie zutreffend, wahr ist). – Entsprechend *korroborieren*: eine Korroboration herstellen, als Korroboration für eine Aussage u.Ä. dienen.

Lemma – Lexikografische Bezeichnung für die Grundform bzw. Zitierform eines Wortes, d.h. jener Wortform, unter der ein bestimmtes Wort in einem Lexikon o.Ä. nachgeschlagen werden kann (der Eintrag „Lemma" in diesem Glossar ist entsprechend selber ein Lemma).

Likert-Skala – Eine Skalierungsmethode der empirischen Sozialforschung, mit der v.a. Einstellungen und Meinungen in meistens einer Vier- oder Fünf-Punkte-Skala gemessen werden (z.B. „stimme ganz entschieden zu", „stimme zu", „neutral", „stimme nicht zu", „stimme ganz entschieden nicht zu").

Median – Ein Median ist eine Grenze zwischen zwei Hälften, in der Statistik üblicherweise die Halbierung einer Stichprobe (Sample), was ihn u.a. gegenüber „Ausreissern" (Extremwerten) robuster macht als das arithmetische Mittel („Durchschnittswert").

Methodologie, methodologisch (adj.) – Lehre von den Verfahren, die zur Forschung und Beweisführung in den verschiedenen Wissenschaften angewendet werden. Der Zweck der Methodologie liegt dabei nicht nur in der Klärung und Beschreibung, sondern auch in der Begründung der Verfahren (griech. „Methodenlehre"). – Entsprechend *methodologisch*: die Beschreibung und Begründung der Forschungs- und Argumentationsverfahren betreffend.

Mittel, geometrisches – Ein Lagemass bzw. Mittelwert, der gegenüber dem arithmetischen Mittel („Durchschnittswert") auf metrisch-skalierten Daten mit absolutem Nullpunkt (wie z.B. Lebensalter) statistisch sinnhaft angewendet werden kann.

Monografie – *hier:* Fachbuch; gedrucktes wissenschaftliches Buch (im Gegensatz zu „unselbstständiger Literatur" wie z.B. Artikel in wissenschaftlichen Zeitschriften), das primär für andere Wissenschaftler als Teil laufender wissenschaftlicher Forschung geschrieben ist, nicht aber für Studierende (als Lehrbuch) oder für eine breite Öffentlichkeit (als leicht verständliche Zusammenfassung wissenschaftlicher Erkenntnisse u.Ä.).

Narration, narrativ (adj.) – Erzählung. – Entsprechend *narrativ*: (i.) erzählend; (ii.) die (Struktur der) Erzählung betreffend.

Nexus – Verbindung, Verkettung, Verknüpfung; Gefüge; Zusammenhang.

nomothetisch (adj.) – Eine Zielsetzung wissenschaftlicher Arbeit, bei der die Gewinnung von universal gül-

Glossar

tigen (oder zumindest den Einzelfall überschreitend), von Raum und Zeit (grösstenteils) unabhängigen Gesetzen im Zentrum steht (traditionellerweise v.a. mit den „harten" Naturwissenschaften identifiziert).

normativ (adj.) – normgebend oder auf Normen oder Regeln bezogen.

Objektivierung – (Zunehmende) Ansammlung von (wissenschaftlichen) Evidenzen, welche das objektive Vorliegen eines Sachverhaltes in der (natürlichen, sozialen) Welt belegen, über den zuvor nur im Rahmen subjektiver Annahme, Wahrnehmung oder Erleben resp. noch zu prüfender Hypothesen berichtet werden konnte.

Objektivität, objektiv (adj.) – *hier:* Unabhängigkeit eines (wissenschaftlichen) Messinstrumentes von verschiedenen Subjekten, welche das Untersuchungsobjekt des Instrumentes verwenden (Durchführungs-Objektivität, z.b. ein Testverfahren, das unabhängig vom jeweiligen Testleiter vergleichbare Daten produziert) oder die Daten des Instrumentes auswerten (Auswertungs-Objektivität, z.b. eine Testauswertung, die unabhängig vom jeweiligen Auswerter zu einem vergleichbaren Ergebnis kommt). Objektivität in diesem Sinne gilt als ein Gütekriterium v.a. der empirischen Sozialforschung. – Entsprechend *objektiv*: auf Objektivität als methodisches Gütekriterium bezogen.

Ontologie, ontologisch (adj.) – Ontologie ist die philosophische Lehre vom Seienden, insofern es ist. Mit W.V.O. QUINE gesprochen, dreht sich die Ontologie um die Beantwortung der Frage „Was gibt es?" (Ferner: In welcher Weise gibt es etwas? Und was bedeutet es überhaupt für eine Entität, zu existieren?). Dabei ist wichtig für das Verständnis dieser Frage, dass sie eigentlich meint: „Was gibt es grundlegend und kategorial?". Die Frage z.B., ob es weisse Tiger gibt, ist keine ontologische Frage, sondern eine biologische. Die Frage aber, ob es „Tiere" gibt (soz. als „Schublade", wo man den weissen Tiger begrifflich „einordnet"), oder „Lebewesen", oder konkrete Dinge, ist eine ontologische Frage, genauso wie die Frage, ob es abstrakte Dinge wie Eigenschaften (z.B. Farben), Klassen, Ereignisse, Prozesse, logische Konstrukte (z.B. „das Internet") gibt bzw. in welchem Sinne es sie „gibt". – Entsprechend *ontologisch*: auf die Ontologie bezogen oder auf wesentliche Merkmale der Ontologie (z.B. auf die Seinsweise u.Ä., bspw. dass etwas tatsächlich existiert und nicht nur ein menschlich-sprachliches Phänomen ist usw.).

Operationalisierung – Umwandlung („Übersetzung") von theoretischen Konstrukten (Theoriesprache) in Verfahrens- und Handlungsweisen („Operationen"), die empirisch mess- und beobachtbare Variablen zur Folge haben (Mess-/Beobachtungssprache), wie z.B. „Intelligenz" in eine Fragebatterie eines Fragebogens zu „übersetzen" und dadurch messbar und bewertbar zu machen.

Peer Review [dt. ~ Begutachtung] – Verfahren zur Beurteilung der wissenschaftlichen Qualität insbesondere von Artikeln in wissenschaftlichen Zeitschriften, wo unabhängige Gutachter („peers"), d.h. Experten auf dem jeweiligen wissenschaftlichen Fachgebiet, meistens dem Autor/den Autoren gegenüber anonym die Qualität der eingereichten Arbeit beurteilen und anschliessend dem Herausgeber der Zeitschrift den Vorschlag machen, die Arbeit anzunehmen, zur Überarbeitung zurückzugeben oder abzulehnen. Nicht selten wird ein doppel-anonymes Verfahren verwendet, wo die Gutachter nicht wissen, wer den Artikel geschrieben hat, um systematische Verzerrungen (s.u.) und Diskriminierungen zu vermeiden.

Phänomenologie, phänomenologisch (adj.) – (i.) philosophische Lehre von dem, was einem Bewusstsein erscheint, sich zeigt. Nach EDMUND HUSSERL soll das im Bewusstsein Gegebene unter Ausklammerung der Frage nach seiner Realität (phänomenologische Reduktion) rein in seinem Wesenheit veranschaulicht werden (Wesensschau). Dadurch sollen die ihm innewohnenden Zusammenhänge einsichtig werden. Die Phänomenologie beschreibt die intentionalen Akte, in denen die Bewusstseinsinhalte gegeben sind (Intentionalität), sowie die in den Akten gegebenen gegenständlichen Gehalte (Gegenstand). Die phänomenologisch orientierte Soziologie untersucht als „verstehende Soziologie", wie menschlich-sozialisiertes Bewusstsein in die Produktion von sozialen Handlungen, Situationen und Lebenswelten (insb. der Alltagswelt) eingeht. (ii.) in den (streng) empirischen (Natur-)Wissenschaften jener Arbeitsschritt, wo bloss die beobachteten oder die mittels empirischer Verfahren erzeugten Sachverhalte (die empirischen Daten und ihre Struktur) beschrieben werden („Phänomenologie der Daten"), unter Absehung des Einsatzes von theoretischen Mitteln (so weit kognitiv und praktisch möglich). – Entsprechend *phänomenologisch*: (i.) die Phänomenologie als philosophische Lehre oder evtl. die phänomenologisch orientierte Soziologie betreffend; (ii.) die Erscheinungen des Bewusstseins betreffend; (iii.) die blosse Beschreibung empirischer Daten und ihrer Struktur betreffend.

post hoc – „nach der Sache", anschliessend, nachher.

präskriptiv (adj.) – empfehlend oder aber stark vorschreibend.

135

Glossar

probabilistisch (adj.) – wahrscheinlichkeitstheoretisch, d.h. auf Wahrscheinlichkeiten bzw. deren Gesetzmässigkeiten (Wahrscheinlichkeitsgesetze) bezogen.

Proposition, propositional (adj.) – Eine Proposition ist eine Bezeichnung dafür, worauf sich grammatikalisch verschiedene, aber von der Bedeutung her identische Sätze beziehen. Der Unterschied zwischen Sätzen und Propositionen lässt sich durch den Hinweis verdeutlichen, dass ein Satz stets ein Satz einer bestimmten Sprache ist, der Sprache nämlich, in der er ausgesprochen wird, während Propositionen an die Sprachen, in denen sie ausgesagt werden, nicht gebunden sind (z.b. sind die folgenden Sätze alle verschieden, bezeichnen aber dieselbe Proposition: „It is raining. Está iloviendo. Il pleut. Es regnet"). Eine relevante (oder sogar *die* relevante) Eigenschaft von Propositionen ist ihre Wahrheitsfähigkeit, d.h. dass sie entweder wahr oder falsch sind. – Entsprechend *propositional*: auf Propositionen oder propositionale Gehalte bezogen (z.b. propositionales Wissen: Wissen, das in Form von Propositionen formuliert werden und wahr oder falsch sein kann).

Range – Ein Streuungsmass, das auch Spannweite genannt wird und sich durch die Distanz zwischen dem grössten und den kleinsten Wert berechnet.

Reliabilität, Interrater-Reliabilität – Unterform der Reliabilität: Zuverlässigkeit eines Instrumentes (Mess-, Auswertungsinstrument) aufgrund vergleichbarer Bewertungen verschiedener Bewerter („Rater"); wenn z.B. dasselbe Interview unabhängig voneinander durch zwei Kodierer anhand eines Kodierleitfadens oder anderer Vorgaben in einem hohen Grad identisch kodiert wird, so gewinnt die Kodierung bzw. das Kodiervorgehen entsprechend an Interrater-Reliabilität.

Reliabilität, Intrarater-Reliabilität – Unterform der Reliabilität: Zuverlässigkeit eines Instrumentes (Mess-, Auswertungsinstrument) aufgrund vergleichbarer Bewertungen desselben Bewerters („Raters") zu verschiedenen Zeiten; wenn z.B. dasselbe Interview bei zwei Durchläufen des einen Kodierers anhand eines Kodierleitfadens oder anderer Vorgaben in einem hohen Grad identisch kodiert wird, so gewinnt die Kodierung bzw. das Kodiervorgehen entsprechend an Intrarater-Reliabilität.

Reliabilität, reliabel (adj.) – Zuverlässigkeit eines (wissenschaftlichen) Messinstrumentes, d.h. dass es bei wiederholten Messeinsätzen stets dasselbe Resultat ausgibt bzw. Zufallsfehler ausgeschlossen sind (ein Thermometer z.B. ist dann reliabel, wenn er stets die gleiche Temperatur angibt, wenn er gleich lang in gleich warmes Wasser gestellt wird). Reliabilität gilt als ein Gütekriterium v.a. der empirischen Sozialforschung. – Entsprechend *reliabel*: auf Reliabilität als methodisches Gütekriterium bezogen.

Signifikanz, statistische – Ein signifikanter Zusammenhang (Korrelation) zwischen zwei statistischen Variablen ist ein *überzufälliger Zusammenhang*; bei signifikanten Ergebnissen liegt die Wahrscheinlichkeit, dass der Zufall für den gemessenen/beobachteten Zusammenhang verantwortlich ist, per Konvention bei unter 5%, bei höchstsignifikanten Ergebnissen bei unter 0.3%.

Sinnprovinz – Nach ALFRED SCHÜTZ ein spezifischer Bezugsrahmen sinnhafter menschlicher Aktivität, der sich durch einen eigenen „Erkenntnisstil" (Form der Bewusstseinsspannung, der skeptischen Einstellung, der Aktivität, der Selbsterfahrung, der Sozialität und der Zeitperspektive) auszeichnet (z.B. Alltagswelt, Fantasiewelt, Traumwelt, Spielwelt, Welt der Wissenschaft usw.).

Skeptizismus – *hier*: Philosophische Position/Haltung in der Erkenntnistheorie, die aufgrund verschiedener epistemologischer Argumente (z.B. unendlicher Regress der Begründungen: „Warum a?; „Weil b"; „Warum b?"; „Weil c."; „Warum c?"; „Weil d." und so weiter, bis ins Unendliche) von der Unbegründbarkeit von Wissen und/oder der Unerreichbarkeit von Gewissheit ausgeht und daher grundsätzlich bezweifelt, dass Erkenntnis (Wissen) möglich ist.

Sprechakt – Handlung (Akt), die durch das Äussern von Sätzen vollzogen wird (z.B. Befehlen, Warnen, Versprechen).

Statistik, deskriptive – „Beschreibende Statistik", d.h. Techniken und Verfahren der Statistik, Daten summarisch darzustellen (z.B. grafisch mit Balken- oder Kuchendiagrammen, tabellarisch oder über die Berechnung von statistischen Kennzahlen wie Lagemasse, bspw. arithmetisches Mittel, und Streuungsmasse, bspw. Varianz).

Statistik, induktive – „Schliessende Statistik" (deshalb auch Inferenzstatistik genannt), d.h. Techniken und Verfahren der Statistik, die anhand mathematischer Modelle (insbesondere der Wahrscheinlichkeitstheorie) Daten analysieren und so z.B. den Schluss von einer (entsprechend adäquaten) Stichprobe (Sample) auf die Grundgesamtheit zulässt (Repräsentativität von Statistiken).

Glossar

Symbol, symbolisch (adj.) – *hier:* Zeichen, welches nur aufgrund der Konventionen und Gewohnheiten innerhalb eines soziokulturellen Zusammenhangs verständlich wird. – Entsprechend *symbolisch*: (i.) als Zeichen für etwas anderes stehend; ein konventionales Zeichen darstellend; (ii.) sich konventionaler Zeichen bedienend.

Szientizismus, szientizistisch (adj.) – *hier:* Abwertende Bezeichnung für die philosophische Auffassung, dass insbesondere naturwissenschaftliche oder streng empirisch-sozialwissenschaftliche (i.d.R. quantitative) Methoden das wissenschaftliche Methodenrepertoire dominieren sollen bzw. nur das wissenschaftlich ist – oder sogar nur das Anspruch auf Erkenntnis erheben darf –, was naturwissenschaftlichen resp. empirisch-sozialwissenschaftlichen Kriterien entspricht. Der so verstandene Szientizismus geht oft mit einem (Neo-)Positivismus im Sinne eines starken Empirismus einher, d.h. einer wissenschaftstheoretischen Position, die Wissenschaft und nicht selten auch Sinn/Bedeutung und Geltungskraft von Aussagen mit Sinnesdaten identifiziert bzw. mit durch Sinnesdaten verifizierbare Aussagen. Je nach Ausprägung kann dies bedeuten, dass Wissenschaft nur beschreiben, nicht aber (kausal) erklären kann, da auch Kausalität nicht über Sinnesdaten verifiziert werden kann.

transzendieren (verb.) – *hier:* überschreiten.

Validität, valide (adj.) – Gültigkeit (argumentatives Gewicht, Belastbarkeit) einer wissenschaftlich begründeten, i.d.R. empirischen Aussage. Validität wirkt daher als ein Gütekriterium v.a. der empirischen Sozialforschung. Dort wird unter Validität auch *Konstruktvalidität* verstanden, d.h. die Güte der *Operationalisierung* (s.o.): Misst das Instrument auch das, was es messen soll? (Misst z.B. ein Intelligenztest tatsächlich das theoretische Konstrukt „Intelligenz", oder misst es nur das, was als Test konstruiert worden ist?).
– Entsprechend *valide*: auf Validität als methodisches Gütekriterium bezogen.

veridikal (adj.) – Wahrheitsgetreue bzw. Wirklichkeitsentsprechende Abbildung z.B. bei Sinneswahrnehmung (eine nicht-veridikale Sinneswahrnehmung beruht bspw. auf einer Wahrnehmungstäuschung; die Wahrnehmung eines halb ins Wasser getauchten Paddels als *abgebrochenes Paddel* ist z.B. nonveridikal, da auf einer Wahrnehmungstäuschung aufgrund der Lichtbrechung usw. beruhend).

Verzerrung, systematische [engl. bias] – Wahrnehmungsverzerrung (z.B. durch Vorurteil, Neigung oder Vorliebe) oder systematischer Fehler (z.B. durch Konstruktionsfehler eines Fragebogens, der ein bestimmtes Antwortverhalten provoziert und die Daten deshalb in eine bestimmte Weise hin verzerrt, sodass nicht die wahren Einstellungen oder Meinungen gemessen werden).

Wissenschaftstheorie, wissenschaftstheoretisch (adj.) – Die Wissenschaftstheorie oder Wissenschaftsphilosophie (engl. „philosophy of science") ist eine philosophische Disziplin, welche Wissenschaft reflektiert und sich dabei mit den logischen, semantischen, epistemologischen, ontologischen und normativen Voraussetzungen der Wissenschaft insgesamt oder einzelner wissenschaftlicher Disziplinen beschäftigt. Die Wissenschaftstheorie kann auch als spezialisierte Erkenntnistheorie aufgefasst werden, welche auf wissenschaftliche Erkenntnis und insbesondere deren Begründung fokussiert ist, und die zu klären versucht, auf welche Weise Wissenschaft zuverlässiges Wissen generieren kann/soll. – Entsprechend *wissenschaftstheoretisch*: auf die Wissenschaftstheorie bzw. wesentliche Aspekte oder Themen der Wissenschaftstheorie bezogen.

9 Literatur

Methodik

ATTESLANDER Peter (1995) *Methoden der empirischen Sozialforschung.* Walter de Gruyter, Berlin/New York

BERGMAN Manfred Max (2008) *Advances in Mixed Methods Research.* SAGE Publications Ltd., London

BORTZ Jürgen (1999) *Statistik für Sozialwissenschaftler.* Springer, Berlin/Heidelberg

BORTZ Jürgen und DÖRING Nicola (2002) *Forschungsmethoden und Evaluation für Human- und Sozialwissenschaftler.* Springer, Berlin/Heidelberg

DIEKMANN Andreas (2002) *Empirische Sozialforschung.* Rowohlt Taschenbuch Verlag GmbH, Reinbek bei Hamburg

FLICK Uwe (2005) *Qualitative Sozialforschung. Eine Einführung.* Rowohlt Taschenbuch Verlag, Reinbek bei Hamburg

FLICK Uwe, VON KARDORFF Ernst und STEINKE Ines (2000; Hrsg.) *Qualitative Forschung. Ein Handbuch.* Rowohlt Taschenbuch Verlag, Reinbek bei Hamburg

FRIEDRICHS Jürgen (1990) *Methoden empirischer Sozialforschung.* Westdeutscher Verlag, Opladen

HELFFERICH Cornelia (2004) *Die Qualität qualitativer Daten. Manual für die Durchführung qualitativer Interviews.* VS Verlag für Sozialwissenschaften, Wiesbaden

MAYRING Philipp (2000a) *Qualitative Inhaltsanalyse. Grundlagen und Techniken.* Beltz Verlag, Weinheim/Basel

MAYRING Philipp (2000b) Qualitative Inhaltsanalyse [28 Absätze]. *Forum Qualitative Sozialforschung / Forum: Qualitative Social Research [Online Journal]* 1(2) http://www.qualitative-research.net/fqs-texte/2-00/2-00mayring-d.htm (30.10.2008)

MAYRING Philipp (2002) *Einführung in die qualitative Sozialforschung. Eine Anleitung zu qualitativem Denken.* Beltz Verlag, Weinheim/Basel

MEINEFELD Werner (2000) „Hypothesen und Vorwissen in der qualitativen Sozialforschung". In: FLICK Uwe, VON KARDORFF Ernst und STEINKE Ines (Hrsg.) *Qualitative Forschung. Ein Handbuch.* Rowohlt Taschenbuch Verlag, Reinbek bei Hamburg; S. 265-275

SEIFFERT Helmut (1996) *Einführung in die Wissenschaftstheorie. Band I: Sprachanalyse – Deduktion – Induktion in Natur- und Sozialwissenschaften.* C.H. Beck'sche Verlagsbuchhandlung, München

THIEL Christian (2004a) „Phänomenologie". In: MITTELSTRASS Jürgen (Hrsg.) *Enzyklopädie Philosophie und Wissenschaftstheorie. Band 3.* J.B. Metzler, Stuttgart/Weimar; S. 115-119

THIEL Christian (2004b) „Theorie". In: MITTELSTRASS Jürgen (Hrsg.) *Enzyklopädie Philosophie und Wissenschaftstheorie. Band 4.* J.B. Metzler, Stuttgart/Weimar; S. 260-270

Theoretischer Hintergrund

BERGER Peter L. und LUCKMANN Thomas (2004) *Die gesellschaftliche Konstruktion der Wirklichkeit.* Fischer Taschenbuch, Frankfurt a.M.

BORGATTA Edgar F. und MONTGOMERY Rhonda J.V. (2000; Hrsg.) *Encyclopedia of Sociology.* Macmillan Reference USA, New York/NY

BURGER Paul (2004) *Grundlagenreflexion der Wissenschaft.* Vorlesungsskript. Universität Basel

CALHOUN Craig (2002; Hrsg.) *Dictionary of the Social Sciences.* Oxford University Press, Oxford

Literatur

GIBBONS Michael, LIMOGES Camille, NOWOTNY Helga, SCHWARTZMAN Simon, SCOTT Peter und TROW Martin (1994) *The New Production of Knowledge: The Dynamics of Science and Research in Contemporary Societies*. Sage, London

GOFFMAN Erving (1973) *Interaktion*. Piper, München

GOFFMAN Erving (1974) *Frame Analysis. An Essay on the Organization of Experience*. Cambridge MA, Harvard University Press

KNOBLAUCH Hubert (1992) „Anthropologie der symbolischen Kommunikation". Forschungspapier für den SFB 511 Literatur und Anthropologie, Konstanz

KNOBLAUCH Hubert (2005) *Wissenssoziologie*. UVK Verlagsgesellschaft mbH, Konstanz

OPASCHOWSKI Horst W. (1994) *Einführung in die Freizeitwissenschaft*. Leske+Budrich, Opladen

POLANYI Michael (1983) *The Tacit Dimension*. Peter Smith, Gloucester

POPPER Karl R. (1957) *Die offene Gesellschaft und ihre Feinde*. Francke, Bern/München

RYSIEW Patrick (2007) „Epistemic Contextualism". In: ZALTA Edward N. (Hrsg.) *The Stanford Encyclopedia of Philosophy*
http://plato.stanford.edu/entries/contextualism-epistemology/ (30.10.2008)

SCHÜTZ Alfred (1971) *Gesammelte Aufsätze. Bd. 1: Das Problem der sozialen Wirklichkeit*. Nijhoff, Den Haag

SCHÜTZ Alfred (2004) *Der sinnhafte Aufbau der sozialen Welt. Eine Einleitung in die verstehende Soziologie*. UVK Verlagsgesellschaft mbH, Konstanz

SCOTT John und MARSHALL Gordon (2005) *A Dictionary of Sociology*. Oxford University Press, Oxford

WEINGART Peter (2001) *Die Stunde der Wahrheit? Zum Verhältnis von Wissenschaft zu Politik, Wirtschaft und Medien in der Wissensgesellschaft*. Velbrück, Weilerswist

SOURIAU Etienne (1951) La structure de l'univers filmique et le vocabulaire de la filmologie. *Revue internationale de Filmologie* 2(7-8):231-240

Rollenspiel, allgemein

CARDWELL Paul, j.r. (1994) The Attacks on Role-Playing Games. *Skeptical Inquirer* 18(2):157-165

DARLINGTON Steven (1986/1999) A History of Role-Playing. *Places to Go, People to Be. The Online Magazine for Roleplayers* (http://ptgptb.org/)
http://kunst.erzwiss.uni-hamburg.de/Tan/Homepage/Rollenspiel/History/_start.html (30.10.2008)

PULLING Patricia (1990) *Sie wollen unsere Kinder. Und wenn wir uns nicht wehren, ist es zu spät*. Francke, Marburg an der Lahn (engl. Originaltitel: *The Devil's Web*)

ROLLENSPIELSTATISTIKER (2008) Blog
http://rollenspielstatistiker.wordpress.com/ (30.10.2008)

STACKPOLE Michael A. (1990) *The Pulling Report*. Online-Publikation
http://www.rpgstudies.net/stackpole/pulling_report.html (30.10.2008)

TSCHUDIN Marc (1998) *Pen-and-Paper-Rollenspiele*. Selbständige Vertiefungsarbeit. Berufsschule Aarau

Rollenspiel, Rollenspiel-Theorie

EDWARDS Ron (2001) *GNS and Other Matters of Role-playing Theory*. Online-Publikation
http://www.indie-rpgs.com/articles/1/ (30.10.2008)

EDWARDS Ron (2008) *The Forge*. Internet-Forum

http://www.indie-rpgs.com/forum/ (30.10.2008)

HENRY Liz (2003) *Group Narration. Power, Information, and Play in Role Playing Games.* Online-Publikation
http://www.darkshire.net/jhkim/rpg/theory/liz-paper-2003/ (30.10.2008)

KIM John (2003) *Story and Narrative Paradigms in Role-Playing Games.* Online-Publikation
http://www.darkshire.net/jhkim/rpg/theory/narrative/paradigms.html (30.10.2008)

KIM John (2005) *Gender Disparity in RPGs.* Online-Publikation
http://www.darkshire.net/jhkim/rpg/theory/gender/disparity.html (30.10.2008)

KIM John (2008) *RGP Theory.* Internet-Seite
http://www.darkshire.net/jhkim/rpg/theory/ (30.10.2008)

MÄKELÄ Eetu, KOISTINEN Sampo, SIUKOLA Mikko und TURUNEN Sanni (2005) *Process Model of Roleplaying.* Online-Publikation
http://temppeli.org/rpg/process_model/KP2005-article/Process_Model_of_Roleplaying.pdf (30.10.2008)

PADOL Lisa (1996) *Playing Stories, Telling Games. Collaborative Storytelling in Role-Playing Games.* Online-Publikation
http://www.recappub.com/games.html (30.10.2008)

SCHMIEDEKAMP Mendel und GEORGE Matthew (2008) *RPG Theory Review.* Blog
http://rpgtheoryreview.blogspot.com (30.10.2008)

Rollenspiel, Psychologie

BARSALOU Lawrence W., NIEDENTHAL Paula M., BARBEY Arok K. und RUPPERT Jennifer A. (2003) „Social embodiment". In: ROSS Brian H. (Hrsg.) *The Psychology of Learning and Motivation. Volume 43.* Academic Press, San Diego/CA; S. 43-92

DENKER Rolf und BALLSTAEDT Steffen-Peter (1976) *Aggression im Spiel.* Kohlhammer, Stuttgart

HUGHES John (1988) *Therapy is Fantasy: Roleplaying, Healing and the Construction of Symbolic Order.* Paper presented in Anthropology IV Honours, Medical Anthropology Seminar, Dr. Margo Lyon, Department of Prehistory & Anthropology, Australian National University
http://www.rpgstudies.net/hughes/therapy_is_fantasy.html (30.10.2008)

PARKER Louise E. und LEPPER Mark R. (1992) Effects of Fantasy Contexts on Children's Learning and Motivation: Making Learning More Fun. *Journal of Personality and Social Psychology* 62(4):625-633

RIEDEL Roman (2004) *Jugendliche Alltagsgestaltung und Identitätsbildung mit Fantasy-Rollenspielen – Schule öffnen für Elemente des Spiels und spielerische Aktionsformen.* Dissertation. Universität Kassel https://kobra.bibliothek.uni-kassel.de/bitstream/urn:nbn:de:hebis:34-2863/1/dis1046_01-1.pdf (30.10.2008)

SCHMID Jeannette (1995a) *Persönlichkeitsfaktoren bei Fantasy-Rollenspielern – eine empirische Studie.* Psychosoziales Institut der Ruprecht-Karls-Universität, Heidelberg
http://www.rpgstudies.net/schmid/umfrage.html (30.10.2008)

SCHMID Jeannette (1995b) *Fantasy-Rollenspiel: Gefahren und Chancen.* Vortrag auf Einladung des Realschullehrerverbandes und der VHS Schwäbisch-Hall. Psychosoziales Institut der Ruprecht-Karls-Universität, Heidelberg
http://www.rpgstudies.net/schmid/vortrag.html (30.10.2008)

SIMÓN Armando (1987) Emotional Stability Pertaining to the Game of Dungeons & Dragons. *Psychology in the Schools* 24(4):329-332

Rollenspiel, Soziologie und Kulturtheorie

COPIER Marinka (2005) *Connecting Worlds. Fantasy Role-Playing Games, Ritual Acts and the Magic Circle.* Online-Publikation
http://www.digra.org/dl/db/06278.50594.pdf (30.10.2008)

COPIER Marinka (2007) *Beyond the Magic Circle. A Network Perspective on Role-Play in Online Games.* Dissertation. Universität Utrecht

DORMANS Joris (2006) *On the Role of the Die. A brief ludologic study of pen-and-paper roleplaying games and their rules.* Online-Publikation
http://gamestudies.org/0601/articles/dormans (30.10.2008)

FINE Gary Allan (1983) *Shared Fantasy. Role-Playing Games as Social Worlds.* The University of Chicago Press, Chicago/London

FRITZON Thorbiörn und WRIGSTAD Tobias (2006, Hrsg.) *Role, Play, Art. Collected Experiences of Role-Playing.* Föreningen Knutpunkt, Stockholm

HAMMER Jessica (2007) „Agency and Authority in Role-Playing 'Texts' ". In: KNOBEL Michele und LANKSHEAR Colin (Hrsg.) *A New Literacies Sampler.* Peter Lang Publishing, New York/NY; S. 67-94

HENDRICKS Sean Q. (2004) „Negotiation of Expertise in Fantasy Role-Playing Gaming". In: CHIANG Wai F., CHUN Elaine, MAHALINGAPPA Laura und MEHUS Siri (Hrsg.) *Texas Linguistic Forum. Volume 47.* Department of Linguistics/University of Texas at Austin, Austin/TX; S. 71-80

HENDRICKS Sean Q. (2006) „Incorporative Discourse Strategies in Tabletop Fantasy Role-Playing Game". In: WILLAMS J. Patrick, HENDRICKS Sean Q. und WINKLER W. Keith (Hrsg.) *Gaming as Culture: Essays on Reality, Identity and Experience in Fantasy Games.* McFarland & Co., Jefferson/NC; S. 39-56

HOLMES John E. (1981) *Fantasy Role Playing Games – Dungeons, Dragons and Adventures in Fantasy Gaming.* Hippocrene Books, New York/NY

KATHE Peter (1986) *Struktur und Funktion von Fantasy-Rollenspielen.* Diplomarbeit. FH Bielefeld.
http://www.rpgstudies.net/kathe/ (30.10.2008) [In Buchform: CFS e.V., Friedberg 1987]

LIEBEROTH Andreas (2006) „With Role-Playing in Mind – A Cognitive Account of Decoupled Reality, Identity and Experience". In: FRITZON Thorbiörn und WRIGSTAD Tobias (Hrsg.) *Role, Play, Art. Collected Experiences of Role-Playing,* Föreningen Knutpunkt, Stockholm; S. 67-83

LIEBEROTH Andreas (2007) *Technologies of Experience.* In: DONNIS Jesper, GADE Morten und THORUP Line (Hrsg.) *Lifelike.* Projektgruppen KP07, Kopenhagen; S. 35-49

LINDLEY Craig A. (2006) *The Semiotics of Time Structure in Ludic Space As a Foundation for Analysis and Design.* Online-Publikation
http://gamestudies.org/0501/lindley/ (30.10.2008)

LOPONEN Mika und MONTOLA Markus (2004) „A Semiotic View on Diegesis Construction". In: MONTOLA Markus und STENROS Jaakko (Hrsg.) *Beyond Role and Play. Tools, Toys and Theory for Harnessing the Imagination.* Ropecon Ry, Helsinki; S. 39-51

MACKAY Daniel (2001) *The Fantasy Role-Playing Game. A New Performing Art.* McFarland & Co., Jefferson/NC

MASON Paul (2004) „In Search of the Self. A Survey of the First 25 Years of Anglo-American Role-Playing Game Theory". In: MONTOLA Markus und STENROS Jaakko (Hrsg.) *Beyond Role and Play. Tools, Toys and Theory for Harnessing the Imagination.* Ropecon Ry, Helsinki; S. 1-14

MÄYRÄ Frans (2004) „Foreword". In: MONTOLA Markus und STENROS Jaakko (Hrsg.) *Beyond Role and Play. Tools, Toys and Theory for Harnessing the Imagination*. Ropecon Ry, Helsinki; S. ix-x

MONTOLA Markus und STENROS Jaakko (2004, Hrsg.) *Beyond Role and Play. Tools, Toys and Theory for Harnessing the Imagination*. Ropecon ry, Helsinki
http://www.ropecon.fi/brap/brap.pdf (30.10.2008)

SIMONS Jan (2006) *Narrative, Games, and Theory*. Online Publikation
http://gamestudies.org/0701/articles/simons (30.10.2008)

STENROS Jaakko (2004) „Notes on Role-Playing-Texts". In: MONTOLA Markus und STENROS Jaakko (Hrsg.) *Beyond Role and Play. Tools, Toys and Theory for Harnessing the Imagination*. Ropecon Ry, Helsinki; S. 75-78

TEA Alan J.H. und LEE Benny P.H. (2004) Reference and blending in a computer role playing game. *Journal of Pragmatics* 36(9):1609-1633

TYCHSEN Anders, HITCHENS Michael, BROLUND Thea und KAVAKLI Manolya (2005) The Game Master. *ACM International Conference Proceeding Series, 123, Proceedings of the Second Australasian Conference on Interactive Entertainment, Sydney*; S. 215-222

TYCHSEN Anders, HEIDE SMITH Jonas, HITCHENS Michael und TOSCA Susanna (2006a) Communication in Multi-Player Role Playing Games – The Effect of Medium. *Technologies for Interactive Digital Storytelling and Entertainment. Volume 4326*; S. 277-288

TYCHSEN Anders (2006b) Role Playing Games – Comparative Analysis Across Two Media Platforms. *ACM International Conference Proceeding Series, 207, Proceedings of the Third Australasian Conference on Interactive Entertainment, Sydney*; S. 75-82

TYCHSEN Anders und PAGDEN Nicholas (2006c) *Making Magic! Enhancing PnP RPGs With Computing Technology*. Online Publikation
http://www.ics.mq.edu.au/~atychsen/html2/images/MakingMagic.pdf (30.10.2008)

TYCHSEN Anders, NEWMAN Ken, BROLUND Thea und HITCHENS Michael (2007a) Cross-format analysis of the gaming experience in multi-player role-playing games Situated Play. *Situated Play, Proceedings of DiGRA 2007 Conference, Tokyo*; S. 49-57

TYCHSEN Anders, MCILWAIN Doris, BROLUND Thea und HITCHENS Michael (2007b) Player-Character Dynamics in Multi-Player Role Playing. *Situated Play, Proceedings of DiGRA 2007 Conference, Tokyo*; S. 40-48

TYCHSEN Anders (2008) Group Play – Determining Factors on the Gaming Experience in Multiplayer Role-Playing Games. *Computers in Entertainment (CIE)* 5(4):Art.10

WASKUL Dennis D. (2006) „The Role-Playing Game and the Game of Role-Playing: The Ludic Self and Everyday Life". In: WILLAMS J. Patrick, HENDRICKS Sean Q. und WINKLER W. Keith (Hrsg.) *Gaming as Culture: Essays on Reality, Identity and Experience in Fantasy Games*. McFarland & Co., Jefferson/NC; S. 19-38

WILLAMS J. Patrick, HENDRICKS Sean Q. und WINKLER W. Keith (2006, Hrsg.) *Gaming as Culture: Essays on Reality, Identity and Experience in Fantasy Games*. McFarland & Co., Jefferson/NC

10
ANHANG

Anhang

10.1 Deskriptive Statistik (Fragebogen)

1. Wie bist du zum Rollenspiel gekommen? (Mehrfachnennung möglich!)

Item	Nennungen (n=6)
durch Freunde, Kollegen, Bekannte ...	6
durch Interesse an einer bestimmten fiktiven Welt	1
über Computer-Rollenspiele	0
darüber gelesen / durch Werbung	0
im Spielwarengeschäft o.Ä. gesehen	0
Anderes	0

2. Seit wann spielst du Rollenspiele?

(n=6)
1994; 1995; 1996; 1998; 1999; 2002

3. Spielst du regelmässig in mehr als einer Rollenspielgruppe (d.h. mit jeweils anderen Spielern in der jeweiligen Gruppe), oder hast zumindest früher regelmässig in mehr als einer Gruppe gespielt?

Item	Nennungen (n=6)
Ja	4
Nein	2

4. Bist du auch regelmässig, d.h. mehr als nur ein- oder zweimal (versuchsweise) als Spielleiter tätig oder tätig gewesen?

Item	Nennungen (n=6)
Ja	5
Nein	1

4.1. Seit wann bist du Spielleiter?

(n=5)
Keine Angabe (2x); 1996; 1998; 2004

5. Wo spielt ihr *in der Regel* Rollenspiele?

Item	Nennungen (n=6)
bei jemandem der Gruppe Zuhause	4
in einem Vereinskeller o.Ä.	2
Anderes	0

6. Wieviele Spieler sind *in der Regel* an einer eurer Spielsitzungen jeweils beteiligt?

(n=6)
2; 2-4; 3-5; 4+1 Spielleiter; 6; 6-7

7. Was für Rollenspielsysteme hast du bis jetzt *aktiv* gespielt, d.h. mehr als nur versuchsweise ein oder zweimal?

Item	Nennungen (n=6)
AD&D (Advanced Dungeons & Dragons)	2
D&D (Dungeons & Dragons)	1
DSA (Das Schwarze Auge)	3
GURPS	1
Mers (Mittelerde-Rollenspiel)	2
Midgard	1
Paranoia	1
Réanaith	3
ShadowRun	1
Zunft	1

7.1. Und geleitet (falls als Spielleiter tätig)?

Item	Nennungen (n=5)
Réanaith	1
Mers (Mittelerde-Rollenspiel)	1
DSA (Das Schwarze Auge)	3
GURPS	1
Zunft	1

8. Was für Rollenspielsysteme kennst du darüber hinaus?

Item	Nennungen (n=6)
Cthulhu	1
D&D (Dungeons & Dragons)	3
Daidalos	1
DSA (Das Schwarze Auge)	3
Earthdawn	1
GURPS	1
Mers (Mittelerde-Rollenspiel)	2
Plüsch & Plunder	1
ShadowRun	1
Star Trek	1
Star Wars	1
7th Sea	1

9. Welches Rollenspielsystem hast du insgesamt betrachtet wahrscheinlich am meisten gespielt und/oder geleitet? (Als Vertreter welches Systems würdest du dich am ehesten beschreiben wollen?) (zwei Mehrfachnennungen)

Item	Nennungen (n=6)
DSA (Das Schwarze Auge)	3
Mers (Mittelerde-Rollenspiel)	1
Réanaith	3
Zunft	1

10. Spielst du auch Computer-Rollenspiele?

Item	Nennungen (n=6)
Ja	2
Nein	4

11. Wie häufig in etwa spielst du *aktuell* (so im Rahmen der letzten 1-2 Jahre) Rollenspiele?

Item	Nennungen (n=6)
mehrmals pro Woche	0
einmal pro Woche	0
mehrmals im Monat	1
einmal im Monat	2
mehrmals im Jahr	2
nur ab und zu über mehrere Jahr hinweg verteilt	1

12. Wie häufig in etwa hast du *früher* gespielt, als du z.B. mehr Zeit dafür zur Verfügung gehabt hast *(falls deutlich unterschiedlich zur aktuellen Spielhäufigkeit)*?

Item	Nennungen (n=6)
mehrmals pro Woche	1
einmal pro Woche	2
mehrmals im Monat	1
einmal im Monat	1
mehrmals im Jahr	1
nur ab und zu über mehrere Jahr hinweg verteilt	0

13. Geschlecht?

Item	Nennungen (n=6)
weiblich	1
männlich	5

14. Geburtsjahr? (Alter)

Item	Nennungen (n=6)
1979 (29 Jahre)	1
1980 (28 Jahre)	2
1982 (26 Jahre)	1
1985 (23 Jahre)	1
1986 (22 Jahre)	1

15. Beruf?

Item	Nennungen (n=6)
Fahrlehrer/in	1
Lehrer/in	1
PR-Fachmann/-frau	1
Schaltanlagenmonteur/in	1
Student/in	3
	(1x Mehrfachnennung)

10.2 Kategoriensysteme

Induktiv-positives Kategoriensystem (IPK)

Kategorie*	Definition/Exemplifikation
Das Rollenspiel als Spiel	
Ablauf RSP	Erzählungen darüber, wie das RSP im Spiel abläuft, wie die Charaktere zu ihren Aufträgen (Missionen) kommen etc., oder Schilderungen, wie ein Rollenspiel auf manifester Ebene abläuft (z.B. an einem Tisch, mit Snacks, Pausen usw.), wie es beginnt, wenn man sich trifft usw.
Ausstattung RSP	Berichte darüber, aus was ein RSP (material betrachtet) besteht (z.B. Regelwerk)
Computer-RSP und Pen-and-Paper-RSP	Schilderungen, die z.B. einen Vergleich zwischen Computer-RSP und Pen-and-Paper-RSP anstellen
Spielweisen RSP	Unterscheidungen in der Strenge (Disziplin), RSP zu spielen (z.B. „Fun-Spiel" vs. „seriöses Spiel")
„Was ist RSP?"	Antworten auf die Frage, was ein Rollenspiel ist
Spielwelt und Realwelt	
Fiktive Geschehnisse	Erzählungen von Ereignissen (Fiktion) im RSP
Realitätenwechsel	Schilderungen über den Wechsel von fiktiver Welt und Realwelt und/oder dem Verhältnis dieser Realitäten u.Ä.
Spielwelt	Schilderungen über die Wichtigkeit oder Unwichtigkeit der Spielwelt, ihrer Eigenheiten usw.
Spieler, Spielleiter und Charakter	
Charakter	Beschreibungen von Charakteren, ihren Eigenheiten, ihrer Geschichte, ihren Aktionen usw.
Charaktererschaffung, -Entwicklung, -Verlust	Berichte über die Erschaffung und Entwicklung von Charakteren, aber auch über den Verlust von Charakteren
Powergamer	Erklärungen und Bewertungen von „Powergamer" (Spieler, die Regeln ausnutzen, nicht rollengerecht spielen u.Ä.)
Spieler	Erfahrungen und Urteile darüber, was gute, aber auch schlechte Spieler auszeichnet, was für das Spielen „benötigt" oder vorteilhaft ist usw.; auch Schilderungen über die Möglichkeit, sich im Rollenspiel frei zu bewegen, nicht auf einige wenige Spielzüge festgelegt zu sein, und auch Grenzen dieser Freiheit
Spielleiter	Beschreibungen der Funktion des Spielleiters, sowie Erfahrungen und Urteile darüber, was gute, aber auch schlechte Spielleiter auszeichnet; ferner Schilderungen über die Möglichkeit, als Spielleiter eigene Geschichten zu entwerfen, sich inspirieren zu lassen, Regeln auszulegen usw., aber auch Grenzen solcher Autonomie
Beziehungen und Interaktionen	
Charakter-Charakter-Beziehung	Berichte über die Beziehung zweier oder mehr Charaktere
Charakter-Spieler-Beziehung	Schilderungen über das Verhältnis von Spieler und seinem Charakter
Spieler-Spieler-Beziehung	Schilderungen über das Verhältnis von Spieler zu anderen Spielern.
Spielleiter-Spieler-Beziehung	Erzählungen über Art und Bewertung von Interaktionen zwischen Spielleiter und Spieler

Anhang

Regeln	
Charakterbogen	Beschreibungen der Funktion, des Aufbaus und der Bewertung des Charakterbogens
Regelbastelei	Ausführungen darüber, wie Regeln interpretiert, modifiziert oder neu erstellt werden
Spielmechanik/Spielregeln	Ausführungen über Regeln und die Spielmechanik, wie sie funktioniert oder für was sie benötigt werden; aber auch Urteile über Sinn, Nutzen und Probleme von Regeln (z.B. Regeltreue etc.)
Würfel	Schilderungen über Funktion und Sinn von Würfeln im RSP
Soziale und psychische Aspekte	
Erstkontakt mit RSP	Schilderungen darüber, wie das RSP und das RSP-Spielen beim „ersten Mal" erlebt worden ist u.ä., was schwierig war usw.
Psychische Rahmenbedingungen	Schilderungen darüber, welche psychischen Bedingungen für ein RSP zuträglich oder abträglich sind (z.b. Stimmungen, Laune)
Reaktionen Nicht-Rollenspieler	Berichte, wie Nicht-Rollenspieler reagieren, wenn sie von RSP hören oder der Befragte davon erzählt u.Ä.
Rekrutierung	Erzählungen, über wen/wie der Rollenspieler zum RSP gekommen ist
Rollenspieler-Merkmale	Schilderungen, was ein Rollenspieler ausmacht, woran man einen solchen erkennen kann u.Ä.
Soziale Rahmenbedingungen	Berichte über die soziale (gesellige) Komponente und deren Wichtigkeit/Unwichtigkeit beim RSP
Rollenspielergruppe	Berichte über die Rollenspielergruppe (z.B. Grösse)
Spielspass und Spielgründe	Äusserungen darüber, was im RSP Spielspass generiert und was ihn vermindert, bzw. Gründe, warum RSP gespielt wird

* Unterstrichene Kategorien dienen nur als *Übersichts*kategorien, nicht als *Anwendungs*kategorien!

Induktiv-theoretisches Kategoriensystem (ITK)

Kategorie*	Definition/Exemplifikation
Propositionales Wissen	
Charakterwissen	Wissen, über welches der Charakter in der fiktionalen Welt verfügt
Realitätswissen	Wissen darüber, was in der Realwelt möglich, glaubwürdig, denkbar ist (was „realistisch" ist, sowohl physikalisch wie auch psychologisch und gesellschaftlich usw.)
„Running Jokes"	Wissen über in der Rollenspielergruppe oder in der aktuellen Spielsitzung entstandenen „running jokes" (Anspielungen, Wieder-Erzählungen usw.)
Spielerwissen	Wissen, über welches der Spieler in der Realwelt verfügt (sowohl Alltagswissen wie spezifisches Wissen)
Spielmechanik/Spielregeln	Kenntnis der jeweiligen Spielregeln und der Spielmechanik
Spielwelt	Kenntnis der jeweiligen Spielwelt (Geschichte, Völker, gesellschaftliche Verhältnisse, Waffen ...)
Wissen über Spielercharaktere	Wissen über die beteiligten, anderen Charaktere der Gruppe
Interpretatives Wissen	
Charakterverständnis	Verständnis dafür, was für eine „Person" der Charakter ist, wie er sich verhält usw. (Vertrautheit mit dem Charakter)
Charakter als Zahlenwerte	Verständnis, wie Zahlenwerte des Charakters aufzuschlüsseln sind, was z.B. eine „18" bei einer Fertigkeit im jeweiligen RSP-System bedeutet usw.

Anhang

Karten/Planskizzen	Fähigkeit, fiktive Karten und Skizzen des fiktiven Geschehens zu interpretieren und korrekt mit der Erzählung zu verbinden
Regelinterpretation	Fertigkeit, Regeln auszulegen und sinnvoll anzuwenden
Würfel	Verständnis, wie Würfelergebnisse zu verstehen sind, ob hoch oder tief gewürfelt werden muss usw.

Performatives Wissen	
Charakterbogen	Umgang mit dem Charakterbogen (Werte rasch finden, Charakterbogen verwenden, wo was aufgeschrieben wird usw.)
Narration (Spielleiter)	Erzählfertigkeiten des Spielleiters (Spannung, Stimmung usw.)
Schauspielerei	Fertigkeit, einen Charakter zu simulieren (zu spielen), zu „schauspielern"

Imaginatives Wissen	
Perspektivenwechsel	Fähigkeit, sich in die Lage eines anderen Spielers (oder des Spielleiters) zu versetzen, eine andere Perspektive einzunehmen
Simulation alltäglicher Erkenntnis	Fähigkeit, ansonsten alltägliche und i.d.R. „automatische" Erkenntnismöglichkeiten (z.b. direkte Sinneswahrnehmung) im RSP zu simulieren bzw. diskursiv umzusetzen
Vorstellungskraft	Fähigkeit, sich das erzählte Geschehen vorzustellen

Wissen mit entscheidender Definitionsmacht	
Generierung zentrales Narrativ (Spielleiter)	Fertigkeit, den zentralen Erzählstrang („Story") zu entwickeln und neue Erzählstränge einzubauen
Regelmodifikation	Fertigkeit, Regeln zu verändern oder neue Regeln einzuführen
Storykenntnis	Wissen über den (geplanten, möglichen) Ablauf der Story, der daran beteiligten Nichtspielercharaktere, Hintergrund, Geografie des Ortes usw.

Metawissen	
Anerkennung Autorität des Spielleiters	Gegenseitiges (implizites) Verständnis, dass der Spielleiter über viele in-game-Belange Autorität besitzt
Diskursivität	Aushandlungsfähigkeit von Ideen, Absichten, Interessen, aber auch Regeln und Regelauslegung auf Spielerebene mit Folgen auf der in-game-Ebene
Ethisches Wissen (Spielleiter)	Anwendung von Normen der Fairness und des Respekts
Fiktionalisierung	Wissen, dass die Erzählung fiktional ist; Fähigkeit, sie als geteilte Fiktion anzunehmen (akzeptierter „suspension of disbelief")
Flexibilität (Spielleiter)	Die Fertigkeit des Spielleiters, auf unerwartete Verläufe der Geschichte zu reagieren, non-lineare Erzählmuster zu verfolgen
Soziale Regeln	Wissen über soziale Normen, Regeln (Anstand z.B.), Erwartungen über Reaktionen bei bestimmten Handlungen usw.
Spielweise	Wissen, wie gespielt wird bzw. werden soll (ernsthafter, weniger ernsthaft; Super-Charaktere vs. „realistische" Charaktere usw.)
Weisheit (Spielleiter)	Fähigkeit, das „richtige Wissen zur richtigen Zeit" einzusetzen bzw. verschiedene Wissenstypen abzuwägen

* Unterstrichene Kategorien dienen hier nur als *Übersichts*kategorien, nicht als *Anwendungs*kategorien!

Deduktiv-theoretisches Kategoriensystem (DTK)

Kategorien	Definition/Exemplifikation
Essenz des Rollenspiel	
Gemeinsamer fiktionaler Raum (Diegese)	Ein allen Rollenspielern einer Spielrunde gemeinsames Set von Überzeugungen über die Sachverhalte und Ereignisse der fiktionalen Spielwelt
Ko-verfasste Narration	Eine von allen Rollenspielern einer Spielrunde verfasste narrative Darstellung der Sachverhalte und Ereignisse der fiktionalen Spielwelt
Interaktionen	
Rollenübernahme	Übernahme einer sozialen oder fiktionalen Rolle (Aktivierung charakteristischer Verhaltensweisen und Verhaltenserwartungen in einem entsprechenden sozialen Kontext
- Spieler	Übernahme der sozialen Rolle des Rollenspielers im sozialen Kontext des Rollenspiels (u.a. durch Einbeziehung von Spielelementen, Ausklammerung von Nicht-Spiel-Elementen)
- Charakter (Inkorporation)	Übernahme der fiktionalen Rolle des Charakters im sozialen Kontext des Rollenspiels (u.a. durch direkte Rede, spezifische Sprachformen)
Performation/Narration	Handlungen oder Ereignisse, die in der fiktionalen Spielwelt stattfinden bzw. durch den Rollenspieler narrativ dargestellt werden
- Story	Entwicklung eines zentralen Erzählstranges („Story") durch den Spielleiter
- Wirkmächtigkeit	Fähigkeit der Spieler, an der narrativen Darstellung der Spielwelt mitzuwirken.
- Stil	Spezifische Weise eines Rollenspielers, seinen Charakter zu führen oder einer Rollenspielgruppe, den Ablauf der Situationen in der Spielwelt zu gestalten (z.B. kompetitiv/kooperativ, realitätsnah/episch)
Kommunikation	Kommunikation der Rollenspieler untereinander während einer Spielrunde
- Abgleichen	Herstellen eines gemeinsamen fiktionalen Raums (Diegese) durch eines kommunikatives Abgleichen der individuellen Überzeugungen über die Sachverhalte und Ereignisse der fiktionalen Spielwelt
- Aushandeln von Expertise	Zuweisen und Anerkennen von Expertise bezüglich der Spielregeln oder der Ausstattung der Spielwelt unter den Rollenspielern
- Spieler-Spieler-Kommunikation	Kommunikation der Spieler untereinander
- Spieler-Spielleiter-Kommunikation	Kommunikation eines oder mehrerer Spieler mit dem Spielleiter
Regelanwendung	Explizite Anwendung der spezifischen Spielregeln eines Rollenspiels
Animation	Bemühen der Rollenspieler (insbesondere des Spielleiters), die anderen Rollenspieler am der narrativen Darstellung der Spielwelt mitwirken zu lassen
Wissen (qua Wissensinhalte)	
Personen-Wissen	Wissen, über welches die Person als Person in ihrer Lebenswelt verfügt (Alltagswissen, Fachwissen); auch Wissen darüber, was in der Lebenswelt möglich oder glaubwürdig ist
Spieler-Wissen	Wissen, über welches die Person als Rollenspieler verfügt (Wissen über das Rollenspiel)
- Spielweltwissen	Kenntnis der Sachverhalte und Ereignisse der fiktionalen Spielwelt
- Spielregelwissen	Kenntnis der (generellen und spezifischen) Regeln des Rollenspiels
Generelle Spielregeln	Kenntnis genereller Regeln des Rollenspiels (u.a. wesentliche

Anhang

	Elemente des Rollenspiels, Spiel-Elemente/Nicht-Spiel-Elemente)
Spezifische Spielregeln	Kenntnis der spezifischen Spielregeln und Spielmechanik eines Rollenspielsystems
Charakter-Wissen	Wissen, über welches die Person als Charakter einer fiktionalen Spielwelt verfügt

Kompetenzen	
Imaginative Kompetenz	Fähigkeit, sich etwas raumzeitlich Abwesendes in Vorstellungen zu vergegenwärtigen oder etwas so zu behandeln, als ob es etwas anderes wäre
- Metarepräsentation	Fähigkeit, auf eigene Gedanken zu reflektieren oder sich in die Situation anderer hineinzuversetzen
- Entkoppeltes Denken	Fähigkeit, sich etwas raumzeitlich Abwesendes in Vorstellungen zu vergegenwärtigen
Kreative Kompetenz	Fähigkeit, sich innerhalb bestimmter Rahmenbedingungen neue Inhalte oder Ansätze vorzustellen
Kommunikative Kompetenz	Fähigkeit, kommunikative Akte auszuführen und auf kommunikative Akte anderer einzugehen

Deduktiv- und induktiv-theoretisches Kategoriensystem (DITK)

Kategorien*	Definition/Exemplifikation
Essenz des Rollenspiel	
Gemeinsamer fiktionaler Raum (Diegese)	Ein allen Rollenspielern einer Spielrunde gemeinsames Set von Überzeugungen über die Sachverhalte und Ereignisse der fiktionalen Spielwelt
Ko-verfasste Narration	Eine von allen Rollenspielern einer Spielrunde verfasste narrative Darstellung der Sachverhalte und Ereignisse der fiktionalen Spielwelt
Interaktionen	
Rollenübernahme	Übernahme einer sozialen oder fiktionalen Rolle (Aktivierung charakteristischer Verhaltensweisen und Verhaltenserwartungen in einem entsprechenden sozialen Kontext)
- Spieler	Übernahme der sozialen Rolle des Rollenspielers im sozialen Kontext des Rollenspiels (u.a. durch Einbeziehung von Spielelementen, Ausklammerung von Nicht-Spiel-Elementen)
- Charakter (Inkorporation)	Übernahme der fiktionalen Rolle des Charakters im sozialen Kontext des Rollenspiels (u.a. durch direkte Rede, spezifische Sprachformen)
Performation/Narration	Handlungen oder Ereignisse, die in der fiktionalen Spielwelt stattfinden bzw. durch den Rollenspieler narrativ dargestellt werden
- Story	Entwicklung eines zentralen Erzählstranges („Story") durch den Spielleiter
- Wirkmächtigkeit	Fähigkeit der Spieler, an der narrativen Darstellung der Spielwelt mitzuwirken.
- Stil	Spezifische Weise eines Rollenspielers, seinen Charakter zu führen oder einer Rollenspielgruppe, den Ablauf der Situationen in der Spielwelt zu gestalten (z.B. kompetitiv/kooperativ, realitätsnah/episch)
Kommunikation	Kommunikation der Rollenspieler untereinander während einer Spielrunde
- Abgleichen	Herstellen eines gemeinsamen fiktionalen Raums (Diegese) durch eines kommunikatives Abgleichen der individuellen Überzeugungen über die Sachverhalte und Ereignisse der fiktionalen Spielwelt
- Aushandeln von Expertise	Zuweisen und Anerkennen von Expertise bezüglich der Spielre-

Anhang

	geln oder der Ausstattung der Spielwelt unter den Rollenspielern
- Spieler-Spieler-Kommunikation	Kommunikation der Spieler untereinander
- Spieler-Spielleiter-Kommunikation	Kommunikation eines oder mehrerer Spieler mit dem Spielleiter
Regelanwendung	Explizite Anwendung der spezifischen Spielregeln eines Rollenspiels
Animation	Bemühen der Rollenspieler (insbesondere des Spielleiters), die anderen Rollenspieler am der narrativen Darstellung der Spielwelt mitwirken zu lassen

Wissen (qua Wissensinhalte)	
Personen-Wissen	Wissen, über welches die Person als Person in ihrer Lebenswelt verfügt (Alltagswissen, Fachwissen); auch Wissen darüber, was in der Lebenswelt möglich oder glaubwürdig („realistisch") ist
- Soziale Regeln	Wissen über soziale Normen, Regeln (Anstand z.B.), Erwartungen über Reaktionen bei bestimmten Handlungen usw.
Spieler-Wissen	Wissen, über welches die Person als Rollenspieler verfügt (Wissen über das Rollenspiel)
Anerkennung Autorität des Spielleiters	Gegenseitiges (implizites) Verständnis, dass der Spielleiter über viele in-game-Belange Autorität besitzt
Charakterbogen	Umgang mit dem Charakterbogen (Werte rasch finden, Charakterbogen verwenden, wo was aufgeschrieben wird usw.)
„Running Jokes"	Wissen über in der Rollenspielergruppe oder in der aktuellen Spielsitzung entstandenen „running jokes" (Anspielungen, Wieder-Erzählungen usw.)
Wissen über Spielercharaktere	Wissen über die beteiligten, anderen Charaktere der Gruppe
- Spielweltwissen	Kenntnis der Sachverhalte und Ereignisse der fiktionalen Spielwelt
Charakter	Verständnis dafür, was für eine „Person" der Charakter ist, wie er sich verhält usw. (Vertrautheit mit dem Charakter)
Storykenntnis	Wissen über den (geplanten, möglichen) Ablauf der Story, der daran beteiligten Nichtspielercharaktere, Hintergrund, Geografie des Ortes usw.
- Spielregelwissen	Kenntnis der (generellen und spezifischen) Regeln des Rollenspiels
Generelle Spielregeln	Kenntnis genereller Regeln des Rollenspiels (u.a. wesentliche Elemente des Rollenspiels, Spiel-Elemente/Nicht-Spiel-Elemente)
Spezifische Spielregeln	Kenntnis der spezifischen Spielregeln und Spielmechanik eines Rollenspielsystems
Charakter-Wissen	Wissen, über welches die Person als Charakter einer fiktionalen Spielwelt verfügt

Kompetenzen	
Imaginative Kompetenz	Fähigkeit, sich etwas raumzeitlich Abwesendes in Vorstellungen zu vergegenwärtigen oder etwas so zu behandeln, als ob es etwas anderes wäre
- Metarepräsentation	Fähigkeit, auf eigene Gedanken zu reflektieren oder sich in die Situation anderer hineinzuversetzen
- Entkoppeltes Denken	Fähigkeit, sich etwas raumzeitlich Abwesendes in Vorstellungen zu vergegenwärtigen
Kreative Kompetenz	Fähigkeit, sich innerhalb bestimmter Rahmenbedingungen neue Inhalte und Ansätze vorzustellen
- Regelmodifikation	Fertigkeit, Regeln zu verändern oder neue Regeln einzuführen
- Flexibilität	Die Fertigkeit des Rollenspielers, auf unerwartete Verläufe der Geschichte zu reagieren, non-lineare Erzählmuster zu verfolgen
Kommunikative Kompetenz	Fähigkeit, kommunikative Akte auszuführen und auf kommunikative Akte anderer einzugehen
- Narration	Erzählfertigkeiten des Rollenspielers (Spannung, Stimmung usw.)
Interpretative/hermeneutische Kompetenz	Fähigkeit, Zeichen korrekt zu interpretieren und Regeln korrekt auszulegen

- Karten/Planskizzen	Fähigkeit, fiktive Karten und Skizzen des fiktiven Geschehens zu interpretieren und korrekt mit der Erzählung zu verbinden
- Regelinterpretation	Fertigkeit, Regeln auszulegen und sinnvoll anzuwenden
- Charakter als Zahlenwerte	Verständnis, wie Zahlenwerte des Charakters aufzuschlüsseln sind, was z.B. eine „18" bei einer Fertigkeit im jeweiligen RSP-System bedeutet usw.
- Würfel	Verständnis, wie Würfelergebnisse zu verstehen sind, ob hoch oder tief gewürfelt werden muss usw.
Fairness [Ethisches Wissen]	Anwendung von Normen der Fairness und des Respekts
Weisheit	Fähigkeit, das „richtige Wissen zur richtigen Zeit" einzusetzen bzw. verschiedene Wissenstypen abzuwägen

* Unterstrichene Kategorien dienen nur als *Übersichts*kategorien, nicht als *Anwendungs*kategorien!

10.3 Fragebogen

FRAGEBOGEN-NUMMER (leer lassen): _____

FRAGEBOGEN ZU PEN-AND-PAPER-ROLLENSPIELE

1. **Wie bist du zum Rollenspiel gekommen?**
(Mehrfachnennung möglich)

[ ] durch Freunde, Kollegen, Bekannte ...
[ ] durch Interesse an einer bestimmten fiktiven Welt (z.B. *Herr der Ringe*)
[ ] über Computer-Rollenspiele
[ ] darüber gelesen / durch Werbung
[ ] im Spielwarengeschäft o.Ä. gesehen
[ ] Anderes: _____

2. **Seit wann spielst du Rollenspiele?** _____

3. **Spielst du *regelmässig* in mehr als einer Rollenspielgruppe (d.h. mit jeweils anderen Spielern in der jeweiligen Gruppe), oder hast zumindest früher *regelmässig* in mehr als einer Gruppe gespielt?**

[ ] Ja
[ ] Nein

4. **Bist du auch *regelmässig*, d.h. mehr als nur ein- oder zweimal (versuchsweise) als Spielleiter tätig oder tätig gewesen?**

[ ] Ja
[ ] Nein

   4.1. **Seit wann bist du Spielleiter?** _____

5. **Wo spielt ihr *in der Regel* Rollenspiele?**

[ ] bei jemandem der Gruppe Zuhause
[ ] in einem Vereinskeller o.Ä.
[ ] Anderes: _____

6. **Wieviele Spieler sind *in der Regel* an einer eurer Spielsitzungen jeweils beteiligt?** _____

7. **Was für Rollenspielsysteme hast du bis jetzt *aktiv* gespielt, d.h. mehr als nur versuchsweise ein oder zweimal?**

   7.1. **Und geleitet (falls als Spielleiter tätig)?**

8. **Was für Rollenspielsysteme kennst du darüber hinaus?**

9. **Welches Rollenspielsystem hast du insgesamt betrachtet wahrscheinlich am meisten gespielt und/oder geleitet? (Als Vertreter welches Systems würdest du dich am ehesten beschreiben wollen?)**

Anhang

10. Spielst du auch Computer-Rollenspiele?   [ ] Ja
   [ ] Nein

11. Wie häufig in etwa spielst du *aktuell* (so im Rahmen der letzten 1-2 Jahre) Rollenspiele? (Zutreffendstes ankreuzen)
   [ ] mehrmals pro Woche
   [ ] einmal pro Woche
   [ ] mehrmals im Monat
   [ ] einmal im Monat
   [ ] mehrmals im Jahr
   [ ] nur ab und zu über mehrere Jahre hinweg verteilt

12. Wie häufig in etwa hast du *früher* gespielt, als du z.B. mehr Zeit dafür zur Verfügung gehabt hast (*falls deutlich unterschiedlich zur aktuellen Spielhäufigkeit*)? (Zutreffendstes ankreuzen)
   [ ] mehrmals pro Woche
   [ ] einmal pro Woche
   [ ] mehrmals im Monat
   [ ] einmal im Monat
   [ ] mehrmals im Jahr
   [ ] nur ab und zu über mehrere Jahre hinweg verteilt

13. Geschlecht?   [ ] weiblich   [ ] männlich
14. Geburtsjahr? _____
15. Beruf? _____

Vielen Dank für deine Teilnahme an der Studie !

* Fragebogen zusammen mit dazugehörendem Kontaktbogen bitte an folgende Adresse schicken *

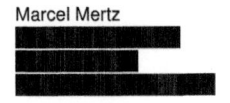

Marcel Mertz

2

Anhang

10.4 KONTAKTBOGEN (MIT FRAGEBOGEN VERSANDT)

KONTAKTBOGEN-NUMMER (leer lassen): _____

KONTAKTBOGEN

Die Angabe des Namens ist nicht notwendig (sofern nicht die Postadresse angegeben wird). Jedoch muss dann eine *eindeutige* Kontaktadresse vorhanden sein, die es ermöglicht, dich zu kontaktieren.

Die Kontakt- und Fragebögen werden nach Erhalt separat aufbewahrt und die Zuordnung von Kontakt- zu Fragebogen nur dann überprüft, wenn der Kontaktbogen benötigt wird. In der Analysephase der Untersuchung werden sämtliche nicht verwendeten Kontaktbögen vernichtet und alle verwendeten Daten anonymisiert.

Beachte: **Mit dem Rücksenden des Frage- und Kontaktbogens signalisierst du, dass wir dich für ein 30-35 Minuten dauerndes Interview einladen dürfen.**

Meine Kontaktadresse ... (Postadresse, E-Mail, Telefon ...)

_____

_____

_____

Anhang

10.5 Interviewleitfaden

INTERVIEW-NUMMER: _____

Intro: Zerscht emol viel Dank, dass du dem Interview mit mir zugstimmt hesch. Es wird öbbe 30 bis 35 Minute goh.

Wie bereits erwähnt goht's in unserer Arbeit um Rollespiel, und doderfür wänn mir au dir *als Rollespieler* e paar Froge zu dem Thema stelle. Derbi isch es uns wichtig, dass du uns vor allem öbbis über's Thema verzählsch. Es git keini richtigi und falschi Antworte.

Damit das, was du verzählsch, spöter gut usgewertet werde ka, nimm ich das Interview mit dem Gerät do uff, wenn das für di in Ordnig isch.

Wenn du e Unterbruch brusch, kasch du das jederzyt saage. Ich mach mängemol au Notizen, aber das isch nur, damit ich dr Fade nit verlier und diene Erzählige in mine Froge gerecht werde ka.

Hesch du zum Vorgoh no Frooge? Isch dir öbis unklar?

Einstiegsfrage: Wie würdsch du öberem, wo Rollespiel nit kennt, das Spiel erkläre? Was machet ihr eigentlich, wenn ihr euch zum Spiele treffet?

Inhaltlicher Block 1: Allgemeines
- Mit wem spielsch du das Spiel?
- Wie lauft so e Spielrundi bi euch so ab, so als Bispiel?
- Wie wichtig isch für di, dass du d Spielwelt (z.B. Tolkiens „Herr der Ringe"-Welt) kennsch? Worum?
- Was für Charaktere (Figure, Archetype ...) spielsch du zum Bispiel?

Inhaltlicher Block 2: Kompetenz
- Was hett dir, wo du mit Rollespiel agfange hesch, bsunders Schwierigkeite gmacht? (Wie hesch du s Rollespiel am Afang wahrgno?)
- Fallt s dir ab und zu schwer, di in dii Charakter ihne z versetze?
- Mängmol kunt meh jo nur no schwer ins Spiel zrugg, wenn me mol use keit isch. Kennsch du das au? Kasch du e Bischspiel verzelle, wie das abgloffe isch?

Inhaltlicher Block 3: Regeln
- Im Rollespiel kömme Regle vor. Was sin dini Erfahrige domit?
- Wenn im Spiel lueget ihr d Regle a?

Inhaltlicher Block 4: Spielleiter
- Wenn du öberem erkläre müsstisch, was dr Spielleiter isch und was er macht – was würdisch du sage?
- Was macht für di dr ideali Spielleiter us?
- Hesch du e paar guti und schlechti Erfahrige mit [andere] Spielleiter ka? Was fürigi?

Inhaltlicher Block 5: Erfahrungen
- Was findsch du schöni, ideali Situatione im Rollespiel, was störendi Situatione?
- Was isch für di dr amüsantischti Moment, oder e bsunders amüsante Moment, gsi immene Rollespiel?
- Was sin dieni Erfahrige mit em Charakterboge?

Abschluss: Das isch sehr interessant gsi, viele Dank!
Fallt dir no öppis i, was du so zum Schluss gärn aspräche würdsch?

10.6 Einverständniserklärung (Muster)

INTERVIEW-NUMMER (vom Interviewer ausfüllen): _____

Informierte Zustimmung

Ich, _____, erkläre mich einverstanden, dass die Daten des Interviews zwischen **Marcel Mertz** und mir vom _____ für wissenschaftliche Zwecke verwendet werden dürfen. Dies gilt auch für den dazugehörenden Fragebogen, der von mir ausgefüllt worden ist.

Ich habe verstanden, dass dies unter **Einhaltung des Datenschutzes** geschieht. Ich weiss, dass das Interview **anonymisiert** und soweit verändert wird, dass kein Rückschluss auf die interviewte Person ausserhalb der untersuchten Gruppe möglich ist. Ich habe akzeptiert, dass trotz Anonymisierung keine Garantie darauf gegeben werden kann, dass Rückschlüsse innerhalb der untersuchten Gruppe (Rollenspieler-Gemeinschaft) vermieden werden können.

Ich habe zur Kenntnis genommen, dass das Interview ausschliesslich Forschungen zum Thema „Pen-and-Paper-Rollenspiele" dient. Dabei stimme ich zu, dass Ausschnitte aus dem Interview und die im Fragebogen erhobenen Daten gegebenenfalls in einer dazu verfassten Seminararbeit erscheinen dürfen, wobei dies in der oben zugesicherten Anonymität geschieht.

Ort und Datum   Unterschrift

_____   _____

10.7 BEGLEITBRIEF

UNIVERSITÄT BASEL
Institut für Soziologie / Programm für Wissenschaftsforschung

Studie zum Thema "Pen-and-Paper"-Rollenspiele

Liebe Rollenspielerin, Lieber Rollenspieler

Die wissenschaftliche Erforschung des Rollenspiels steckt sprichwörtlich noch in den Kinderschuhen. Darum haben wir, zwei an der Universität Basel studierende langjährige Rollenspieler, im Rahmen einer gemeinsamen Seminararbeit beschlossen, dieses faszinierende Spiel etwas genauer unter die Lupe zu nehmen (betreuende Wissenschaftlerin: Prof. Dr. Sabine Maasen).

Doch dafür benötigen wir eure Hilfe: *Ohne Daten läuft nichts!* Deshalb möchten wir euch bitten, einen kurzen Fragebogen (5-10 Minuten Dauer) zum Thema auszufüllen und uns zurückzusenden.

Da aber Fragebogen alleine oft nur unzureichende Daten zur Verfügung stellen, würden wir euch auch gerne eventuell zu einem 30-35 Minuten dauernen Interview einladen. **Mit dem Ausfüllen des Fragebogens signalisiert ihr die Bereitschaft, an einem solchen Interview teilzunehmen** (Zeitraum: Mai bis Juni). Deshalb ist die Angabe einer Kontaktadresse (siehe beigelegter *Kontaktbogen*) ausnahmsweise nötig. Eure Daten werden aber in der Analysephase des Projektes anonymisiert und damit der Datenschutz gewährleistet.

Mit eurer Teilnahme ermöglicht ihr es, einen tieferen und reflektierten Einblick in das, was wir beim Rollenspiel eigentlich machen, gewinnen zu können. Die abgeschlossene Arbeit (voraussichtlich August) kann dann bei Interesse bei uns bezogen werden. Bei Rückfragen oder Kommentaren stehen wir gerne zur Verfügung.

Vielen Dank und mit besten Grüssen,

Marcel Mertz, BA

Jan Schürmann, stud. phil.

BEI GRIN MACHT SICH IHR WISSEN BEZAHLT

- Wir veröffentlichen Ihre Hausarbeit, Bachelor- und Masterarbeit

- Ihr eigenes eBook und Buch - weltweit in allen wichtigen Shops

- Verdienen Sie an jedem Verkauf

Jetzt bei www.GRIN.com hochladen und kostenlos publizieren